无技术不法律

张延来 著

中国法制出版社
CHINA LEGAL PUBLISHING HOUSE

联袂推荐

技术对传统法律人既是挑战也是机遇，如何涅槃重生，可于本书中寻求解决之道。作者视角独特，讲述深入浅出，展卷多有林深时见鹿的惊喜。

——中国政法大学电子证据研究中心主任　王立梅教授

法律的保守性要求法律始终秉持理性，审慎对待各类变革。这造就了优秀法律人另一个与保守似乎相悖的重要品质，即知识体系的与时俱进。唯有直面最革新的技术进步和社会现象，法律人才能真正搭建起衔接传统和未来的桥梁。本书深入浅出地介绍了计算机和网络前沿技术，有助于我们在新技术浪潮面前更好地把握法律与技术的相互关系。

——同济大学法学院互联网与人工智能法律研究中心主任　张韬略

技术催生越来越多新的领域和商业模式，法律人可以从中挖掘到大量新的机遇，但技术似乎成了法律人开拓新兴法律服务领域的拦路虎，我们亟须有技术背景的法律人写一本能看得懂的网络+计算机原理著作，好在阿来律师的《无技术不法律》没有让我们等太久。

——小米法务部高级法务总监　陈一夫

今天的科技互联网企业在不断涌现新业态和新模式，近几年国家对于互联网行业的监管呈收紧态势，一款产品的法律合规与否以及法律合规实践的程度，会对企业的整体运行产生巨大的蝴蝶效应。张延来律师的《无技术不法律》是一部适合科技互联网法务同人阅读的实务指南和"武林秘籍"。这本书的与众不同之处在于，阿来律师讲的内容都来自他自身的从业经历，分享的是一名远航的互联网法律老手用心血写成的航海日志，让科技互联网法务知道如何修炼产品思维，如何把"法言法语"转换成产品与商业部门可以理解并沟通的语言。本书站在法律人视角为你导航呈现常见的热门技术话题，相信读后会很受启发，对于科技互联网法务及相关法律人士会有极大帮助。

——OPPO 法务总监　石　磊

法律专业价值不在于法条法规本身，其专业价值在于深入理解业务场景与业务模式，将业务场景、业务模式与对应的法律规则相匹配，从而形成法律专业判断，最大限度地使业务合规，为业务的开展规避风险。因此，作为互联网法务，其对技术的理解是不可或缺的，本书从无技术不法律的角度出发，阐述了互联网法务所应具备的最为基础但又最为必要的技术知识，将技术与法律相融合。本书的学习和研读有助于互联网法务在专业水平上的提升。

——360 集团法务中心法律合规部负责人　吴佳丽

技术推动法律的不断更新换代，如果仅就法律本身进行研究，很容易脱离社会实际，特别是在技术浪潮一浪高过一浪的当下，法律人必须把一部分时间和精力花在了解技术问题上，阿来律师的这本《无技术不法律》为我们提供了非常好的参考。

——腾讯法务部助理总经理　法律诉讼中心负责人　胡迎春

法律人常说以事实为准绳，互联网时代下，越来越多的事实是技术层面的事实，懂技术的法律人在实务工作中往往可以具备降维打击的能力，以技术视角透视法律问题，法律的适用才有了准星，《无技术不法律》值得细读！

——斗鱼法务总监　邓　扬

随着互联网和各种新兴技术的飞速发展，以信息技术、智能制造为代表的新一轮科技革命来临，法律行业也见证着这些深刻的发展与变化。在科技浪潮席卷之下，法律人不得不正视各类与技术有关的、纷繁复杂的新型法律问题。本书作者张延来律师做到了"把复杂问题简单化"，用法律人最易懂的方式带领读者理解各类技术的原理和全貌，并在此基础上对相关法律问题进行延伸介绍，因此这是一本不可多得的与时俱进、探索创新的法律科普著作。

——虎牙法务总监　柯　磊

当"法言法语"遇上二进制表达，当权利义务写进合约程序，"法律代码化"的时代已呼啸而来，面对技术，了解技术，拥抱技术，才是网络时代法律人成长的正确姿势。感谢优秀的阿来律师帮我们推开了"无技术不法律"这扇门，那就让我们一起打开更多的窗，共同拥抱"网络法"的精彩时代！

——趣链法务总监　史　婷

所有法律服务，都是专业和行业两个维度交叉影响之下的命题。当计算机、互联网、大数据、区块链这些崭新的行业概念越来越频繁地摆在法律人面前，仅有单一"专业"维度的应对，已经无法满足需求。阿来的这本书，用通俗易懂的表达，让法律人可以快速地掌握网络世界的一些基本概念；在每个概念下梳理出相关法律问题，把专业结合于行业，是很好的总结与启发。可以说，这是一本法律人的网络工具书，每一位有意开拓新经济企业业务的法律人，都应该拥有一本。

——海峰法务创始人　范　否

张延来律师办理过众多经典技术案件，《无技术不法律》这本书在当下的互联网数字化时代对于法律从业者尤其是律师职业是不可多得的时代读物；该书针对计算机体系、互联网体系、数据体系的各个层面均进行了剖析，对技术概念进行了浅显易懂的阐述，并对各层次技术的相关法律问题进行了专业剖析。这不由得让我联想起法律科技行业理查德教授的《法律人的明天会怎样？》，法律人的明天还存在巨大的发展和变化空间，但在当下的互联网时代，《无技术不法律》是每一位法律工作者应读应知的专业读本。

——真相科技创始人　石　松

在阅读了张延来律师的新著《无技术不法律》以后，我感到这本书为处理数字技术相关案件的法律工作者，或者对技术领域抱有兴趣的读者，提供了一条快速掌握相关知识要领、把握技术核心知识的捷径。尤其是张律师把自己在法律从业领域的实践经验，与技术知识的介绍无缝地融合到了一起，连我这样的非法律专业读者，也读得津津有味、受益颇多。

——数秦科技副总裁兼首席科学家　崔　伟

　　写给法律人的技术书少之又少,法律人遇到的技术问题却越来越多,《无技术不法律》解决了法律人一直以来的痛点,是阿来律师以技术和法律的双重学科背景,加之多年互联网疑难诉讼案件经验下的诚意之作,值得拥有。

——可信时间戳董事长　张昌利

前言
PREFACE

法律工作者从来没有任何时候像今天这样被技术浪潮所裹挟，我们引以为傲的各种法律逻辑、概念、理论在一骑绝尘的技术面前黯然失色，有点像古时的剑客，面对眼花缭乱的各式现代化武器只能"拔剑四顾心茫然"。

这种感觉正在侵扰着每一个法律人，我们明明熟知法律运行的细节，但在各种新型法律问题面前，似乎没有用武之地，因为我们发现自己竟然理解不了当前发生的种种现象和事实。

"以事实为依据，以法律为准绳"是法律人的格言，进入互联网时代，云计算、区块链、大数据、人工智能等各项革命性技术成果渗透和改造着所有领域，导致法律事实大部分变成了技术事实，如果没搞清楚技术，恐怕连适用法律的机会和资格都没有，这就是我们这一代以及后续更年轻的法律人正在面临的现状。

这种说法算危言耸听吗？我在另一本专著《网络法战地笔记》里提出了一个"技术与法律关系公式"，技术就像上帝之鞭，催促着社会大踏步往前走，法律只能紧紧追赶，如果走得慢了就要被技术落后导致的生产效率低下所惩罚，这个公式我想有必要再复述一遍。

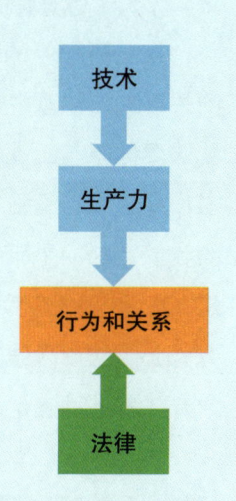

这个公式的推导过程只需要三句话：科学技术是第一生产力，生产力决定生产关系，法律是对生产关系的确认。结论就是：技术发展决定法律走向。

这个公式告诉我们，法律人应该分出一些注意力从关注法律本身到技术发展进程上来，进而就会发现我们刚好处在技术第二次爆炸的历史阶段。第一次工业革命的结果是近现代法制体系的出现，我们可以称为"工业法"。而当前的这一次是网络革命，必将催生一套全新的与之相匹配的法律体系，我们称为"网络法"。

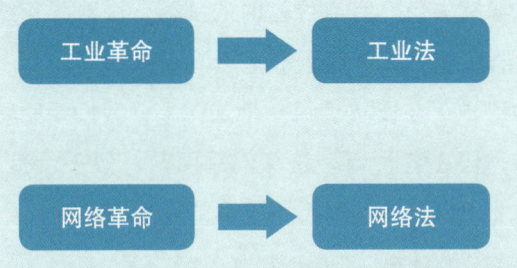

工业革命 ➡ 工业法

网络革命 ➡ 网络法

换一种形象的说法，技术和法律的关系就像是硬件跟软件的关系，法律软件要与技术硬件适配才能发挥作用。传统的工业法律体系与工业革命时期的生产力水平相匹配，有点像塞班操作系统和诺基亚功能机是相匹配的，而现代的网络技术革命给我们带来的是苹果智能手机一样的硬件环境，这时候需要的是 IOS 和安卓这种全新的操作系统，以及各种与之适配的第三方 App。法律人眼下要做的就是搭建这个操作系统环境（立法）或者开发各种满足新型法律需求的 App（法律服务）。

不得不说，这是一个巨大的时代机遇，法律人可以在一个体系化的规则重建过程中发挥巨大价值，但与此同时，我们也开始意识到自身知识结构中存在的先天不足：文科背景，缺少对技术的基本认知。

技术是硬件
法律是软件
二者必定兼容

图片来源[①]

我们常常听不懂客户讲解自己的产品逻辑、搞不清楚侵权行为的技术实现路径、不明白电子存证是怎样做到无法篡改、对数据驱动的商业模式毫无概念、对技术调查官的问题哑口无言。

法律本来应该是法律人解决问题的工具，但现在这个工具的使用说明书是用技术语言描述的，就像是一道高墙横亘在法律人面前，只有跨过去才有资格谈认识世界和改造世界。

不少法律人早已意识到问题的严重性，他们重拾向理工男蜕变的勇气，买了不少专业书、查阅众多技术资料，却常常发现那些艰深晦涩的文字对法律人是多么的不友好，一如我们也曾对着普通人讲"法言法语"一样。

计算机和网络技术并非像数理化一样有自己的一套完备的逻辑和体系，而是众多学科的集大成应用，笔者在大学时代学习计算机专业，经历过十几门不同专业课的轮番拷打，现在想来仍心有余悸。

对于没有理工科背景的法律人而言，想短时间内了解浩繁的计算机和网络知识是非常困难的，就好像一个没有受过法学

---

① 本书插图除了明确标注来源的，其他均来源于免费图库www.pexels.com 和 www.unsplash.com。

基础教育的人想在短时间内搞清楚各个部门法理论一样，市面上几乎所有的专业书籍都是写给有一定理工科背景的读者的，即便市面上一些以"通俗易懂"为标签的教材，对于法律人而言也仍然"明显超纲"了，而且这些书籍本来就是写给专业人士的，目的就是把专业问题讲明白，所以必然要呈现大量的细节和概念，这些正是法律人通往技术之路的鸿沟。

笔者从事律师工作之后，代理了大量的跟技术有关的案件，我常常在想，有没有可能完全站在法律人的角度写一本技术专著，我们只需要探究技术原理而不必纠缠技术细节，我们只了解技术全貌而不必纠结技术枝杈，我们只要做刚好懂技术的法律人而不是成为技术专家。

2020年年底，我在垦丁网络法学社开了一门线上课程，专门给法律人讲技术，学员们反馈很热烈，后来我索性把原本的12堂课扩展成了现在的20章篇幅，《无技术不法律》就这样浮出水面了。

撰写过程中，最难的是要让法律人看懂并且还尽可能不失准确，我真是体会到了"把复杂问题简单化"是多大的挑战，毕竟作为专业人士我们更擅长的刚好相反。很多时候为了把一个技术问题转化成一个直观的比喻，需要考虑很久，换很多种方案，有时为了找到一张直观的示意图，要在图库里选上一两个小时，甚至自己动手直接画。

但所有的这些，我觉得都是有意义的，如果把技术问题照搬教科书里的表述，那这本书就失去了原本的初衷。当然，简单、直观地展示技术问题也会导致不准确，在这个问题上我最终的选择是"模糊的准确好过精确的模糊"，毕竟法律人要做的是读原著、学原文、悟原理和框架之上解决法律问题而不是技术问题。

　　本书围绕计算机和网络这两个当下最核心的技术领域，首先将这些领域中最核心的模块（如硬件、软件、操作系统、数据库等）拆解出来介绍，然后介绍一些市面上最常见的技术滥用（如群控、安卓权限滥用等），最后是对当下一些集大成的技术成果进行总体描述（如云计算、区块链、人工智能等），同时每一章结尾也会相应地指出一些与技术相关的法律问题。由于篇幅的原因，我们不再就法律层面做更多展开，如果有兴趣可以看我的另一本即将出版的案例专著《新型互联网案件办案智慧与技巧：标杆案件复盘》，相信有了这些技术基础知识做铺垫，法律人日后行走江湖会更有底气。

　　需要说明的是，我本人也只是在本科阶段学习了计算机专业，从事律师职业后屡有技术场景下的法律工作经验而已，我并非技术专家，加之技术的发展一日千里，书中的很多专业介绍恐怕与客观情况有所出入，这一点我只能对读者提前道歉了，希望大家不要把这本书当作专业书籍而是看成法律人的专属科普读物。

　　书的最后，有一个小彩蛋，是我本人写的一个科幻小短篇，供您困倦之时放松之用，权当是对本书不完善之处的赔礼了。

　　愿此书帮您把技术之门推开一点点，瞥一眼里面的精彩世界！

2022 年 7 月于杭州

目录   CONTENTS

第 1 章　硬件——计算机的身体　　　　　　　　　1
　　法律要点：硬件的软件化趋势及责任边界　　　1

第 2 章　软件——计算机的灵魂　　　　　　　　19
　　法律要点：软件侵权中的同一性比对　　　　19

第 3 章　操作系统——思维母体　　　　　　　　34
　　法律要点：开源与刷机引发的版权侵权　　　34

第 4 章　函数与库——效率为王　　　　　　　　56
　　法律要点：效率与安全——永恒的矛盾　　　56

第 5 章　SDK 与系统权限——拿来主义　　　　　63
　　法律要点：个人信息流动的管道与阀门　　　63

第 6 章　网络——推广普通话　　　　　　　　　71
　　法律要点：基础设施中的法律规范　　　　　71

第 7 章　服务器——网络世界的服务生　　　　　90
　　法律要点：服务器背后的法律行为与行为主体　90

第 8 章　爬虫——数据搬运工　　　　　　　　　105
　　法律要点：网络互联互通不等于数据资源无条件共享　105

第 9 章　Cookie 和 Session——小甜品大不同　　120
　　法律要点：技术"小题"法律"大做"　　　120

1

第10章　数据库——大数据的家　　　　　　　　132
　　　法律要点：给数据的家上把"锁"　　　　　132

第11章　网络"黑灰产"——不中立的技术　　　149
　　　法律要点：净化网络环境亟须行政执法介入　　149

第12章　外挂与私服——游戏天敌　　　　　　　159
　　　法律要点：游戏与游戏"寄生产业"的重新审视　159

第13章　"监听"与"无障碍"——被滥用的安卓管家　169
　　　法律要点：技术异化使用的法律否定评价　　169

第14章　群控——绑架应用　　　　　　　　　　178
　　　法律要点：法条的生命来自灵活适用　　　　178

第15章　反编译、脱壳与抓包——犯罪现场复现　187
　　　法律要点：侵权行为——穿上马甲照样认识你　187

第16章　算法——统治世界　　　　　　　　　　197
　　　法律要点：算法亦须合法　　　　　　　　　197

第17章　5G——万物互联的推手　　　　　　　　209
　　　法律要点：网速提升，法律追得上吗？　　　209

第18章　区块链——去中心化基础设施　　　　　219
　　　法律要点：区块链的背书后的法律背书　　　219

第19章　智能合约——万物皆可NFT的法律逻辑　　234
　　　法律要点：代码即法律在元宇宙中成为现实　234

第20章　云计算——算力集中供应　　　　　　　246
　　　法律要点：云端的游戏规则重构　　　　　　246

第21章　人工智能——超脑的逻辑　　　　　　　261
　　　法律要点：人工智能的法律审视逻辑　　　　261

文末彩蛋：原创科幻短篇《护工》　　　　　　　275

第1章 硬件——计算机的身体

法律要点

硬件的软件化趋势及责任边界

通常硬件是最容易主张技术中立的，但随着数字孪生技术的不断成熟，硬件正在逐步地被数字化、软件化，加之处理器和传感器越做越小，导致硬件普遍具有了智能化和接入网络的可能，因此当硬件在设计之初就有了强烈的软件化倾向时，硬件的法律责任边界也将随之改变。

法律人如果要了解计算机与网络技术的全貌，硬件知识是不可或缺的部分，而且因为软件也是运行在硬件上面的，我们常说经济基础决定上层建筑，在这个过程当中硬件就是经济基础，软件就是上层建筑，所以硬件有必要拿出来单独梳理一下。

硬件类型五花八门，我们要提取出硬件身上共性的、通用的模块来了解，目前看来，计算机硬件中最重要的我认为有三个：CPU、内存以及各种类型的传感器。

这三样东西构成了智能硬件（手机、电脑、智能眼镜、智能手

无技术不法律

表等）的灵魂，其他的如硬盘、网卡、声卡、显卡虽然也都重要，但相比之下就没有前面三样这么关键了。

计算机硬件的发展历史也是比较悠久了，如果从1946年世界上第一台电子计算机出现开始算，到现在也过去了半个多世纪，当时这台计算机重达30吨，占地1800平方英尺，功耗150千瓦，俨然一个庞然大物，但是估计运算速度不会太快。

等到2002年笔者上大学读计算机专业的时候，台式机虽然小了很多，但是液晶显示器仍然尚未普及，我们用的还是那种很厚的CRT（阴极射线管）显示器，靠电子枪往屏幕上发射电子束来显示图像，机箱很大并且上面集成了一个叫"软驱"的装置，是用来插3.5英寸软盘的（相当于我们现在用的U盘，容量只有几兆）。当时去机房里上网的时候，可能各种电器元件的密闭性还不是很好，需要戴上鞋套以便防尘，仪式感很强。

第 1 章　硬件——计算机的身体

　　后来有了液晶显示器，有了笔记本，有了智能手机，硬件变得越来越小，性能却越来越强，最核心的原因就是 CPU 处理器和内存越来越小，然后有了各种类型的传感器加入设备中。

　　我们可以看一下，下图是台式机机箱中的主板，上面集成了 CPU、内存、各种接口，也就是说看上去已然过时的台式机机箱中，其实已经把过去那个 30 吨重的庞然大物集成在一块面板之上，不得不说这是一个巨大的进步。

主板示意图[①]

　　硬件发展的步伐并没有因此停止，短短十余年，CPU 已经小到只有一个指甲盖那么大，性能却提升了数十倍，内存、显卡、硬盘等也在同比例缩小的同时性能大幅度提升，以至于它们钻到了手机这样一个只有方寸大小的小盒子里。

　　能做到这些，核心的原因是人类在工艺上已经可以在纳米级的尺度内进行电路的雕琢和操作，就等于说把原来庞然大物中那些复杂的电路结构微缩到纳米级，然后就可以在一个小小的 CPU 中部署大规模的集成电路了。

---

　　① 图片来源：https://unsplash.com/photos/pTwm6lwymmY，最后访问时间：2022 年 7 月 11 日。

说到这里，插两句题外话，技术有的时候确实跟哲学或者宗教上的一些观点形成某种呼应。《道德经》里的"道生一，一生二，二生三，三生万物"与计算机语言中靠 0 和 1 生发出的所有逻辑运算相呼应，硬件也是类似，CPU 芯片就是由晶体硅做出来的，硅其实就是沙子（二氧化硅）脱氧后的产物，我们从沙子中提取硅，再在硅晶体上雕刻出超大规模的电路，颇叫人领悟到一种佛家常说的"一沙一世界，一叶一菩提"的禅意。

为什么 CPU 只认 0 和 1，是因为早期它的电路基本单元是由二极管组成的，二极管只认高低电平两种状态，对应的数字信号就是 0 和 1。

现在的 CPU 基本电路单元早已经不是原始的二极管，毕竟那么大的管子是不可能放到指甲盖大小的芯片里去的，现在的二极管其实已经不再是管，而是一种超薄的具有凹陷和凸起的片状结构，通过凹陷和凸起来实现类似二极管这种对于高低电平两种状态的反馈和识别。

上图展示的就是显微镜下 CPU 最微观的结构，从刚开始 30 吨的庞然大物，到现在微缩到纳米级的集成电路，硬件的发展遵循着一个神奇的"摩尔定律"——每过 24 个月，芯片上面能够布设的晶体管数量就翻一倍。

在过去的硬件发展历程当中，这句话基本上得到了验证，差不多每 18~24 个月，同样大小的芯片上面，晶体管的数量就可以翻倍，同时也就意味着，如果同样大小的芯片上面晶体管数量不变，那么它的成本就会降低一半。

可以对照一下你买电脑和手机的经历，是不是基本上每过一两年，新产品的运算速度就可以比之前提升一倍，或者说同样的机器再过两年去买的话价格就已经下来了一半，这种直观的感受就是"摩尔定律"所带给你的。

对于目前我们手上的电脑和手机到底有多高的性能，多数人可能没有直观的感觉，诺丁汉大学的一位计算机科学教授拿苹果手机和 50 年前美国登月飞船"阿波罗 11 号"的导航计算机做过一次对比，结果苹果手机的计算能力甚至是"阿波罗 11 号"导航计算机的 1.2 亿倍，单位没写错，是"亿"。

这也就意味着，如果现在想造一个宇宙飞船登月，把你的手机装到里面来作为控制飞船航向和通信的计算机就绰绰有余了。但是我们为什么对这样强大的算力没感觉，主要是因为人类其实对于计算机的使用场景没有那么丰富，大部分场景下还是用手机打游戏，性能再强悍的电脑用来斗地主都是没有感觉的。但是我们应该知道，对硬件的性能走到现在的这种水平要保持一定程度的敬畏，了解你手上拿的不只是一个简单的玩具，而是一台超级计算机。

平时我们说一个手机性能强不强、电脑快不快，核心指标要看CPU多少G赫兹，为什么大家都去看这个参数？这里涉及CPU的一项重要技术原理——时钟脉冲频率。

前面已经介绍过了，CPU由无数个最小计算单元组成，每一个最小单元反映高低电平的两种状态，在具体运算的时候，使用者把大量0和1灌进去，这时候CPU要有序地把那些最小单元组织起来协同处理这些海量的0和1数据，具体做法是在CPU里内置了一个重要的元器件——脉冲发生器。

这个小小的脉冲发生器就像一个时钟一样，以一个固定的频率给CPU中所有的最小计算单元发出时钟信号，这个时钟信号可以理解为纤夫拉船的时候喊的口令，以便于大家整齐划一地动作，又有点像是2008年北京奥运会开幕式那个击缶方阵，几百人整齐划一地敲击出倒计时的效果，需要遵照统一的节奏，这个节奏就是时钟信号。

击缶方阵中的每一个鼓手都像是CPU里面最小的计算单元，鼓槌的抬起和落下就像是计算单元的高低电平两种状态，对应二进制数字信号0和1，如何保证这么多人同时操作不会有差？那就必须提前规定好统一的敲击节奏，不能任由一个个鼓手乱敲一通。

这个统一的敲击节奏对应到CPU上，就是时钟脉冲信号，脉冲发生器按照一定的频率不断广播脉冲信号，然后每一个计算单元按照脉冲信号做一次自己的 0-1 状态运算，显然发出脉冲信号的频率越高，计算单元工作的速度越快，就好像纤夫口号喊得越快，拉船的速度就越快。

伏尔加河上的纤夫[1]

而赫兹则是脉冲发生器在 1 秒钟内发出信号次数（脉冲周期）的计量单位，1 赫兹意味着脉冲发生器 1 秒钟发出一个脉冲（振荡一次），1G 赫兹意味着 1 秒钟发出 1G（1000000000）个脉冲，也就是说 CPU 在 1 秒内可以运算 1000000000 次。

显然，CPU 时钟频率越高，性能越强。当然不是说脉冲发生器只要不断提高信号发射频率，CPU 就会无限制地加快速度，而要考虑计算单元的承受能力，频率太快意味着会有更大的发热和损耗，所以一个 CPU 的制作工艺决定了它所能承受的最大工作频率。

那么我们就继续看一下 CPU 是怎么做出来的，是何等巧夺天工的制作工艺让一个小小的芯片有了超强的运算能力。

CPU 的内部电路显然不是用电焊焊上去的，而是用激光蚀刻，用来进行蚀刻操作的主要设备（可以理解为机床）叫光刻机。全球目前 80% 的光刻机产量由荷兰 ASML 公司垄断，每台光刻机大概造价

---

[1] 伊里亚·叶菲莫维奇·列宾（1844—1930）。

要1亿美元，被誉为"现代光学工业之花"。

国内陆续也有公司斥巨资开发芯片，但如果要超越被国外垄断的光刻机等技术还有很长的路要走。这里我们又要插一句题外话，以前学马克思主义哲学的时候经常说"人和动物最大的区别是制造和使用工具"，当看到光刻机的时候对于这句话相信会有切身的体会，能掌握这种精密的工具，确实让人和动物之间拉开了实质性差距。

内　存

接下来我们介绍一下内存。可能有人对内存和硬盘会有点混淆，找个形象的类比，就像厨师炒菜，CPU就相当于厨师，它来决定这个菜怎么炒、放多少盐、掌握多大火候，内存则是一个炒锅，用来把食材物料放进去翻炒，所以它是加工食材的一个临时场所。等菜炒好了之后就要出锅了，出锅后放在哪里呢？放在盘子和碗里，这个盘子和碗就是硬盘。

比如，我们打开一个 Word，然后往里面输入文字，这个让 Word 运行和接收输入的文字信息的过程就是 CPU 在做计算（厨师在炒菜），这个计算的实现是要把 Word 程序放到内存中执行，输入的文字也在内存中被 Word 程序捕捉和记忆（炒锅开始工作）；等到你全部写完了点击保存，最终形成的一个文本文件就放到了硬盘里面给保存起来，点击关闭结束程序，Word 程序也就从内存中退出了，这一步相当于把炒好的菜倒在了盘子里（硬盘），然后把内存（炒锅）释放了出来。

CPU= 厨师　　　　内存 = 炒锅　　　　　硬盘 = 盘子、碗

所以内存是一个暂时用于计算和存储的空间，它的存取速度也比硬盘高，因为它要不断地运行，而且是有很多程序同时运行。所以我们看一个电脑的性能，光是 CPU 速度快还不够，内存速度也要跟上，否则厨师动作再快，炒锅的火总是上不来也没用。

至于硬盘的话，个人认为没有太大技术含量，就是存东西用的，无非就是空间大一点，而且现在有云空间、有外接存储器，机器自带的硬盘大小更加不重要了。

从原理上内存如何实现暂时存储呢？首先内存里面也为每一个最小存储单元编好了物理地址，但这个物理地址比较复杂，于是内存进一步把物理地址进行了映射，把更容易识记的虚拟地址或者逻辑地址跟物理地址一一对应起来（有点像 MAC 地址和 IP 地址、域名之间的映射），CPU 在运算的时候只需要找相应的逻辑地址存取数据就好了。

无技术不法律

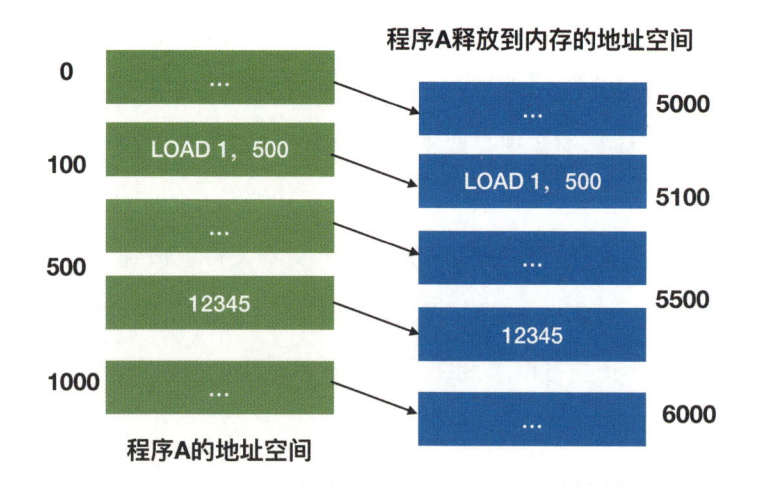

程序A的地址空间 → **程序A释放到内存的地址空间**

程序A	内存
0: ...	5000: ...
100: LOAD 1, 500	5100: LOAD 1, 500
500: ...	5500: ...
: 12345	: 12345
1000: ...	6000: ...

把一个程序装入内存的过程包括把高级语言编写的源程序编译成二进制的可执行代码，然后根据内存的逻辑地址存放到指定位置，接下来CPU再到这些位置上寻找代码指令进行执行。

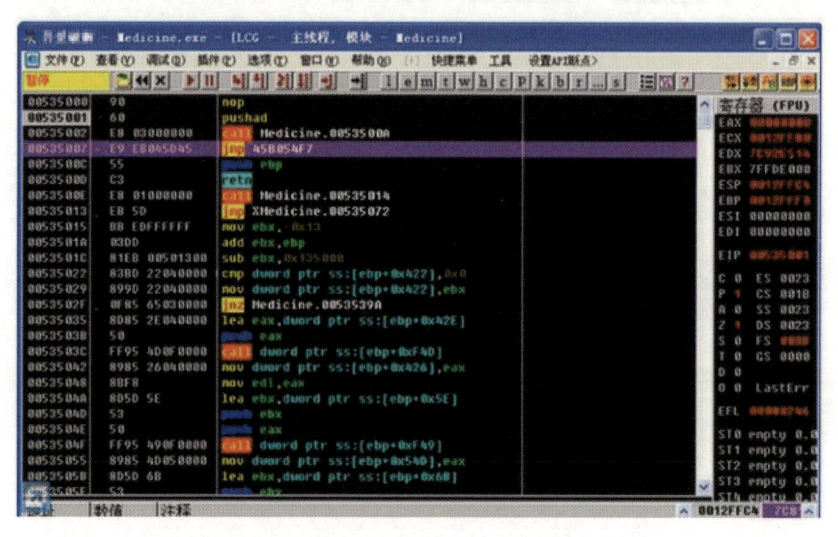

某反编译工具的运行界面，可以看到正在内存运行的某个程序对应的语句、数据、在内存和寄存器中所在的位置

每行代码所在的内存位置以及代码执行后产生的结果所存放的内存位置，都可以通过专门的软件进行查看，这些查看工具的使用对于法律人而言还是比较重要的，比如我们经常需要知道某些侵权

第 1 章　硬件——计算机的身体

软件在内存中的运行过程，看它是否对其他软件造成了干扰、是否劫持了数据，包括司法鉴定对这些问题给出结论，也往往需要调用第三方工具对内存中运行的程序进行查看。

内存内部有自己的物理地址，对外使用的却是逻辑地址，二者之间又是怎么对应的呢？

下图是一个内存条[①]，内存条外面有很多的触点，就是所谓的"金手指"。图中上面一排和下面一排都是金手指触点，用于读取和输出数据。内存跟 CPU 一样只能接收二进制 0-1 数据，先看左下角的 RD 和 WR 这两个金手指，这两个触点分别代表着"Read"（读）和"Write"（写）两种状态。

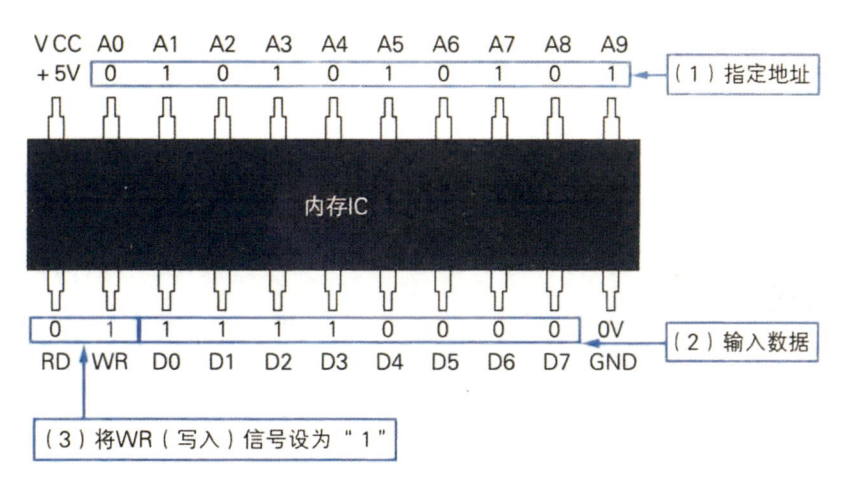

向 0101010101 地址写入 11110000 数据时，内存的工作状态

当 WR 变成 1 的时候，就意味着要往内存里写数据。写的数据具体是什么呢？那就要靠下面一排 D0~D7 这八个金手指触点来完成了。既然是八个金手指，也就意味着可以一次往内存里写 8 位的 0

[①]　参见《内存的物理机制》，遵循 CC 4.0 BY-SA 版权协议，网址：https: //blog. csdn. net/weixin_34 292924/article/details/86809211，最后访问时间：2022 年 5 月 20 日。

和 1 数据，此时如果我们把 D0~D3 都设置为 1，D4~D7 都设置为 0，那就意味着要写入的数据是：11110000。

知道了读写状态的设置和输入数据的设置，最后要解决的问题就是把输入的数据放到内存的哪个位置上，这个工作由上面一排 A0 到 A9 这十个金手指触点来完成，如图我们把对应的十个触点设置为 0101010101，也就意味着要把前面准备写入的数据"11110000"写入内存的"0101010101"这个虚拟地址中去。

同样的道理，保持其他设置好的数据不变，只把"RD"设置为"1"同时"WR"设置为"0"，也就意味着读写状态发生了变化，从原来的写入变成了读取，此时 CPU 执行的指令是从"0101010101"这个内存地址中读取"11110000"这个数据。这就是内存工作的基本原理。

驱　动

除了 CPU 和内存，电脑要正常工作还需要其他一些外部设备，如鼠标、显示器、打印机、光驱、USB 等，要使用这些外部设备，不是说把它们往插口上一接就行了，还需要安装一个对应的软件——驱动程序。

驱动实际上就是让操作系统认识和接纳外部设备，进而让 CPU、内存可以跟外部设备进行通信的软件。科幻电影《阿凡达》里外星上的大鸟都长了一个长长的喇叭一样的东西，骑手必须要把辫子插进去之后，大鸟才允许你骑上去，这就如同一个驱动。

驱动主要做两件事：（1）它相当于外部设备的一个简历，告诉操作系统我是谁、我从哪来、遵循什么标准；（2）相当于使用说明书，告诉操作系统我有什么功能、该怎么样使用。很多人在使用新买的扫描仪、打印机之前都需要安装驱动软件，就是这个原因，不然操作系统不认识你的新设备。

传感器

最后介绍一下第三个核心的硬件——传感器。

在硬件越来越智能化的今天，很多人不禁要问"智能"两个字体现在哪里？以手机为例，手机的英文翻译是Cellphone，其实放到今天是不准确的，应该是"Smartphone"，因为手机已经从诺基亚时代的功能机进化到安卓和苹果时代的智能机，区别就在于手机上有了各种类型的传感器。这些传感器让手机可以实时地收集和记录你的使用数据，进而越来越了解你、懂你，就像是有了"智能"一样。

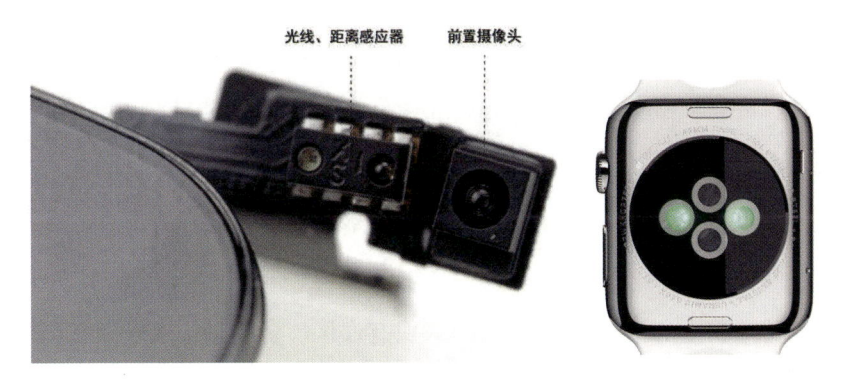

目前的手机上至少都安装了加速度传感器、磁力传感器、方向传感器、陀螺仪、光线传感器、距离传感器、压力传感器、温度传感器等。我们看手机前置摄像头旁边或者下面都有一个小槽，那里藏着的是光线传感器和距离传感器，这两个硬件能够实现你无比熟悉的功能：把手机贴近脸打电话的时候，手机屏幕自动黑屏熄灭，拿开手机要看屏幕的时候，屏幕又会自动点亮，这是因为手机放在

脸旁的时候光线感应器被遮住了，然后距离感应器感应到手机与脸之间的距离很近，于是操作系统接收到这两项信号，就自动把屏幕熄灭，反之就会把屏幕点亮，使得手机看上去有一个很智能的效果。类似的智能手表抬起手腕就点亮，放下手腕就熄灭屏幕也都是靠传感器实现的。

传感器实现智能化应用的场景不胜枚举。比如，我们把手机横过来，屏幕上的视频画面也会跟着横过来，这是重力感应器和方向感应器在同时发挥作用，又如戴上智能手环，你的步数、心率、血压就可以被记录，也是传感器在默默工作的结果。

传感器时时刻刻都在收集你的信息，它真正的意义在于把一个人进行了数字化，大数据的主要推手就是这些传感器，电脑算不上智能硬件的原因就在于它没有传感器，而且不像手机或者其他可穿戴设备那样便携，收集数据的能力就差很多。

CPU、内存再加上传感器就组成了五花八门、五彩缤纷的智能硬件世界了。如果顺着这个思路往前延展一下，就是目前非常热门的概念：万物互联——物联网。

物联网时代，几乎所有的东西都会被智能化，也就是说都会装上芯片、内存和传感器，典型的例子是汽车，其中的代表就是电动汽车特斯拉。很多人对特斯拉的认识有误区，觉得就是加电的汽车罢了，其实特斯拉真正的创新在于把汽车变成了一个智能终端，只是这个终端刚好有四个轮子和几张沙发而已，本质上它还是一个大一号的手机，埃隆·马斯克也几次讲过这个造车理念。

所以我们会发现特斯拉的车上遍布各种各样的传感器，使得它具备非常多的智能应用，甚至有些智能应用在硬件层面已经部署好了，但是需要通过软件不断以空中传送（OTA，Over-the-Air Technology，是通过移动通信的空中接口实现对移动终端设备及

SIM 卡数据进行远程管理的技术）的方式升级才能开启，如自动驾驶。

某年圣诞节，特斯拉通过 OTA 的方式为 Model X 车型推送了"Xmas 圣诞之舞"彩蛋，结合 LED 前灯组和鹰翼式车门和音响，Model X 可以为车主呈现一段舞蹈表演

智能硬件今后的发展趋势应该就是向着 VR（Virtual Reality，虚拟现实）和 AR（Augmented Reality，增强现实）的道路迈进了。VR 基本实现方式是用计算机把真实环境模拟出来，而给人以环境沉浸感，典型的比如 VR 游戏。VR 技术一旦成熟，必将把人带到一个更加不受限制的世界，如你不必再亲自到世界各地，用 VR 设备可以足不出户地走遍全球，体验逼真环境。

相比之下，AR 是将虚拟信息与真实世界相融合，运用了多媒体、三维建模、实时跟踪、智能交互、传感等多种技术手段，将计算机生成的文字、图像、三维模型、音乐、视频等虚拟信息注入到真实世界中，从而实现对真实世界的"增强"，典型的如谷歌眼镜（Google Glass）。

关于智能硬件更长远一点的想象恐怕是人机结合了，媒体曾报道埃隆·马斯克旗下脑机接口公司（Neuralink）的研究已取得进展，其非侵入性设备有望在人体上进行测试，终极目标是将人脑下载到电脑中实现脑机融合，开启"超人认知"时代。

图片来源[1]

---

[1] 图片来源：https://unsplash.com/photos/hIz2lvAo6Po，最后访问时间：2022年5月6日。

法 律 问 题

当下的硬件领域并不像我们以往理解的电脑或者手机硬件，在即将进入的万物互联时代，越来越多的硬件本身就是一个自带处理器和传感器的智能设备，同时也能够接入网络，使得硬件和软件的边界越来越模糊，这导致了一个严重的问题：此前在软件方面频发的侵权问题蔓延到了智能硬件上，硬件厂商也将面临着侵权责任承担的风险。

笔者代理过某电视盒子涉嫌侵害著作权的案件，起因是该电视盒子留有USB的接口，用户可以通过USB直接将第三方的应用或者内容文件拷贝安装到电视盒子中，进而在电视机里播放出来。当时的一个热播的综艺节目制作单位发现可以通过这个接口安装一个视频聚合应用到盒子里，然后在电视中打开这个应用，里面可以看到侵权的综艺节目，制作单位将视频聚合应用开发者和电视盒子厂商一起告到法院，认为厂商也要承担连带侵权责任。作为盒子厂商的代理人，笔者提出了避风港责任不应蔓延到硬件厂商的观点，最后被法院采纳，但这并不代表今后所有的智能硬件都依然能够得到豁免，毕竟软硬件设计一体化所导致的是硬件功能常常变成软件功能的延伸，如有的硬件公司生产出跟手机配合打游戏的外挂式硬件手柄，将手机放置到手柄上，可以操作手柄完成一些游戏本来没有的功能，这样做显然存在巨大的侵权风险，这类风险是硬件厂商今后非常值得关注的问题。

另一个跟硬件相关的突出问题，是隐私和数据，无论是传感器还是摄像头，这些硬件都是实时收集用户数据的利器，这些硬件厂商可能在提供硬件的同时，还标配有云 SaaS 服务、应用软件定制服务等，一旦终端用户使用这些硬件收集了大量的用户数据回传到云端，这时候硬件厂商就很有可能成为数据的共同处理者，要对前端的数据获取和后端的数据处理承担相应的注意义务，这个问题相对复杂，因为前端的实际使用场景是多种多样的，厂商很难在单一环境下制定自己的数据处理和安全保障策略。

笔者代理的"人脸识别第一案"引发了广泛关注，案件二审宣判后不久的 2021 年 7 月 28 日，最高人民法院即发布了《关于审理使用人脸识别技术处理个人信息相关民事案件适用法律若干问题的规定》，明确"在宾馆、商场、银行、车站、机场、体育场馆、娱乐场所等经营场所、公共场所违反法律、行政法规的规定使用人脸识别技术进行人脸验证、辨识或者分析"属侵权行为。

规定发布后，很快就有多家硬件厂商前来咨询这样的司法解释对后续业务会带来的潜在影响，对此笔者的态度是，不要只看到司法这一个维度，整个大的环境都是在个人信息保护、网络安全以及数据安全方面采取高压态势，有关企业需要为此投入长期的合规调整才可能跟上监管要求。

第 2 章 软件——计算机的灵魂

法律要点

软件侵权中的同一性比对

源代码和经过编译后的可执行程序是"一体两面"的关系，技术上和法律上都将其看作同一个作品是没有问题的，但实践中的问题比较复杂，有些时候权利人更加看重对源代码的保护，另外一些时候则看重源代码执行后在用户客户端上的具体呈现，而且技术上完全可以做到不同的源代码实现相同的执行结果，特别是游戏等复合型软件作品，在侵权比对过程中的同一性判断就变成一个比较复杂的问题了。

想了很久，该怎么样给法律人把计算机和网络相关的技术比较系统和形象化地介绍出来，这里面的难点就在于从哪里开始，因为计算机整个技术的知识体系是比较复杂的，它本身就是一个多学科交叉的综合领域，并不像单一学科那样有着一以贯之的逻辑体系。

最终决定还是从软件入手，因为软件是计算机的灵魂，就像人一样，人的身体就是硬件，软件则相当于人的思维。

此外，对于多数没有理工科背景的法律人来讲，直觉上也都存有一个巨大的疑问：计算机是怎样听懂人的指令和语言的呢？如果了解了软件的基本原理，大概就能够解开这个谜题了，而且搞清楚这一点，将是人类走近机器、跟机器协作的重要前提。

一、计算机如何"思考"

我们知道人跟人之间是借助语言和文字来进行交流的。比如，我写了一个"鱼"字，你看到这个字就会想到一条鱼，这个机制是因为人的大脑具有把符号转化成为形象的思维能力。

但是计算机不会有这种抽象的能力，看到一个"鱼"字不会联想到一条活鱼，虽然说电脑有一个"脑"字，但是电脑跟人脑的思维方式还是不一样的，计算机虽然也有语言，但是跟人的语言文字并不是一回事。

说起计算机的语言，你可能第一时间能够想象出来的场景，就是黑客类电影中出现的画面，黑客坐在那里，手指上下翻飞敲出一行行代码，这些代码的确就是我们最常见的计算机语言。

但是这些语句看上去很令人费解，仔细看它们是由一些英文写成的，我们把这样的语言编成一个程序、一段代码放到计算机里，

第 2 章　软件——计算机的灵魂

计算机就能够读懂吗？这个很奇怪，这个过程到底是如何实现的？本章就要把这个问题讲清楚。

我们首先抽取出一段最简单的代码，这是一个由 7 行代码组成的简单程序，它的作用就是实现在屏幕上打出"Hello World！"这行单词，但是你看这个程序的组成很有代表性，它引用了一个函数：#include <stdio.h>，相当于叫了一个外援，然后构建了一个主函数：int main（用于实现程序的核心功能），主函数中最关键的就是高亮颜色标出的第 5 行。

printf 是一个计算机语言指令，用于让计算机在屏幕上把一个东西显示出来，显示的内容就是括号里的"Hello World！"。而"return 0"的意思是这个函数到此就执行完毕。

这样一解释，相信你是能够明白的，因为这本来就是给人用的计算机语言，我们叫作"高级语言"，但计算机看了之后表示很晕，因为它没有这么"高级"的抽象思维能力，它的思考方式简单粗暴，因为它真正能看懂的只有"0"和"1"。"0"和"1"组成的语言是计算机自己的语言，我们叫作"机器语言"。

那为什么我们用高级语言写出来的程序，计算机还是能够执行呢？这就涉及高级语言是能够向机器语言转化的，下面咱们一点一点深入介绍。

如下图，右边这半部分看到的机器语言由很多的 0 和 1 数字组成，这些数字跟人使用的高级语言之间存在对照关系。

21

```
#include <stdio.h>
int main ()
{
int i;

for (i=1; i<=100; i=i+1)
 printf("%d\t",i);
return(0);
}
```

左边的语言给人看，右边的语言给机器看，那么接下来就要解释机器为什么只认识"0"和"1"。我们都知道机器的大脑叫作CPU，这个硬件是机器看懂语言的关键，所以我们就要明白CPU的架构到底是什么？法律人都知道有《集成电路布图设计保护条例》，这个条例其实主要针对的就是类似于CPU这样的超大规模集成电路（又叫"芯片"），它里面集成了非常多的基础电路单元，多达几千万和上亿量级，所以叫超大规模集成电路。

如果我们拆开CPU看里面的每一个基本电路单元，就会发现它是一个叫作二极管的东西（这里就简单忽略一些技术细节，可能还有三极管或者其他元器件），二极管就是一个最基本的物理电路，这个电路的特点是首先它只允许电流单向流动，其次它只允许高出一定电压的电流流过去。所以这就意味着在这个电路里面只会存在两种状态，就像一个电灯泡要么亮要么灭，但是不会存在其他第三种状态，如非常亮，或者一般亮，而不会有这种中间的过渡状态。

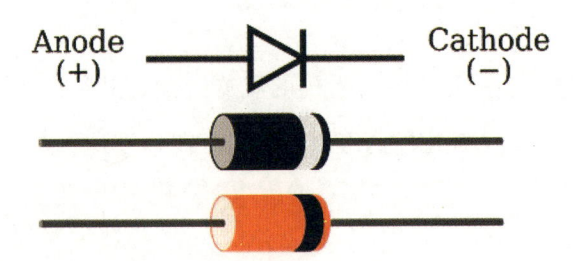

所以二极管这样一个基本电路单元的作用就是根据电流的接通和断开来实现高低电平两种状态，那么这两种状态刚好就对应到了数字上面的 0 和 1。至此，我们在底层的物理结构上实现了与数字（二进制代码）的对应：CPU 认识了 0 和 1。

所以，CPU 可以理解为集成了无数个"0-1"状态的运算单元，每个单元都可以呈现 0 和 1 两种状态，然后当它有数千万个甚至上亿个这样的"0-1"状态的时候，就可以出现无数个 0 和 1 的组合，这就是 CPU 的基本原理。

二、计算机如何学会"识文断字"

接下来就是第二个最核心的问题了，如果说 CPU 里面实现的就是无数的 0-1 组合的话，那么这些组合真的会生成那么多的信息吗？这些 0 和 1 又是如何与高级语言对应起来的呢？

我们在计算机里面看到无数种信息，有文字、声音、图片、视频，难道它们都能转化成 0 和 1 吗？这个问题就很有意思了，甚至可以上升到哲学的高度，不由得令人想起老子在《道德经》里说的"道生一，一生二，二生三，三生万物"。

老子的这句话使他越看越像是一个伟大的科学家，他竟然在那个时候就想到了如果你有 0 和 1，你可以生发出万物，可以生发出所有的信息，这一点在数千年后的现代计算机科学上得到了印证。

其实计算机（包括手机和电脑等所有智能设备）就为人类做两件事：一是给你呈现出信息，二是把这些信息做运算和处理。比如，你打开 PPT 的某一页，这是一个信息呈现，当你按"播放下一页"按钮的时候，计算机开始把 PPT 的下一页调出来呈现在屏幕上，这背后是机器在做运算。

无技术不法律

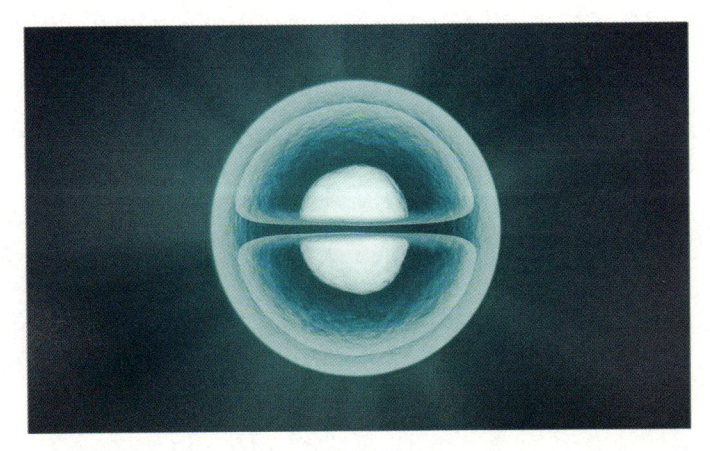

细胞分裂①

无论是信息的呈现还是运算，背后都是靠对 0 和 1 的识别跟处理。我们先看信息的呈现：

譬如我们在电脑里常见的这些字符，有一个国际标准的字符代码表，其中字符"0"对应的是高四位"0011"和低四位"0000"共计八位 0-1 代码。

也就是说你给计算机一个八位二进制 0-1 代码："00110000"，计算机就给你呈现一个字符"0"，其他字符以此类推，如"@"字符对应的 0-1 代码是"01000000"。所以等于是把人常用的每一个字符和符号都做了 0-1 编码，通过八位不同的 0-1 组合，就可以把 ABCD、1234、标点符号等都编好了，我们现在所有的输入设备中都按照这套逻辑编码，不管你敲哪个键，CPU 对应接到的一个指令都是八位的 0-1 组合，至此计算机认识了字符，就像一个幼儿园小朋友开始认识了几个简单的数字和字母一样。

---

① 图片来源：https://pixabay.com/zh/illustrations/molecule-cell-biology-molecular-2082634/，最后访问时间：2022 年 7 月 10 日。

从这个原理继续推而广之，CPU 认识了更复杂的信息类型，因为最终所有的文字都不过是基本字符的组合而已，更复杂的声音、图像等也都同理进行了 0-1 编码（声音无非是音节、音色等元素的组合，图像无非是像素的组合）。我们下载一个电影时说这个电影文件大小有 1 个 G，为什么会有一个文件大小的说法？是因为这个电影被最终编成 0-1 代码，而这个代码在电脑硬盘中是要占据存储空间的。

1 个 G 就意味着文件由非常多的 0 和 1 组成，影片中含有的信息量大自然需要转化成更多的 0 和 1，而一张图片通常就不需要这么多 0 和 1 来展示，所以图片大小几 M 就够了（1G=1024M）。

我们还知道发送大的文件之前要压缩一下，但是压缩完了之后可能图片、视频就不太清楚了，这是为什么？比如，原来文件里面有 100 万个 0 和 1 的组合，压缩的时候会把其中一些不重要的 0 和 1 信息剔除掉，于是从 100 万就变成了 50 万或者是 30 万的 0 和 1，因为 0 和 1 少了，那么文件的体积肯定就会小了，但同时这也导致压缩后的文件会失真，因为你的信息丢失掉了。

所以说在信息的呈现层面，不论我们在电脑上看到什么东西，在计算机的底层都是当作0和1来进行处理的。

三、计算机如何学会"运算"

说完信息的呈现，再看信息的运算。计算机更大的功能是要做处理和运算，我们平时去写一个PPT、一个Word，播放一个视频，背后都是要CPU和内存来执行这些程序、对我们的输入操作进行不断的运算和处理。

常用数制的对应关系

十进制	二进制	八进制	十六进制
0	0	0	0
1	1	1	1
2	10	2	2
3	11	3	3
4	100	4	4
5	101	5	5
6	110	6	6
7	111	7	7
8	1000	10	8
9	1001	11	9
10	1010	12	A
11	1011	13	B
12	1100	14	C
13	1101	15	D
14	1110	16	E
15	1111	17	F
16	10000	20	10

信息运算跟信息的呈现相比就更复杂了，靠着一堆0和1，怎么来实现运算呢？首先，运算包括算数运算（加减乘除以及更复杂的数学计算）和逻辑运算（是非对错的逻辑判断），算数运算靠0和1二进制数字非常容易就可以转化成我们平时常用的十进制数字，所以算术运算对计算机没有任何障碍。

逻辑运算的实现对计算机而言是一道难题，这里需要引入一门单独的学科叫作"逻辑代数"，由科学家布尔创立，所以又叫"布尔代数"。这门神奇的学科基于0和1两种最原始的状态推演出所有的逻辑结果，或者说所有的逻辑运算、判断都可以通过0和1两种状态最终叠加推导出来。

"逻辑代数"把0和1看作两种逻辑状态，法律人对此可以这么理解。比如，1可以代表"是"，0代表"否"；1可以代表"有"，0代表"无"；1可以代表"有罪",0代表"无罪"；1可以代表"正义"，0代表"邪恶"等。

逻辑运算概览

类别		表达方式	算法口诀
基本逻辑运算	①逻辑与	$F=AB$	同时为1，结果为1，否则为0
	②逻辑或	$F=A \oplus B$	有1为1，否则为0
	③逻辑非	$F=\overline{A}$，$F=\overline{B}$	有1为0，有0为1
复合逻辑运算	①与或	$F=AB+CD$	先与后或
	②与非	$F=\overline{AB}$	先与后非
	③或非	$F=\overline{A+B}$	先或后非
	④与或非	$F=\overline{AB+CD}$	先与，再或，后非
	⑤异或	$F=A\overline{B}+\overline{A}B=A \oplus B$	相异为1，否则为0
	⑥同或	$F=AB+\overline{A}\,\overline{B}=A \odot B$	相同为1，否则为0

当0和1两种状态进行叠加推演的时候，一个无限可能的逻辑世界就此展开。比如，我们把规则设置成：1和0在一起的时候结果

还是 0；0 和 0 在一起还是 0；只有 1 和 1 在一起才是 1。用这个逻辑规则就可以带入到法律场景中作判断。如必须同时满足"法律规定欠债还钱"的状态 =1，同时"我欠了你的钱没有还"的状态 =1，此时逻辑运算结果才是"法院判决我要还钱"的状态 =1。如果前面法律规定和我欠钱不还的事实中的任何一个状态 =0，法院都不可以判我还钱，也就是说此时"法院判决我要还钱"的状态 =0。

将这个判断逻辑用计算机高级语言编写为程序就是：

if 欠债还钱 = 法律规定；

if 张三欠钱没有还；

then 张三必须还钱；

　　else 张三不必还钱。

总而言之，有了 0 和 1 这两种底层的逻辑再加上"逻辑代数"确立的运算规则，就可以推衍出无数非常复杂的逻辑判断，而机器就是通过这种方式接收你的逻辑指令，然后得出逻辑运算的结果。

四、越过人和机器之间的语言鸿沟

至此，计算机可以把所有的信息抽象成 0 和 1，把所有的运算也抽象成 0 和 1，于是 0 和 1 就成了计算机的语言（机器语言）。而我们人类怎么可能理解和记住那么多的 0 和 1，人类语言（高级语言）跟机器语言之间显然隔着一道鸿沟，怎么办？

这中间就需要一个桥梁，这个桥梁叫作"汇编语言"。它负责把人类的自然语言（高级语言）翻译成机器能看明白的机器语言，所以汇编语言起到一个翻译的作用。

汇编语言的存在使我们放心地用自己看得懂的语言书写计算

机代码，然后交给汇编语言编译成机器能看懂的 0-1 代码，最后交给 CPU 和内存去把代码执行和运算出来，最终机器就可以了解我们的需要，来帮我们干活了，这就是计算机语言的全部原理。

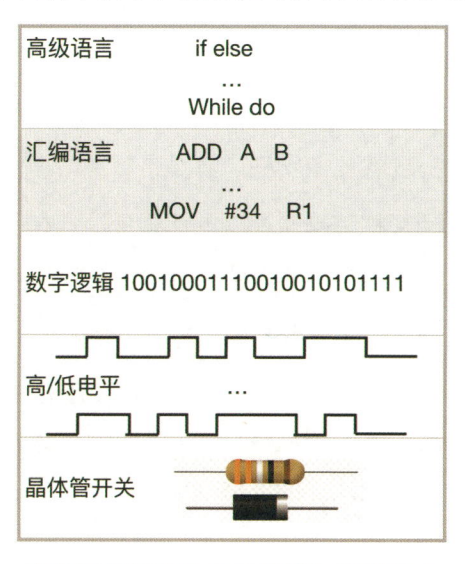

高级语言	if else ... While do
汇编语言	ADD A B ... MOV #34 R1
数字逻辑	100100011100100101011111
高/低电平	...
晶体管开关	

这张图很好地展示了计算机逻辑语言
被硬件理解和执行的过程

我们用计算机语言编写出一个能实现完整功能的代码之后，这段代码理论上就叫作一个程序了。就像我们一开始的时候给大家看的那段让计算机打印"Hello World！"在屏幕上的程序。

一个程序经过汇编语言的编译，封装好之后拿去安装到对应的硬件上，这个时候就可以被称为"软件"了。软件往往是一组程序的集合，而程序就是由计算机语言来编写的，计算机语言又包括高级语言、汇编语言和机器语言，这些基本概念我们算是介绍完毕了。

事实上当我们向计算机发出一个指令的时候，计算机通过软件理解和执行指令，然后转化成了 CPU 看得懂的 0 和 1，最终算出你想要的东西再展示到屏幕上，这就是软件在人机交互中的价值，所以我说软件是计算机的灵魂。

法律问题

有了上面的技术背景之后，我们有必要看一下法律上对软件是怎么定义的。《计算机软件保护条例》第2条规定，软件指的是计算机程序及其有关的文档。第3条又进一步规定，计算机程序是指为了得到某种结果而可以由计算机等具有信息处理能力的装置执行的代码化指令序列，或者可以被自动转化成代码化指令序列的符号化指令序列或者符号化的语句序列。

第3条的规定非常绕口，主旨就是计算机程序包括两种形态：（1）"代码化指令序列"，也就是机器能看懂的由0和1组成的程序（"可执行程序""目标程序"，包括程序语句本身和这些语句存放在内存中的位置等，以便CPU可以知道去哪里寻找到相关的指令以及如何执行这些指令）；（2）"符号化指令序列"或"符号化语句序列"，也就是人类用高级语言C、JAVA等写成的计算机程序（源程序），其特点是可以自动被转化成代码化指令序列，即0-1形式的可执行程序。

这两种指令序列都是计算机程序，只不过使用的语言不同、面向的主体不同（前者为人，后者为机器）而已，所以《计算机软件保护条例》规定"同一计算机程序的源程序和目标程序为同一作品"。举一个形象但不严谨的例子，源程序和目标程序就像一部小说的中文版和英文版。

这样的法律规定也带来了一些问题：

首先是软件代码公开导致的软件专利或商业秘密性问题。一个软件写好了之后，源程序通常是不对外公布的，而是把源程序直接编译成一个可执行的目标程序，然后交付用户安装使用。这时如果法律认为二者是同一作品，是不是我只要把目标程序向用户交付就意味着我同时公开了源程序？

在很多情况下，开发者既要把这个软件开发出来尽快上市发行，又想把源代码相关的一些技术能够注册成专利或者作为商业秘密保护起来，那会不会由于发行了这个目标程序，而使得想要保护的专利和技术秘密被公开了，丧失了所谓的新颖性、秘密性，进而难以取得著作权之外的保护。这是个目前在实务界、学术界都有很大争议的问题。

对此，笔者个人的看法是，可执行程序的上市流通并不能代表源程序的公开，因为法律规定的二者属于同一作品是在著作权意义上的、对作品的同一性判断上的规定，并不涉及软件技术细节是否公开的问题。后者是一个事实问题，事实上用户拿到了可执行程序也无法推断出背后的源代码，所以源代码仍然处于没有被公开的状态，不影响其作为技术创新的一部分成为专利或商业秘密保护的对象。

其次是软件侵权的同一性比对问题。

比如，我开发出来的软件被对方抄袭了，就像我写了一本书被对方抄袭一样，要有一个同一性的对比，比较一下两个作品是否一致。

当前，流传着一种说法是，软件同一性比对要看相同代码的百分比，超过80%就认为是侵权（也有说70%）。这种理解跟司法实践是有偏差的，实践中对软件同一性的比对不会采用一个固定的比例，因为计算机的源代码很多是模块化的（前辈们已经写好了），你只是直接把它拿过来用，尤其是一些通用的功能（如分享功能）等，要么是第三方写好的，要么是系统或者程序本身自带的一些函数库里面就有的。

调用这样的一些现成的代码就会导致你的程序跟其他人的程序产生很大部分的重合，但是并不代表你在抄袭别人，因为你的代码中体现的软件核心功能或价值的部分必定是你独创出来的。所以这种软件源代码的比对还是应该一事一议地在个案中去认定。

那么一般来讲，从鉴定机构的角度来看，它们在进行软件同一性比对的时候主要看一些什么呢？

（1）代码中有独创性的部分。把市面上通用的一些模块拿掉之后再比较，看哪些代码是有独创性的，这个独创的部分有无抄袭。

（2）软件的标注信息。包括软件的签名、注释、权利人信息等，这些信息都是非常个性化的，并且有着比较明确的身份指向，如果抄袭的时候不注意把这些内容也一起复制粘贴过去了，就很容易认定存在抄袭；在软件代码中不起眼的位置上放置权利人标记是一种常用的保护自己的方法，因为软件代码非常多，这个时候你在其中的某个位置上写一个"某某公司出品"字样，别人很难注意到，如果鉴定同一性的时候发现了这个字样出现在对方程序中，抄袭就变得显而易见了。

（3）常用的字符串出现的位置和频率。比如，空格键、回车键等，这个关系到开发者编写程序的习惯问题，如果两个程序中这些常用的字符串出现的位置和频率都一样，也会作为一个很重要的判断的维度，因为就算两个不同的开发者同时想到了一个编码逻辑，也不太可能在编写每句代码的时候使用的段落、字符都完全一样。就好像我们都想到了一个故事情节，但写出来的小说不可能连标点符号都一致。

了解到这些跟技术相关的原理，我们就知道如何从法律层面进攻和防御了，面对鉴定机构出具的鉴定报告，你也可以从这些维度上对鉴定意见进行质疑，指出鉴定意见中不合理的部分。

最后是软件的源代码和前端最终成品表达之间的脱节问题，这个问题在游戏软件上表现得最为突出。游戏软件通常是由一个软件加一个素材库组成的，软件只是作为调度素材库中各种角色、任务、效果的流程而已，整个游戏在用户感知层面更多的是接触到了素材库中的素材，并且当游戏真正执行的时候，往往是软件动态调用素材后形成的视频流，所以这个时候如何确定游戏作品所保护的对象，以及如何进行侵权比对认定都成为一个复杂的问题。

实践中甚至出现了，游戏作品前端展现的效果高度一致，但后端的代码明显不同的情况，越来越多的权利人主张按照视听作品保护游戏并非没有道理，但视听作品有时候过分依赖游戏表现出来的效果，对静态的代码又力有不逮，所以有业内人士提出应将游戏作品作为著作权法中一种新的作品类型加以规定，这些问题非常值得深入探讨。

第 3 章 操作系统
——思维母体

法律要点

开源与刷机引发的版权侵权

操作系统是当下最重要的软件之一，毕竟它是其他多数软件的工作环境，也往往只有极具实力的机构才能完成操作系统的开发，并且围绕操作系统搭建生态环境，因此操作系统软件聚集了大量的商业资源和利益，加之很多操作系统为了开放生态都用了开源策略，将源代码一定程度上开放授权，由此便引发一系列后续使用中的法律问题。此外，不少商业机构为了获利，在没有能力自建操作系统的情况下，索性直接破解、替换已有的操作系统，此举也会带来包括侵权、不正当竞争甚至刑事犯罪等问题。

前面我们介绍了软件，而操作系统也是一个软件，如果说软件是计算机的灵魂，那操作系统就是灵魂中的灵魂了，所以我们有必要单独介绍一下操作系统的基本原理，以及与之相关的法律问题。

为了方便介绍，我们就以大家最耳熟能详的 PC 端的 Windows 和移动端的安卓（Android）两个操作系统作为例子，同时也会介绍一下跟操作系统密切相关的一项技术——ROOT 权限。

如果你不知道操作系统是做什么的，这里有一个可能不算精准但是比较形象的类比：电脑或是手机硬件就相当于一个毛坯房，单纯的钢筋、水泥、混凝土盖出来的毛坯房，显然住不了人。如果想住人，首先要"硬装"，包括铺设水电管路、煤气、网络等，操作系统就可以简单地理解为房子的硬装，没有硬装，房子的基本功能是没法实现的，没有操作系统，计算机硬件也是干不了活的。

有了硬装之后，接下来就可以往里面放家具，比如灯具、电视机、沙发、电冰箱等这些东西，也就是"软装"，这一步相当于在操作系统安装那些第三方的应用软件，有了应用软件之后，电脑这所房子的精装修就算完成了，接下来你就可以拎包入住，正常地使用电脑的各项功能。

硬件 = 毛坯房　　　操作系统 = 硬装　　　各种应用 = 软装

操作系统是一个软件，但是它应该属于世界上最复杂、难度最高的软件之一，因为它需要在硬件和应用软件之间起到一个桥梁和枢纽的作用。要了解操作系统，我们需要先了解操作系统大致的一个历史演进。

最早的最古老的操作系统叫 Unix，它的生命力非常顽强，到现在还在大规模地使用。Unix 主要是一个商用的操作系统，在它的基础上后来慢慢地借鉴衍生出了一个新的操作系统叫 Linux，这也是一个大名鼎鼎的操作系统，Linux 更偏重走开源路线，就是源代码开

35

放并且主打免费。所以简单理解为 Unix 强调版权、强调收费，属于"copy-right"一派，Linux 强调开源、强调免费，属于"copy-left"一派。

这两个操作系统在初期的使用界面基本上是面向专业人士，通过输入一些命令行来控制和操作电脑。我们普通用户没有技术背景很难上手，所以才有了两个商业天才，乔布斯和比尔·盖茨，他们想到把操作系统变成一个视窗的形式，所有的操作都在一个个窗口中以点按、滑动的方式完成，非常的直观易用，所以就诞生了 Mac OS 和 Windows 以及安卓。

至此，操作系统开始在普通大众中间普及起来，这就是为什么 Mac OS 和 Windows 能成为操作系统领域的霸主。当然现在进入移动互联网时代，更重要的是依赖手机，所以在手机端有了 iOS 和安卓两大阵营。

Unix、Linux、Mac OS、Windows、iOS、安卓互相之间其实也是剪不断理还乱的关系。如 Linux 大量地借鉴了 Unix，安卓的内核就是 Linux，Mac OS 以封闭的操作系统为人所熟知，实际上有资料显示其也是基于 Unix 开发出来的，所以它们互相之间有很多的关联和沿袭的脉络。

操作系统的演进

unix → linux → mac os & windows / ios & android

以上算是操作系统的背景知识，接下来我们要把操作系统详细拆解开来深入了解一下。

操作系统主要是分四层架构出来的，首先顶层就是我们平时看到的操作系统自带的一些应用。以安卓为例，系统自带的基础性应用包括短信、日历、浏览器、通信录等，这些构成了安卓系统的最上层，也是我们最频繁接触到的一层。

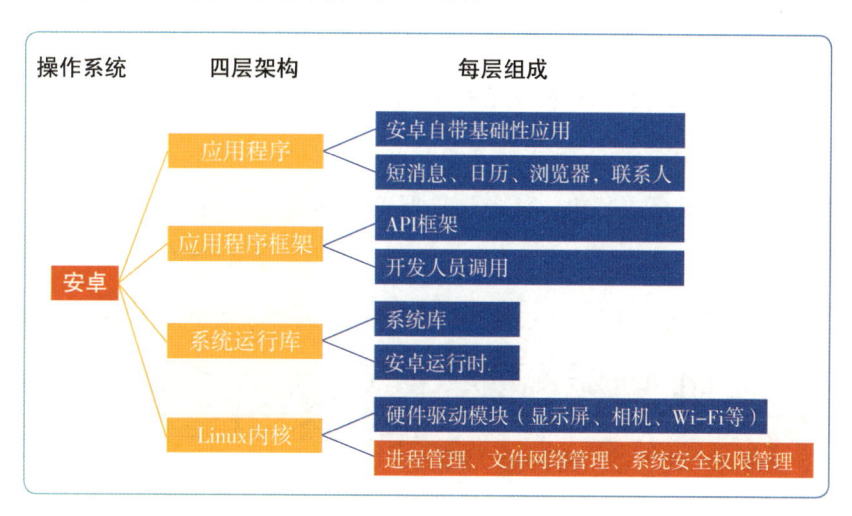

操作系统	四层架构	每层组成
安卓	应用程序	安卓自带基础性应用 / 短消息、日历、浏览器、联系人
	应用程序框架	API框架 / 开发人员调用
	系统运行库	系统库 / 安卓运行时
	Linux内核	硬件驱动模块（显示屏、相机、Wi-Fi等）/ 进程管理、文件网络管理、系统安全权限管理

再往下一层是应用程序框架，是给开发人员用的，如果你想开发在安卓环境下能够跑起来的一些应用程序，或者是你想把安卓自带的一些应用程序做一些改头换面，就要用到这些技术性的框架。形象化一点可以把框架理解成为水泥、砖瓦，这些东西是盖房子用的物料，开发人员编写应用程序就像是盖房子，需要用到这些基础材料。

再往下一层是"系统运行库"，这个部分又包括"系统库"和"安卓运行时"，简单理解就是一些更底层的程序模块，主要是用来调用一些比较基础性的系统功能。比如，一个视频播放软件，它要完成视频文件的读、写、播放，都要调用到系统库的一些函数。"安卓运行时"则主要是涉及系统的一些进程管理。

最底层就是业内所熟知的Linux内核了，内核包括两个部分，一个部分是硬件的驱动模块，如一个手机，有相机、显示屏、Wi-Fi

模组等，这些物理硬件要有专门的驱动软件去给它们发指令才能运行，而基础硬件驱动模块就是由 Linux 内核搞定的。

再有一个很重要部分的就是 Linux 内核提供进程管理、文件管理、网络管理、系统安全、系统权限管理，这些都是非常关键的系统功能。我们这里选取其中一个比较重要的概念介绍一下——进程管理，这个概念在操作系统学科中也非常重要。

用过 Windows 的朋友应该接触过进程管理，当你按住 Ctrl+Alt+Delete 键，就可以呼出"任务管理器"，里面就会罗列出内存当中跑的所有进程。我们打开"任务管理器"可以将一个进程结束掉，这样就可以使通过窗口无法关闭（没有响应）的程序强制退出。

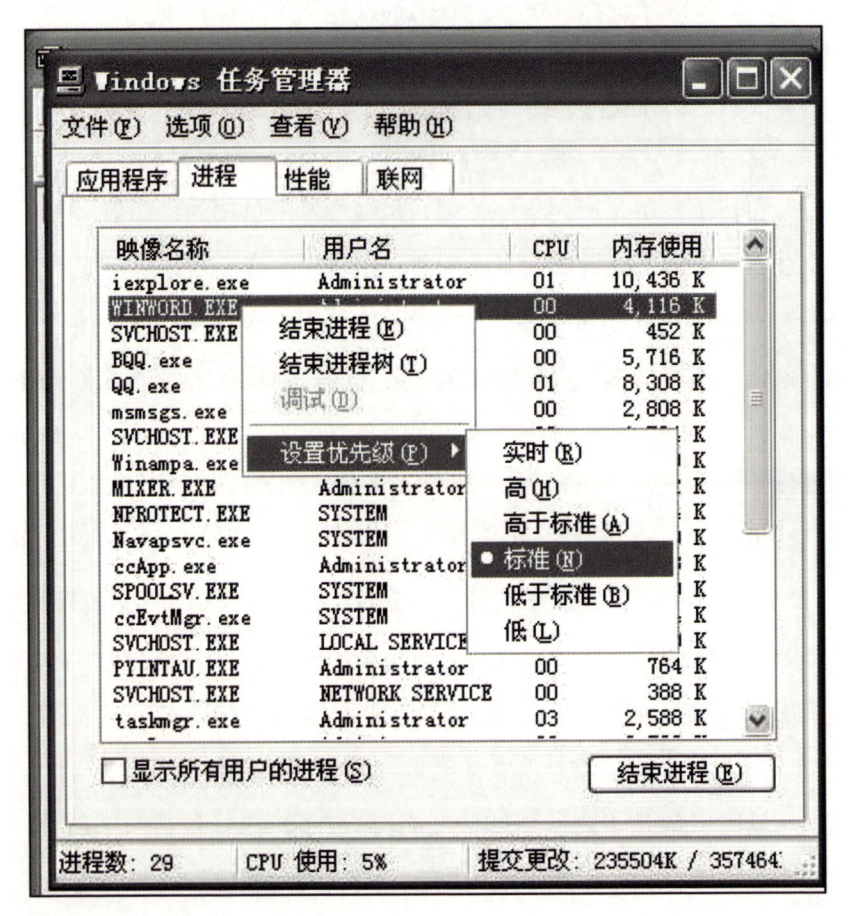

第 3 章　操作系统——思维母体

在 Mac OS 系统中，也有同样的系统应用叫作"活动监视器"。

能够做到这一点是因为进程是操作系统在内存中开辟的一个个专用通道，每一个通道对应一个运行中的应用程序。应用程序在运行的时候，要调用 CPU 的计算能力同时也要在内存里占用一定的资源等，如果没有一个很好的管理模式就乱套了，而且很多时候多个应用程序是同时打开的，要实现它们各自使用相应的 CPU 和内存资源互不冲突，就要给每一个程序单独在内存里面开辟出来一个进程。

打个形象的比方，应用程序就好像是民航客机，这些飞机每天几百架上千架同时在天上飞，为什么不会撞到一起呢？因为每一个飞机都有空管局给它设置好了航道，飞机都只在自己的航道里飞就不会相撞了。进程也是一样的道理，操作系统给这些应用程序在内存中划出一条条航道，它们就可以各自运行互不干扰。

39

进程的概念在法律人处理一些"黑灰产"案件时都有可能碰到，如游戏外观、群控、数据劫持等，因为这些技术往往都是通过对内存做手脚来实现一些特定的目的。

ROOT和越狱

开机进入Windows系统的时候，你会发现首先要输入密码，但是密码对应的账号上面有的时候会标"user"，有的时候会标"Administrator"，什么意思呢？

"Administrator"代表了你以管理员的身份进入操作系统，这时你使用过的文件、安装的应用都会在下次开机时保留，但如果以"user"身份登录，操作完退出之后系统不再保留之前的使用记录。

所以从这一点上就看出来操作系统是一个分不同用户权限的系统，那么是不是"Administrator"权限在 Windows 里面就是最大了呢？还不是。你会注意到有些时候我们要安装一些文件时系统会提示："需要 TrustedInstaller 权限才能执行操作"。

"Trusted"就是被信任的意思，"Installer"就是安装者或者说发起人的意思。那么这几个权限谁大谁小呢？在 Windows 操作系统里面，最高一级的权限叫"TrustedInstaller"，再往下是"Administrator"管理员，然后往下是 user（游客）。

每个操作系统原理都差不多，都会给用户分级，在安卓系统中，类似于 Windows 里面的"TrustedInstaller"就叫作"ROOT"权限了。

前面我们介绍过安卓是基于 Linux 内核开发出来的，Linux 自己系统中的最高用户权限就叫作"ROOT"权限，所以就一直沿用到了安卓系统。拥有 ROOT 权限，相当于在安卓系统里面你就是老大，就如同皇帝一般。

Windows 眼中的用户级别

这里列举了六条 ROOT 用户的权限：

1. 对系统所有应用进行读写操作；

2. 修改系统的默认存储位置，修改参数；

3. 安装在系统原本受限制的外部程序或应用；

4. 控制各应用程序的开启或关闭；

5. 通过系统函数替换、HOOK 控制第三方程序；

6. 刷机，替换、重装整个操作系统。

不难发现，ROOT 权限无异于安卓系统中的帝王权限，拿到了 ROOT 权限就等于拿到了系统的最高指挥权，这吸引着无数技术开发者跃跃欲试，试图突破安卓手机厂商的封锁将 ROOT 权限据为己有。

拿到安卓的 ROOT 权限其实本质上就是拿到安卓内核 Linux 的 ROOT 权限，成功的关键在于 Linux 系统里面有一个系统文件叫"SU"文件，这个文件简单理解就是在操作系统里面负责给所有的用户分配权限用的，谁是超级权限，谁是管理员，谁是普通用户都是它说了算，所以它有点像武侠小说里面的葵花宝典，谁拿到它谁就可以一统江湖。

各大手机厂商也都知道 SU 文件非常重要，万一被别人利用了会有大麻烦，所以基于安卓定制自己的操作系统的时候，都直接把 SU 文件删除了，以便解决"不怕贼偷就怕贼惦记"的问题。

删了 SU 文件就相当于把葵花宝典烧了，烧了之后就彻底没办法了吗？不是。有些技术人员还想到一招，自己写一个 SU 文件，利用安卓系统的漏洞放到原来被删除的 SU 文件的位置上，当然这个自己编写的 SU 文件是提前动了些手脚的，肯定是要听从开发者的指令，要给开发者分配 ROOT 权限，至此，安卓系统的 ROOT 权限算是被劫持了。

所以最开始"ROOT"的意思是代表着一种系统权限，但是现在我们把通过技术手段获取安卓 ROOT 权限就简称为"ROOT"，相当于把一个名词给动词化地使用了。我们现在一说起 ROOT，就可以理解为是拿下 ROOT 权限的这样一个技术动作，在苹果的 iOS 系统中也有类似的获取最高权限的动作，俗称"越狱"。

接下来再思考一个问题，都知道安卓手机用的是安卓系统，为啥市面上看到的这些安卓手机里的系统都不一样？

比如，华为用的是 EMUI，魅族是 Flyme，小米是 MIUI，OPPO 是 Color OS，每一家手机公司都不一样。这是由于各家厂商基于安卓的原生系统做了自己的深度定制开发，因为给自己的手机硬件配上自己定制的操作系统在用户那里会形成一个非常好的品牌识别度。

同时由于安卓原生系统有很多设置不符合国人的操作习惯，所以在这个基础上可以定制出很多特色功能，再加上还可以内置自己的应用商店、浏览器等，这些都是非常赚钱的增值服务，所以说每一个安卓手机系统都是基于安卓进行的深度定制。

但是有一点值得注意，普通公众往往会有一个误解，认为定制说白了不就是给安卓系统换一个皮肤、换一个界面吗？没啥技术含

43

量，这不是很简单吗？我记得当时锤子科技的 Smartisan OS 发布的时候，很多人就这样嘲笑，说不过是换了一套皮肤的安卓。

其实不是这样的，在安卓系统上做一次深度的定制开发，并且完成跟手机硬件的良好适配是非常难的，要有大量投入，通常需要数万人工/天的工作量才能够完成，所以说绝对不是一个小作坊、几十个开发人员敲敲打打就能搞出来的东西。

接下来值得了解的一个问题是我们作为普通用户或多或少会觉得安卓不够安全，尤其是跟苹果相比，实际情况是这样吗？

大家要知道安卓是谷歌的系统，当然最早是谷歌收购了一家安卓的雏形公司，然后再继续开发出正式的安卓。谷歌是全球数一数二的科技巨头，拿出来的东西不可能在安全性方面比苹果差太多，事实上安卓也确实是非常安全的。但是为什么国内现在很多第三方的研究报告都提到安卓有很多漏洞和安全风险呢？那是因为拿到中国以后的安卓版本存在两个问题。

第一，它自带的谷歌应用商店 Google play 没法在中国使用。

这一点对安全影响很大，Google play 就相当于苹果 iOS 系统里的 Appstore，是操作系统官方的应用商店，谷歌和苹果都在自己的应用商店里加入了大量的安全检测措施，提前帮你把很多的第三方应用风险、漏洞、不安全隐患都排除掉了。

但是很可惜，Google play 因为谷歌在国内不放服务器，不符合我们国内的法律规定，以至于无法使用。这样一来第三方应用来源就很难保证了，非可靠渠道下载的第三方应用携带了哪些安全隐患没人说得清楚，所以就导致了安卓在国内经常会出现各种问题。当然，国内几个大厂的品牌手机都有厂商自己的官方应用商店，里面的应用相对是比较有保障的，因为它们也会做安全检测。

第二，安卓本身是一个开源的系统，就是把源代码都开放给你看，这样一来，很多别有用心的人就会借助对源代码的分析和研究，发现并利用系统的漏洞，如拿到 ROOT 权限。

既然说到了开源（Open Source），我们有必要把开源协议一起做一个简要的梳理，因为开源软件在软件行业里面其实也占到了几乎半壁江山的体量。

开源的精神宗旨是放弃版权，让作品本身可以为大家所共享，就像最流行的开源许可协议 GNU GPL 前言的第一句说到的一样："The GNU General Public License is a free, copyleft license for software and other kinds of works."①（GNU 通用公共许可证是一个自由的 Copyleft 许可证，适用于软件和其他类型的作品）

注意，此处的"free"指的是"自由"而不是"免费"，代表着使用软件对所有的用户来说是自由的，和价格无关［见前言的第三句：When we speak of free software, we are referring to freedom, not price. Our General Public Licenses are designed to make sure that you have the freedom to distribute copies of free software (and charge for them if you wish), that you receive source code or can get it if you want it, that you can change the software or use pieces of it in new free programs, and that you know you can do these things］②［当我们谈论"自由软件"时，我们指的是"自由"，而不是价格。我们的通用公共许可证旨在确保您可以自由地发放自由软件的副本（如果您愿意，可以收取费用），您可以收到源代码或在需要时获得源代码，您可以更改软件或在新的自由程序中使用软件，并且您知道您可以执行这些操作］。

---

① 来源于网页：https: //opensource. org/licenses/gpl-3.0. html，最后访问时间：2022 年 7 月 10 日。

② 来源于网页：https: //opensource. org/licenses/gpl-3.0. html，最后访问时间：2022 年 7 月 10 日。

45

无技术不法律

绝大部分正规的开源软件都有自己的开源协议，下图中华为的 Mate30 Pro 机型中披露的开源协议正是 GNU GPLv2：

← 开放源代码许可

levice menu or by connecting the device to your computer - depending on the build of your device.

Warranty Disclaimer

THE OPEN SOURCE SOFTWARE IN THIS PRODUCT IS DISTRIBUTED IN THE HOPE THAT IT WILL BE USEFUL, BUT WITHOUT ANY WARRANTY, WITHOUT EVEN THE IMPLIED WARRANTY OF MERCHANTABILITY OR FITNESS FOR A PARTICULAR PURPOSE. SEE THE APPLICABLE LICENSES FOR MORE DETAILS.

Written Offer

This product contains software whose rights holders license it on the terms of the GNU General Public License, version 2 (GPLv2) and/or other open source software licenses. We will provide you and any third party with the source code of the software licensed under an open source software license for a charge no more than our costs for physically performing such distribution on a medium customarily used for software interchange (e.g.CD) If you send us a written request by mail or email to the following addresses:

mobile@huawei.com

detailing the name of the product and the firmware version for which you need the source code and indicating how we can contact you.

THIS OFFER IS VALID FOR THREE YEARS FROM THE MOMENT WE DISTRIBUTED THE PRODUCT AND VALID FOR AS LONG AS WE OFFER SPARE PARTS OR CUSTOMER SUPPORT FOR THAT PRODUCT MODEL.

- /apex/com.android.conscrypt/apex_manifest.json
- /apex/com.android.conscrypt/apex_pubkey
- /apex/com.android.conscrypt/javalib/conscrypt.jar
- /apex/com.android.conscrypt/lib/libc++.so
- /apex/com.android.conscrypt/lib/libcrypto.so
- /apex/com.android.conscrypt/lib/libjavacrypto.so
- /apex/com.android.conscrypt/lib/libssl.so
- /apex/com.android.conscrypt/lib64/libc++.so
- /apex/com.android.conscrypt/lib64/libcrypto.so
- /apex/com.android.conscrypt/lib64/libjavacrypto.so
- /apex/com.android.conscrypt/lib64/libssl.so
- /apex/com.android.media.swcodec/apex_manifest.json
- /apex/com.android.media.swcodec/apex_pubkey
- /apex/com.android.media.swcodec/bin/mediaswcodec
- /apex/com.android.media.swcodec/etc/init.rc
- /apex/com.android.media.swcodec/etc/id.config.txt
- /apex/com.android.media.swcodec/etc/media_codecs.xml
- /apex/com.android.media.swcodec/etc/seccomp_policy/mediaswcodec.policy
- /apex/com.android.media.swcodec/lib64/android.hardware.graphics.allocator@2.0.so
- /apex/com.android.media.swcodec/lib64/android.hardware.graphics.allocator@3.0.so
- /apex/com.android.media.swcodec/lib64/android.hardware.graphics.bufferqueue@1.0.so
- /apex/com.android.media.swcodec/lib64/android.hardware.graphics.bufferqueue@2.0.so
- /apex/com.android.media.swcodec/lib64/android.hardware.graphics.common@1.0.so
- /apex/com.android.media.swcodec/lib64/android.hardware.graphics.common@1.1.so
- /apex/com.android.media.swcodec/lib64/android.hardware.graphics.common@1.2.so
- /apex/com.android.media.swcodec/lib64/android.hardware.graphics.mapper@2.0.so
- /apex/com.android.media.swcodec/lib64/android.hardware.graphics.mapper@2.1.so
- /apex/com.android.media.swcodec/lib64/android.hardware.graphics.mapper@3.0.so
- /apex/com.android.media.swcodec/lib64/android.hardware.media.bufferpool@2.0.so
- /apex/com.android.media.swcodec/lib64/android.hardware.media.c2@1.0.so
- /apex/com.android.media.swcodec/lib64/android.hardware.media.omx@1.0.so

我们把其中 Written Offer 这一段翻译出来如下：

Written Offer

This product contains software whose rights holders license it on the terms of the GNU General Public License, version 2 (GPLv2) and/or other open source software licenses. We will provide you and any third party with the source code of the software licensed under an open source software license for a charge no more than our costs for physically performing such distribution on a medium customarily used for software interchange (e.g.CD) if you send us a written request by mail or email to the following addresses: mobile@huawei.com.

书面报价

本产品包含其权利持有人根据 GNU 通用公共许可证、版本 2（GPLv2）和 / 或其他开放源代码软件许可证的条款对其进行许可的软件。如果您通过邮件或电子邮件向我们发送书面请求至以下地址，我们将向您和任何第三方提供根据开放源代码软件许可证获得许可的软件源代码，费用不超过我们在通常用于软件交换的介质（如 CD）上实际执行此类分发的成本：mobile@huawei.com。

GNU GENERAL PUBLIC LICENSE
Version 3, 29 June 2007

Copyright © 2007 Free Software Foundation, Inc. <https://fsf.org/>

Everyone is permitted to copy and distribute verbatim copies of this license document, but changing it is not allowed.

Preamble

The GNU General Public License is a free, copyleft license for software and other kinds of works.

The licenses for most software and other practical works are designed to take away your freedom to share and change the works. By contrast, the GNU General Public License is intended to guarantee your freedom to share and change all versions of a program--to make sure it remains free software for all its users. We, the Free Software Foundation, use the GNU General Public License for most of our software; it applies also to any other work released this way by its authors. You can apply it to your programs, too.

When we speak of free software, we are referring to freedom, not price. Our General Public Licenses are designed to make sure that you have the freedom to distribute copies of free software (and charge for them if you wish), that you receive source code or can get it if you want it, that you can change the software or use pieces of it in new free programs, and that you know you can do these things.

To protect your rights, we need to prevent others from denying you these rights or asking you to surrender the rights. Therefore, you have certain responsibilities if you distribute copies of the software, or if you modify it: responsibilities to respect the freedom of others.

For example, if you distribute copies of such a program, whether gratis or for a fee, you must pass on to the recipients the same freedoms that you received. You must make sure that they, too, receive or can get the source code. And you must show them these terms so they know their rights.

Developers that use the GNU GPL protect your rights with two steps: (1) assert copyright on the software, and (2) offer you this License giving you legal permission to copy, distribute and/or modify it.

可见，华为的操作系统中引用的是 GNU 通用公共许可证版本 2（GPLv2），接下来我们可以从自由软件基金会（FSF）官网找到 3.0 版本的 GNU General Public License（http://www.gnu.org/licenses/gpl-3.0.html）。

就以 GNU GPL 为例，在自由软件基金会的官方网站上有这个协议的完整版本，协议本身并不长，其中记载的要点在开源协议中颇具代表性，整理如下表：

复制与发布	您可以对所收受的本程序源代码，无论以何种媒介，复制与发布其完整的复制物
修改	您可以修改本程序的一个或数个复制物或者本程序的任何部分，以此形成基于本程序所生成的著作，并依前述第一条规定，复制与发布此修改过的程序或著作
衍生性	您必须就您所发布或发行的著作，无论是包含本程序全部或一部分的著作，或者是自本程序或其任何部分所衍生的著作，整体授权所有第三人依本授权规定使用，且不得因此项授权行为而收取任何费用
授权传递	每当您再发布本程序（或任何基于本程序所生的著作）时，收受者即自动获得原授权人所授予依本授权条款与条件复制、发布或修改本程序的权利。您不得就本授权所赋予收受者行使的权力附加任何进一步的限制
担保责任	由于本程序是无偿授权，因此在法律许可范围内，本授权对本程序并不负担保责任。非经书面声明，著作权人与/或其他提供程序之人，无论明示或默许，均是依"现况"提供本程序而并无任何形式的担保责任，其包括但不限于，就适售性以及特定目的的适用性为默示性担保。有关本程序品质与效能的全部风险均由您承担。如本程序被证明有瑕疵，您应承担所有服务、修复或改正的费用
专利冲突	所有自由软件不断地受到软件专利的威胁。我们希望能避免自由软件的再发布者以个人名义取得专利授权而使程序专有化的风险。为了防止上述的事情发生，我们在此明确声明：任何专利都必须为了每个人的自由使用而核准，否则就不应授予专利

比较标准的中文翻译版本是 Leo-Hong [leohca (at) yahoo.com] 翻译整理、Chao-Hong Liu 校正的版本，当然按照自由软件基金会的要求，这个译本用样明确声明："这是一份 GNU 通用公共授权非正式的中文翻译。它并非由自由软件基金会所发表，亦非使用 GNU 通用公共授权的软件的法定发布条款——只有 GNU 通用公共授权英文原

文的版本始具有此等效力。"

其中关于"传染性"的规定很重要，就是说如果你基于该软件做二次开发，则开发出的新版本同样要适用 GPL 协议，就像病毒一样有传染性，这使得不少开发者对于 GPL 协议下的开源软件颇为忌惮，因为相当于开发之后的软件自己没有太多可以保密或者收费的空间了。

好在开源协议不止这一种，市面上有形形色色的开源协议版本，经过开源促进会（Open Source Initiative）组织通过批准的开源协议就有 58 种之多 (http: //www.opensource.org/licenses /alphabetical)。

开源协议中最有代表性的大致有六种：BSD、GPL、LGPL、Mozilla、MIT、Apache。主要是授权范围宽窄各有不同，以下再简要地介绍几个。

LGPL

GNU 还有另外一种协议，叫作 GNU Lesser General Public License（GNU 较宽松公共许可证）。它对产品所保留的权利比 GPL 少，GPL 要求包含有部分 GPL 授权代码的软件以 GPL 方式发布，这样开发者就无法在收费的专属软件里使用 GPL 授权代码，而 LGPL 不要求其他使用 LGPL 授权代码的软件以 LGPL 方式发布，因此更为"宽泛"，比较适合用于非开源产品的开源类库或框架，采用 LGPL 协议的开源代码可以被商业软件作为类库引用并发布和销售。

Apache License 2.0

Apache License 是 Apache 软件基金会发布的一个自由软件许可证。该协议和 BSD 类似，同样鼓励代码共享和尊重原作者的著作权，同样允许附条件的代码修改和再发布（作为开源或商业软件），需要满足的条件也和 BSD 类似，主要内容包括：

权利义务	条款内容
复制与发布	根据本许可证的条款和条件，特此授予贡献者永久的、全球性的、非独占、免费、免版税、不可撤销的版权许可证，以复制、准备衍生作品、公开展示、分许可证，并以源或对象形式分发和派生作品
修改与二次授权	您可以使用任何媒介复制和分发其作品或衍生作品的副本，无论是否进行修改，并且以源或目标形式提供，前提是您符合以下条件： 您可以将自己的版权声明添加到您的修改中，并且可以为您的修改或任何此类衍生作品整体的使用、复制或分发提供附加或不同的许可条款和条件，前提是您的使用、复制和分发该作品在其他方面符合本许可证中所述的条件
专利许可	根据本许可协议的条款和条件，每个贡献者特此授予您永久的、全球性的、非独占性的、免费的、免版税的、不可撤销的专利许可
商标	本许可证不授予使用许可方的商标名称、商标、服务标志或产品名称的权利，除非在描述作品的来源和复制通知文件内容时用于合理和习惯用途
免责声明	除非适用法律要求或书面同意，许可人以"原样"的基础提供工作（并且每个贡献者提供其贡献），没有任何种类的明示或暗示保证或条件，包括但不限于不侵权、适销性或适用于特定用途的担保或条件。您有责任确定使用或重新分配作品的适当性，并承担与您根据本许可执行权限相关的任何风险

Apache License 的授权更加彻底（全球范围内永久授权），并且二次开发成果也允许投入商用，同时对专利和商标方面也有涉及。

BSD许可证

BSD 是 Berkeley Software Distribution 的缩写，意思是伯克利软件发行版，其实指代的是 Unix 操作系统的一个衍生版本，而 BSD 许可证是随着加州大学伯克利分校发布 BSD Unix 操作系统衍生出来的。

在了解 BSD Unix 之前，我们有必要简单介绍一下 Unix。这是一个诞生于 20 世纪 70 年代初，比 Linux 还要古老并被 Linux 所借鉴的操作系统，早期分别由 AT&T 公司和加州大学等学术机构开发维护，对应衍生出由商业公司持有的闭源版本（如微软从 AT&T 拿到授权后开发出 Windows NT，成为闭源商业软件的一代霸主）和由学术机构持有的开源版本，后者的代表之一就是 BSD Unix 操作系统，因此 BSD Unix 是 Unix 操作系统的一个衍生分支。

鉴于 BSD 操作系统的学术背景，BSD 许可证也是一个给予使用者很大自由的协议。可以自由地使用、修改源代码，也可以将修改后的代码作为开源或者专有软件再发布，但需要满足以下三个条件：

1. 如果再发布的产品中包含源代码，则在源代码中必须带有 BSD 协议；

2. 如果再发布的只是二进制类库 / 软件，则在其中的文档和版权声明中必须带有 BSD 协议；

3. 不得使用开源代码的作者 / 机构名字和原来产品的名字做市场推广。

法律问题

首先是关于开源协议的法律效力,开源协议作为开源机构自己制定的规则,只不过是嵌入自己的开源软件里,别人用软件的时候并没有经过同意确认的过程,它的法律效力可以被认可吗?对此美国联邦法院判过一个案子,美国的一家公司开发了一款 Ghostscript(Ghostscript 是一个用于 PostScript® 语言和 PDF 文件的解释器。它可以在 GNU GPL Affero 许可证下使用,或从 Artifex 软件公司获得商业使用许可。它已被积极开发了 30 多年,并在这段时间内被移植到几个不同的系统上。Ghostscript 由一个 PostScript 解释器层和一个图形库组成),然后被一家韩国公司用了,而 Ghostscript 里面就携带了 GNU GPL 协议。

后来用完之后,韩国公司也没给美国公司钱,后者于是起诉。韩国公司就抗辩说 GPL 协议我并没有同意,怎么能对我发生效力呢?联邦法院审理之后认为人们在下载软件的时候默认同意 GNU GPL——这意味着 GNU GPL 是自我传播的,即使没有"签署合同",当你选择开源路线时,它就被认定为是具备强制执行力的合同。此案成为确认开源协议"自传播效力"的里程碑。

2019 年 11 月,号称"中国 GPL 诉讼第一案"的数某天堂诉柚某科技侵犯计算机软件著作权纠纷案[①]经过北京市高级人民法院二审终审后,最终也是判决侵权成立。这个案件中,被告柚某科技也是主张了对 GPL 协议的抗辩,法院的判决总体上应该算是

---

① 来源:中国裁判文书网,(2018)京民终 471 号。

默认了 GPL 是具有法律效力的，但是并没有像美国法院一样特别展开去讲 GPL 协议。

不论是国外还是国内的案例，都说明我们在编写软件的时候，多数情况下不是"从零到一"把所有代码都原创出来的，而是大量使用到一些开源的第三方代码。从法律角度一定要知道开源软件不是说没有规则可循，它有自己的开源规则，需要使用的一方审慎查看并遵守。

刷机

最早我们接触刷机应该可以回溯到 Windows XP 的时期，那个时候很多人使用过一段时间就想办法把系统重装，这个动作就是刷机。

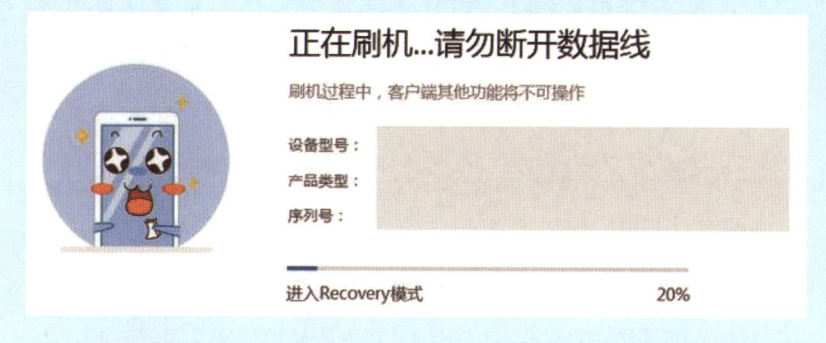

重装通常的做法是换一个市面上流行的盗版 Windows 系统，为啥要用盗版？盗版可能因为去掉了系统中的某些安全模块等用户感知不到的组件，所以占硬盘的空间更小、运行速度更快一些。很多"80后""70后"印象最深的盗版 Windows 系统当数番某花园，人们有的时候甚至是买了一个正版的电脑自带了正版的 Windows，但还是要直接换成一个番某花园的版本，当然，换掉之后，微软就不再提供相应的维护和升级服务了。

来到移动互联网时代，刷机已经明确指向手机端，很多用户的手机用了一段时间后觉得慢了，或者是不喜欢这个系统自带的一些应用、设置，就进行刷机。

安卓刷机就是我们前面讲的技术，首先拿到ROOT最高权限，接下来就可以把原来预装的操作系统换掉。所以其实在移动端的刷机就跟PC端换掉Windows系统是一样的道理，都是用一个操作系统换掉原来的。

番某花园的开发者最终身陷囹圄，几个主犯都被以侵犯著作权罪追究了刑事责任，因为这些人相当于把人家操作系统破解、盗版之后又替换人家正版，所以既有复制又有发行的行为，构成侵犯著作权罪。

手机这个领域里面，刷机往往并不是把A系统刷成B系统，不太可能把OPPO的Color OS系统刷成一个华为的EMUI系统，还是仍然要用原来的操作系统去刷，只是会把原来的系统做一些改动，如删掉一些内置的应用、改一下皮肤字体、加入一些其他应用等。

这个过程跟番某花园没什么区别，如果有人专门提供刷机用户的操作系统ROM包和刷机工具肯定也是侵害著作权的行为，但区别在于，这种行为不仅仅是对作品传播权益上的侵害，连带造成的效果是手机厂商基于操作系统获取的用户流量的损失。早期PC时代对刷机只强调著作权，是因为那时候交易是一对一的单边市场，Windows把操作系统标一个价格卖给用户，双方再无瓜葛。而到了移动互联网时代，交易变成了由上游增值服务提供商、手机厂商和用户三方形成的双边交易市场，厂商尽量以低价销售手机和操作系统，同时将用户使用手机时形成的流量到上游增值服务提供商那里再次变现，如在手机中内置一些第三方应用获取收益。

所以，时代不同了，手机成了移动互联网最大的流量入口，于是专门提供刷机工具和操作系统安装包的机构就不仅仅是侵害著作权的问题，而是截断了厂商的流量，尤其是如果把这些流量据为己用（在刷机 ROM 包①中内置其他应用获取变现）则可能构成不正当竞争。笔者代理的某品牌手机刷机不正当竞争案经过法院判决认定刷机平台构成了不正当竞争，可见法律适用需要结合技术和时代背景才能更加符合行业发展趋势。

---

① ROM 包就好比电脑装系统时所需的安装盘，即手机的系统包。刷机就是把 ROM 包"刷"入手机中，达到更新手机系统的目的。ROM 包一般都是 ZIP、RAR 等压缩包或其他后缀的样式，依品牌和机型的不同而有所区别。

第 4 章　函数与库
——效率为王

法律要点

效率与安全——永恒的矛盾

软件开发并非易事，人们想到通过构建标准化的函数和库来提升软件开发效率是一个重大进步，但这些编写好的代码也自带了诸多系统功能，开发者完全可以借助这些模块搭建出危害系统安全的软件，这个问题不容小觑。备受重视的网络"黑灰"产业中有相当大的比重都是借助这些技术实施的，因此我们有必要讨论如何在法律上为使用函数和库文件的行为划出边界，让效率和安全回到和谐统一的状态。

计算机程序的编写不像写散文一样天马行空，而是有一定的格式要求，这个格式就叫作"函数"。

函数可以理解为实现一定功能的代码集合。在一个程序中要有一个主函数，即 main 函数，这个主函数相当于一篇文章的正文，由它来定义这个程序要做什么事，此外还可以有若干其他函数，这些函数通常是被系统已经预先定义或者编程者自定义好的代码模块，可以被主函数所引用（调用），以便加快编程效率，并且使得程序看上去更清楚明白。

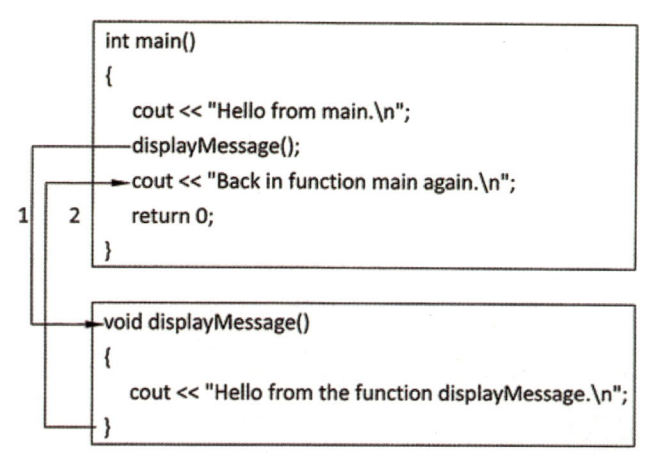

```
int main()
{
    cout << "Hello from main.\n";
    displayMessage();
    cout << "Back in function main again.\n";
    return 0;
}

void displayMessage()
{
    cout << "Hello from the function displayMessage.\n";
}
```

上图展示了主函数 main（）执行后，开始按照箭头 1 所示的顺序调用 displayMessage（）函数，进而执行这个函数中定义的 cout<<"Hello from the function displayMessage.\n" 这条程序代码，执行完毕后，再按照箭头 2 指示的顺序返回主函数 main（）执行后续的代码。

这有点像我们诉讼案件中的起诉状，起诉状的主体部分就是"诉讼请求及事实与理由"，这部分充分反映出原告起诉的具体诉求，而起诉状中还会标明"案由"。例如，侵害商标权纠纷、不正当竞争纠纷等，这个案由是最高人民法院通过《民事案件案由规定》已经梳理好的，引用一个案由就意味着这个起诉的案件类型已经被赋予了固定的法律含义，不需要我们在起诉状中再重新描述这个涉案类型的范围，从而使得所有参与案件的法官和当事人都能够非常清楚并且迅速达成共识。

如果我们把起诉状看作一个完整的程序，则"诉讼请求、事实与理由"部分便可以看成主函数，而"案由"则可以看成主函数引用的另一个已经编写好的"函数"。

为了提高编写程序的效率，操作系统、第三方开发者、计算机语言提供方等都会编写出现成的各种类型的函数供程序员调用，免去他们重新编写的劳动，而且能够保证输出结果的一致性。

由于编程过程中用到的函数太多，所以自然想到把它们归类放到一处便于调用，这些被归类起来的函数集合就叫作"函数库"或者"库"。这个概念也不难理解，我们使用pages或者Word新建一篇文档的时候，会提示可以选择已经准备好的一些"模板"，这些模板因为已经提前把格式和字体等进行了预设，可以直接使用，这就类似于函数，而这个模板的集合就是一个"库"，跟我们熟知的"仓库"意思差不多。

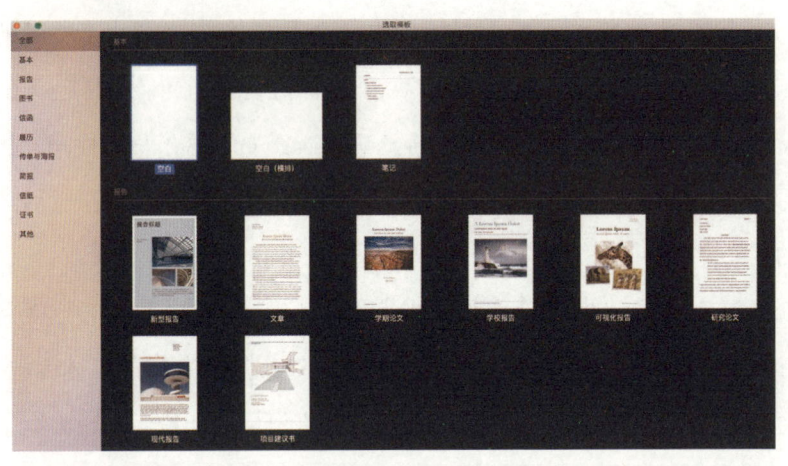

pages新建文档时，提示可以选择模板，这个界面就类似于一个"库"

了解了函数和库，我们进一步介绍一下"静态库"和"动态库"这两个跟系统权限密切相关的概念。"静态库"通常理解为操作系统提供的一个函数仓库，里面是系统定义好的一系列包含固定功能的库文件（库函数），静态库相当于操作系统设立的一个劳务派遣公司，当你编好了一个程序，其中需要调用一些系统底层功能、权限的时候，就要从这个劳务派遣公司把对应能力的劳动力派遣到你的程序中，帮你把任务完成。具体到技术层面，就是在你编写程序的时候

第 4 章 函数与库——效率为王

引用库里的函数，一旦程序开始编译，就会连同你的程序代码和引用的库函数代码，一起编译成可执行程序。

类比劳务派遣公司的"静态库"[1]

动态库本质上也是一个系统函数集合，但实现原理上跟静态库的劳务派遣公司不同。动态库更类似于一个云端的智库，这个智库不会派人入住到你的公司，而是等你的程序运行起来之后，把你需要的函数投放到内存中跟你一起完成任务，一旦任务完成，就从内存中释放出来。也就是说动态库的调用不是在编译阶段完成的，代码不会被复制到你的可执行程序中，而是在程序运行阶段被复制到内存中，不占用你的公司工位，所以具有更大的灵活性，同时节省程序本身占用的空间。

以 PC 端的 Windows 系统为例，系统为开发者提供了大量实现底层功能的函数，将这些函数放到静态库（系统文件名后缀：.lib）或动态库（系统文件名后缀：.dll）中，这些函数可以实现的功能大致分为：

---

[1] 图片来源：https://pixabay.com/zh/illustrations/brain-headache-electrical-knowledge-1845962/，最后访问时间：2022 年 7 月 9 日。

59

1. 网络连接类；

2. 系统消息类；

3. 文件处理类；

4. 文本字体类；

5. 菜单类；

6. 图标光标类；

7. 绘图类；

8. 硬件与系统类；

9. 进程类；

10. 控件与消息类。

小结一下，函数和库都是为了提高编程效率而预先提供的可重用程序，但效率的提高也意味着部分恶意程序更容易通过调用这些可重用代码来实现伤害用户的功能，可见效率和安全永远是一对难以两全的命题。

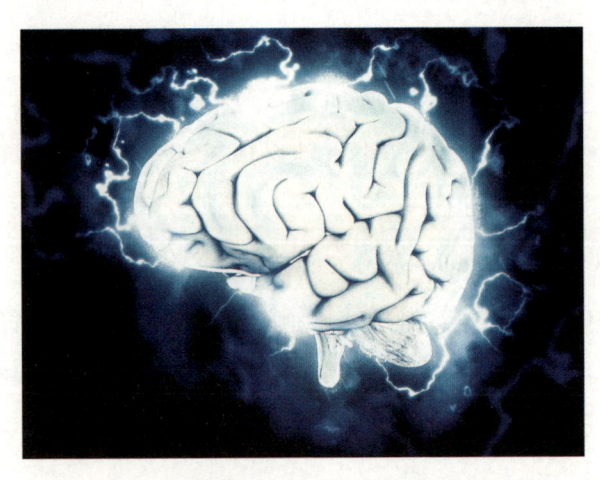

类比云端智库的"动态库"

法律问题

读到这里，我们从原理上了解了提高编程效率所构建的一套机制，这套效率机制在技术开发过程中可能被投入滥用进而引发法律问题，如游戏外挂、系统 ROOT、群控等都涉及对库文件的劫持操作。

游戏玩家都颇为熟悉的外挂，其实现原理通常要用到系统函数，如系统函数中的 GetCursorPos 函数就是用来获取鼠标指针的当前位置，一些外挂程序就要调用这个函数来实现对鼠标位置的检测，进而实现机器模拟人工控制鼠标完成游戏的相关操作。

再以移动端的安卓系统为例，NotificationListenerService 就是安卓系统提供的一个专门用于获取系统内各种通知消息的函数集合，主要功能包括：通知的新增和删除，获取当前通知数量、通

知内容相关信息等。这些信息可以通过 NotificationListenerService 类提供的方法以及 StatusBarNotification 类对象来获取。比如，其中有一个 getNotification（）方法可以获取到一个 Notification 对象，通过 Notification 对象可以获取到通知标题、内容等信息。这个函数常常被一些恶意程序所调用，用来监听用户手机中收到的短信息通知、各类 App 通知的内容，我们都习惯于在使用输入法的时候能够自动识别和填写短信中的验证码，正是因为输入法 App 调用了 getNotification（）方法读到了验证码，这种调用也可以被其他恶意 App 所采用，获得验证码、航班信息、密码等重要信息，然后实施网络欺诈等违法侵权活动。

除了调用已有的函数和库文件之外，很多侵权软件程序还会自己编写函数，用来实现特定的侵权功能。还是以前面读取验证码的情况为例，侵权应用读到验证码之后可能会编写一个单独的处理验证码的函数，如将验证码自动编写成一段诈骗短信，自动向用户的电话号码发送，待收到用户的进一步反馈之后，可能还会编写另一个函数执行下一步的动作，如登录银行网站，输入登录信息转走账户里的余额。

之所以把函数和库单独拿出来给大家介绍，是希望法律人在遇到跟侵权代码有关的问题时（如拿到了一个软件的司法鉴定报告），掌握模块化理解代码的思维，不要一味地逐行逐句地去解读和分析代码，而要看这些代码调用了哪些现成的函数，同时代码本身又被切割成了哪些有独立功能的函数模块，如此一来才能更快地抓住问题关键。在法庭上也是一样，将这些核心的模块功能直观形象地跟法官解释清楚，通常要比逐字逐句地拆解技术问题更有效果。

第 5 章　SDK 与系统权限——拿来主义

法律要点

个人信息流动的管道与阀门

无论是在各主管机关出台的有关个人信息的监管文件中，还是在有关数据和个人信息的典型司法案例中，SDK、API 接口和系统权限都是高频出现的词汇。究其原因，笔者有一个形象的类比，SDK 和 API 接口是数据和个人信息流通的管道，这些管道一端连接用户，一端连接信息处理者，而系统权限则是数据和信息采集、运输的阀门，控制着管道的开启与关闭，如此也导致了在法律层面考察数据和信息保护问题，必定要频繁地在这三个环节上作出合理判断，原则上就是在数据利用和个人信息保护之间找最大公约数。

一、SDK 技术原理

SDK（Software Development Kit，软件开发工具包），泛指在软件开发过程中，为了减少开发者的工作量，将具有特定功能或目的的

63

代码编辑成一个集合，供开发者内嵌到程序中使用的软件包。

通常最有代表性的 SDK 是由一些第三方机构开发的，这些软件包往往带有明确的功能，不但能够节省开发者的工作量，还能够进一步替开发者提供后续的服务，如通过 SDK 为开发者的应用程序中接入广告商，为开发者分析用户的行为，为开发者提供统计结算通道等。

SDK 就有点像产品模块化组装的概念，比如一个相机，我们可以拿到不同的镜头、机身等模块，从而拼装出具有不同拍摄能力的相机，其中的镜头和机身都可以被看作 SDK。

所以不要小看 SDK 的作用，它们往往影响到一个 App 的传播效果和服务质量，从今后的 App 开发趋势来看，除了核心的模块由开发者自己开发完成之外，其他的功能模块都可以通过集成 SDK 的方式快速实现，软件开发更像是一个搭积木的过程。2019 年，南都个人信息保护研究中心发布的《常用第三方 SDK 收集使用个人信息测评报告》显示，其调研的 60 款常用 App 平均每款使用的 SDK 数量为 19.3 个，SDK 在 App 开发过程中被使用的频率之高可见一斑。

一些典型的第三方 SDK 包括：

1. 消息推送及广告类 SDK；

2. 第三方登录及身份认证类；

3. 社交分享类；

4. 统计分析类；

5. 生活服务类；

6. 支付通道类；

7. 地图类；

8. 安全类；

9. 语音识别类等。

第 5 章　SDK 与系统权限——拿来主义

与 SDK 有一定关联的另一个专业概念叫作"埋点"，很多与 C 端个人用户直接互动的 App 都涉及"埋点"技术。"埋点"简单理解就是在 App 中植入一段特殊的代码，针对特定用户行为或事件进行捕获、处理并且向服务器端发送，如用户某个按钮点击次数、页面浏览时长等，用来跟踪用户使用状况和优化产品。

之所以说"埋点"和 SDK 有一定关联，是因为有一部分的"埋点"正是通过植入 SDK 的方式实现的，甚至也有一些 SDK 的目的就是用于"埋点"，专门监测、统计用户对 App 的使用行为。典型的如谷歌分析（Google Analytics）[①]就是一个跨平台埋点分析工具，只要在平台上添加相关的追踪代码，就可以监测用户在平台上的各种行为数据，如页面停留时长、访问次序、点击了哪些内部链接等。

二、API 技术原理

API（Application Programming Interface，应用程序接口）是一个软件系统向其他软件系统提供服务的接口，利用这些接口，开发者可以访问到软件系统的服务或数据而又无须访问源代码或理解内部工作机制的细节。

Open API 顾名思义，就是向不特定多数开发者开放使用的 API 接口。

显然，API 与 SDK 不是一回事，简单理解，SDK 是工具包，用于提升开发效率，API 是软件接口，用于对外提供服务或者获取外部服务。

---

① 谷歌分析是谷歌提供的一项网络分析服务，用于跟踪和报告网站流量，目前是谷歌营销平台品牌中的一个平台。谷歌在收购 Urchin 后于 2005 年 11 月推出该服务。

65

我们在介绍操作系统函数的时候，曾经提到系统为开发者提供的大量实现底层功能的函数，这些函数本身就是一个个的 API 接口，用来给在系统中安装和运行的软件调用，帮应用程序达到开启视窗、描绘图形、使用周边设备等目的。

自动取款机[①]

除了操作系统层面的 API 之外，还有其他软件（系统）为了对外提供服务或者功能，也会定义自己的 API 接口，有点像一个银行 ATM 机，通过这个机器就可以对外提供存取款等一系列功能而不需要了解其内部的工作机制。

[①] 图片来源：https://unsplash.com/photos/t-UV1rZqPuY，最后访问时间：2022 年 7 月 8 日。

法律问题

第三方 SDK 由于可以被多个不特定的开发者所调用，而且往往能够因自身的功能实现和用户的直接互动，收集用户信息，所以引发诸多涉及用户终端系统权限调用、个人信息使用等相关的法律问题。

总结起来无非是以下两个方面。

1. 开发者使用 SDK 的行为规范

SDK 通常都是作为 App 的一部分功能模块发挥作用的，其自身很难有机会跟用户直接进行互动，所以 SDK 收集和使用用户信息一般要通过 App 获得用户授权来实现，这个时候就需要对开发者使用 SDK 作出要求和限制。

对此，目前已有的规范包括中央网信办、工信部、公安部、市场监管总局联合制定的《App 违法违规收集使用个人信息行为认定方法》、全国信息安全标准化技术委员会发布的《网络安全标准实践指南——移动互联网应用程序（App）收集使用个人信息自评估指南》等。

事实上，对于开发者而言，SDK 是一个不太确定的因素，大部分情况下开发者并不知道 SDK 的具体工作机制，也不清楚它们拿到自己的用户数据之后会如何做下一步的开发和使用，所以开发者对合作的 SDK 要进行详细审查，有必要的话还应该做技术分析，单独签署格式合同之外的合作协议，避免 SDK 滥用用户数据引发的风险关联到开发者。

典型的事件是苹果 2015 年一次性下架了超过 250 款移动应

用，这些 App 的共同特点是使用某公司提供的 SDK 插件。苹果称发现一批 App 涉嫌使用私人 API 收集用户个人信息，包括邮件地址、设备认证信息以及路由数据，而这些 App 都使用了某公司开发的第三方广告 SDK。此行为违反了其安全和隐私准则，凡使用某公司 SDK 的 App 均将做下架处理，新 App 如果使用了该 SDK 也将遭到拒绝。①

2. SDK 接入 App 收集和使用信息的行为规范

这个方面的问题恐怕更加严峻，第三方 SDK 的高度可重用性使之成为信息的"洼地"，大量来自不同 App 的用户信息归集到 SDK，而这些手握海量用户信息的 SDK 又只是根据与 App 开发者之间的一纸合约来约定用户信息的处理方式。这种限制恐怕是脆弱的，事实上不少 SDK 自身也对日渐庞大的数据体量感到恐慌，因此下一步监管与合规的重点应该是对 SDK 直接给出行为规范，使其数据能够更规范地收集、更高效地利用。

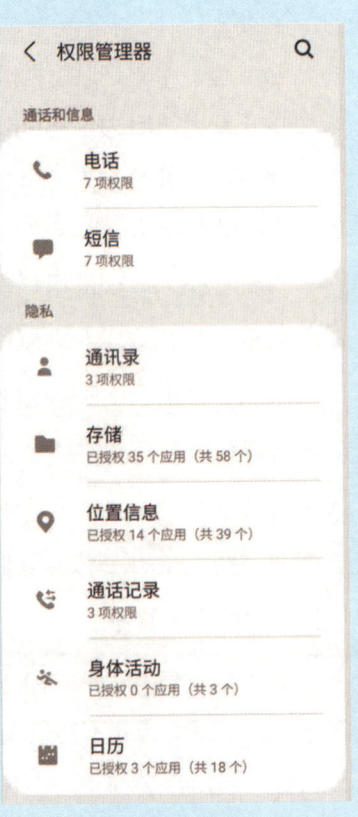

三星手机系统为用户提供的权限管理功能

---

① 来源于：人民网《涉嫌收集用户隐私苹果下架 250 余款应用》，2015 年 10 月 21 日，http://it.people.com.cn/n/2015/1021/c1009-27721773.html，最后访问时间：2022 年 8 月 25 日。

API 接口引发的法律问题，其中之一也是与用户数据有关，因为实践中有些 API 接口就是用来对外提供数据的。法律界有一个典型案例某浪微博诉某脉案，就是基于双方调用 open API 接口共享用户数据所引发的，法院通过判例确立了在 open API 场景下使用用户数据的"三重授权"原则。

API 接口相关的另一个法律问题是操作系统权限问题，以最典型的安卓系统权限为例，安卓系统提供了大量的基础服务给 App 使用，但这些基础服务中有相当一部分是跟用户的人身和财产安全密切相关的，因此不是想用就能用的，安卓把这些权限定义为"危险权限"或者"敏感权限"。例如，手机短信，其中可能出现验证码、密码等敏感内容，如果允许第三方应用随意获取，对用户安全将是巨大的威胁。

前文已述，安卓系统的这些基础服务是以 API 接口的方式提供的，那么这些对应的危险权限 API 接口就要设置更加严格的调用条件，安卓的做法是要求使用这些权限的 App 先提出使用声明（在编程时将需要调用的敏感权限和信息以代码的方式写明），系统发现这些声明后即向用户进行提示，由用户决定是否开放相应的权限给 App 开发者，如此一来确保用户对个人信息的控制权。

安卓系统有上百个权限的 API 接口，其中危险权限有 9 组共 24 个权限（其余都是普通权限）：

1. CALENDAR（日历）；
2. CAMERA（相机）；
3. CONTACTS（联系人）；

4. LOCATION（位置）；

5. MICROPHONE（麦克风）；

6. PHONE（手机）；

7. SENSORS（传感器）；

8. SMS（短信）；

9. STORAGE（存储卡）。

App 开发者调用上述系统权限获取用户数据时，需要通过隐私政策、弹窗等获得用户同意，并按照法律要求告知有关的使用范围、方式等。部分违法或侵权应用会通过各种方式获取这些危险权限，如笔者办理的自动抢红包软件不正当竞争案，该侵权软件就是获得系统的短信等权限来监测 QQ 软件中的红包状态，进而实现自动抢红包功能；笔者办理的另一则手机锁屏界面劫持案件中，侵权应用也是获取了用户的多个危险权限，以便实现在手机锁屏界面弹出广告的功能。

查清类似的侵权行为需要了解行为人对系统权限的获取原理，包括其为取得危险权限常用的一些 ROOT、越狱等手段，对此本书其他部分还有相应的介绍，必要时也需要通过第三方鉴定机构进行技术原理拆解，将鉴定意见提交法院作为证据。

第 6 章　网络
——推广普通话

> **法律要点**
>
> **基础设施中的法律规范**
>
> 网络是一种技术形式的"对话规范",这种对话意味着信息在网络上的联通和流动,因此网络是除硬件之外的最底层基础设施,既然是底层,就更加接近技术中立。法律层面更多的还是关注如何将网络的中立性发挥出来,例如域名解析与内容侵权之间的剥离,例如网络清洁与电子存证之间的关联,再例如内容分发网络(CDN)[①]加速和中转业务能否建立有效的司法管辖连结点。

软件也好,硬件也罢,终归还只是网络上的节点,真正的网络到底是什么,节点之间到底是如何进行通信的?我们来了解一下互

---

① CDN 的全称是 Content Delivery Network,即内容分发网络。CDN 是在现有 Internet 基础上增加一层新的网络架构,通过部署边缘服务器,采用负载均衡、内容分发、调度等功能,使用户可以就近访问获取所需内容,从而解决网站拥塞情况,提高用户访问响应速度。

联网在技术上的原理和架构，也就是这张网是如何把散落在全球各地的硬件和软件有机地连在一起的。本章的原理有些抽象，但我会尽量将内容介绍得直观一些。

互联网早已成为日常生活中水和电一样的存在，我们每天一睁眼就要上网，只要连上无线，接上网线，打开浏览器，网络就有了。但网络到底是怎么来的？它是如何变得如此便利又无处不在的？

事实上，想要把全世界这么多的计算机、手机、电脑等设备连接起来是一件很复杂的事情。每一个硬件的规格不同，所在的基础通信链路也不同，也许你用的是无线网络，我用的是移动网络，他用的是宽带，她用的是调制解调器，每一个机器里运行的软件也不相同。这就相当于全世界不同种族、不同语言的人要在一起互相联系、顺畅沟通。要如何把这些人无障碍地协调组织在一起呢？

这就涉及两个核心问题：一是通信语言，二是通信地址。

首先，大家需要一套能够彼此理解、彼此交流的语言，这是网络的核心。网络的核心并非网线、光纤或无线通信信号，它们都只是底层的物理基础设施。在其上运行的数据能够被所有机器理解，这才是关键。

其次，在具备了大家都能理解的语言之后，你还得知道对方的地址。互联网上存在数以亿计，甚至千亿计的设备，如果要访问某一个服务器，没有地址怎么知道对方在哪里？这两个问题，其实就是网络这门学科需要解决的主要问题，下面就让我们一个一个来看。

一、通信的语言

如何解决网络当中通信的语言问题？我们知道人跟计算机交流用的是编程语言，写程序既可以用高级语言，如C、C++、JAVA，也可以用已经转化为底层的二进制语言"0"和"1",这些都是人机交互语言。解决网络通信问题亦然,也需要一种可供所有网络节点交流的特定语言格式,这种语言格式就是"通信协议"。

然而,不同的计算机,从硬件规格到底层通信链路方式,再到应用层的程序都不同,因此不可能用单一的语言格式来定义通信的方式。所以最早的互联网设计者们认为这种协议需要分层去设计。也就是说用一系列而非一套通信协议来解决问题。这一系列的协议是分层级的,每一个层级都有其特定的协议,再用每个层级中特定的协议对接某个特定通信中的场景,或某个特定的通信对象。

层级网络结构

在这里可以把这种分层结构具象理解成一个三明治,三明治的每一层都有它独立的通信协议;也可以想象成俄罗斯套娃,从最外面也就是上层的应用层一直往里面套,直到最底下的硬件层,每一层都有特定的通信格式,也就是所谓的层级架构。

这个层级架构被称为 OSI 模型,一共分为 7 层,从最上面的应用层到表示层、会话层、传输层、网络层、数据链路层,再到最下面的物理层。每一层针对的通信对象都不一样,这 7 个层级可以把互联网上所有不同的通信终端及其所在的通信环境基本容纳进来,不管对方是什么设备,所处的网络环境是什么样子,用这 7 层对应的协议都可以跟对方发生有效的连接。为了便于理解,打一个不太准确的比方,这就有点像一个翻译,掌握了七个国家的语言,这七种语言是世界上最通用的，基本上可以覆盖绝大多数不同国度人们之间的交流。

各司其职：网络的 OSI 七层结构

OSI 参考模型	各层功能
应用层	为应用程序提供服务
表示层	数据格式转化、加密
会话层	建立会话
传输层	建立端到端的连接
网络层	IP 地址及路由选择
数据链路层	提供介质访问和链路管理
物理层	物理层

这 7 个层级的作用各不相同：应用层给应用程序提供服务，表示层负责数据格式转化与数据加密，会话层负责建立、管理和维护会话，这三层在实践当中被统称为应用层，在下文会有更详细的介绍。

接着就到了传输层，它负责解决如何建立、管理和维护端到端的连接问题；网络层负责寻找 IP 地址，再通过路由选择通信的路径；数据链路层提供介质访问和链路的管理；最下面的物理层负责通过硬件设备（如光纤、无线通信等）将模拟信号转换为"0101"的数字信号。假设我们要跟另外一端建立网络上的会话，就需要在这 7 层的每一个层级都定义好与这段会话相对应的通信协议，会话双方按照定义好的协议进行信息传输、互相沟通，网络就是按照这样的架构搭建起来的。

比如，我们需要从 A 端到 B 端进行网络通信，这其实就是一个信息要经过 A 端的 7 个层级，从应用层直到物理层，从而构建封装出相应的会话信息（或者叫作数据流、数据包），再通过最底层的通信介质（如光纤、无线通信等）传到 B 端。

B 端会将这些数据流一层层剥离，同样经过 7 个层级，从物理层直到应用层，在这个过程中每一层都要建立起一一对应的有效链接。这种通信的过程有点像两个国家建交，首先得互派使领馆，接着双方领导人正式会晤，再后来双方的老百姓互通贸易旅游、互建友好城市……必须保证每一层的工作都能做到位，双方的对话才能建立起来。所以网络看上去好像只是一根线、一次无线通信，其实其中传输的数据是包含着 7 层信息的，只有这 7 层信息都能够对得上，双方都遵照统一的格式、同样的协议进行会话，信息才能被传输，通信才能够建立。

上图就是一个典型的通信数据流。比如，我要给对方发一个"hello"，这个"hello"就需要经过 7 个层级。应用层准备好了高层数据"hello"，接下来传输层还需具备必要的数据信息，也就是 TCP/UDP 协议定义出的所谓"报头"信息，再往下是网络层负责明确对方 IP 地址，再到 LLC 和 MAC 子层，这些子层相应的信息也需要全部封装。最后把整个数据流打包借助物理层传过去，对方收到后，从 MAC 子层开始一层一层往上解封，最终找到实质性信息"hello"交给应用层软件去处理。

这个过程就像微信聊天，微信就是应用层，你在微信输入一个"hello"，对方同时也会看到一个"hello"，但在这背后，这套数据需要在你这里被一层一层封装好，再被对方一层一层解封，最终被应用层识别理解。

OSI vs TCP/IP

OSI 七层网络模型	TCP/IP 四层概念模型	对应网络协议	对应的典型设备	区域
应用层（Application）	应用层	TFTP、FTP、NFS、WAIS	应用程序，如 FTP、SMTP、HTTP	计算机
表示层（Presentation）		Telnet、Rlogin、SNMP、Gopher	编码方式，图像编解码、URL 字段传输编码	
会话层（Session）		SMTP、DNS	建立会话，SESSICN 认证、断点续传	
传输层（Transport）	传输层	TCP、UDP	进程和端口	
网络层（Network）	网际层	IP、ICMP、ARP、RARP、AKP、UUCP	路由器，防火墙，多层交换机	网络
数据链路层（Data Link）	网络接口层	FDDI、Ethernet、Arpanet、PDN、SLIP、PPP	网卡，网桥，交换机	
物理层（Physical）		IEEE802.1A、IEEE802.2 到 IEEE802.11	中继器，集线器，网线，RUB	

讲到这里，OSI 的 7 层结构及数据在其中传输的过程就已经介绍完了。但 OSI 结构实质上是一个偏学术的结构，在实践中我们并不是完全按照这 7 层去执行的，实践中会将应用层、表示层、会话层直接做成一层，统称为应用层；将数据链路层和物理层合并为网络接口层。所以实际上我们使用的网络分层结构是 4 层，每一层有不同的协议，这些协议被统称为"TCP/IP 协议"。TCP/IP 协议并非仅包含 TCP 和 IP 这两个协议，而是由很多协议构成的完整协议组，表中的第二列是 TCP/IP 4 层模型，第三列是每一层中对应的网络协

议。比如，应用层中对应的 FTP、NFS、Telnet 协议等，喜欢下载电影或大文件的朋友可能会对 FTP 协议比较熟悉。Telnet 是拨号上网时经常使用的协议，SMTP 协议在设置邮箱时经常遇到，DNS 是动态网络地址解析的协议。又如，网络接口层中的 IEEE 等协议是针对硬件的协议，规定了光纤、Wi-Fi 等传输信号的硬件设施需要遵循什么样的规格、需要遵循何种信号传输的方式等。总之，这组 TCP/IP 协议就是目前网络世界当中应用的一套对话格式。

另外，每一层中使用的硬件设备也各不相同。不同的协议在传输数据时并不全靠电脑和服务器，在应用层还可以使用电脑里的程序直接解读数据，但传输层就主要依靠电脑的端口和进程，再往下电脑本身就解决不了问题了，如网际层就需要用到路由器、防火墙、交换机，网络接口层需要网卡、交换机、中继器、集线器等网络设备。

到这里，网络架构的整个基本模式就介绍完了。

二、通信地址

我们已经知道了一个人在网络上是如何跟另一个人对话的，接下来面临的问题是如何知道对方在哪里，如何在那么多的互联网设备中精准地找到那个人。在现实生活中找人，肯定得先知道对方的通信地址，他在哪个城市、哪个区域、哪个街道、哪个小区、几单元几号等。在网络上也是一样，人们定义出每一个机器对应的地址，把它称作 IP 地址。为什么叫 IP 地址呢？因为这个地址是在 TCP/IP 协议的格式里被定义出来的，具体而言，IP 地址就是因特网给每个主机的每个接口都分配的一个 32 位标识符，这个标识符在全世界范围内是唯一的。这个 32 位标识符默认采用二进制，也就是 32 个 0 或者 1 组成的字符串。

无技术不法律

Where?

IP地址就是给因特网上的每个主机的每个接口分配一个在全世界范围内唯一的"32位标识符"

有了字符串，就有了对应的地址，当在传输层把这个地址放进通信协议里时，要找谁就已经明确了。路由的节点就会按照这个地址，把要发送的报文数据一点点传送到相应的目的地。但二进制010101是方便机器识别的方式，对人来说却并不友好，所以我们就把32位地址按照每8位一组换算成等效的十进制来表示，这样一来就换算成了4段十进制来表示的IP地址，也就是我们常见的IP地址形式，如128.11.3.31，用点来隔开，分成四段。

为了便于记忆和理解，把32位的IP地址中的每8位用等效的十进制表示出来便得到了我们常见的IP地址，如：128.11.3.31

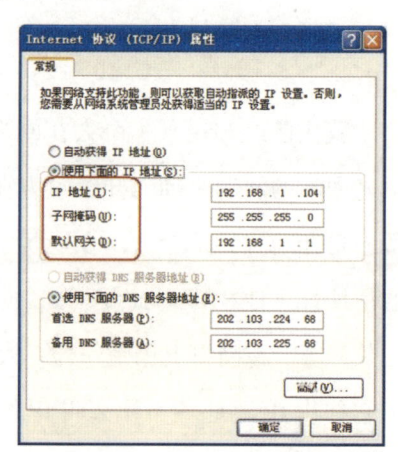

知道了IP地址表示的原理后，会发现一个问题：IP地址不够用了。IP地址被定义成二进制32位，每一位不是0就是1，在数学上它的组合就是2的32次方，也就是说最多可以有约43亿个IP地址。但地球总人口马上要突破80亿大关，43亿个IP地址显然不够地球上每人一个，这种 IP 地址枯竭的现象在物联网时代将会面临更大的挑战。

物联网时代，不仅是传统的电脑、手机等要接入网络，甚至电冰箱、洗衣机、电视、马桶等都要联网，每个物都变成了一个智能设备，到了那时设备数就不是百亿级、千亿级而是万亿级。这些数以万计的设备每个都需要地址，那么现有的 IP 地址就更不够用了。

图片来源[①]

怎么办？办法很简单：加位数。每加一位，IP 地址的总数都能有指数级的增长。这一代 32 位 IP 地址的定义方式被称为 IPv4，下一代被称为 IPv6，它的位数直接从 32 位变成了 128 位。即之前是 32 位 0 和 1，现在变成 128 位的 0 和 1，也就产生了 2 的 128 次方个 IP 地址，计算出来一共是 340 万亿个。这一数字与 32 位时产生的 43 亿个地址完全不是一个量级。据统计，如果按照 IPv6 产生的地址数去换算，地球上的每一颗沙砾都能被分配到一个 IPv6 地址。这样一来，在很长时间内地址都够用了。

[①] 图片来源：https://pixabay.com/zh/vectors/network-iot-internet-of-things-782707/，最后访问时间：2022 年 6 月 15 日。

关于 IP 地址，还有一些技术细节需要大家了解。比如，怎么查看你的 IP 地址？在 Windows 环境中就可做到。在【运行】里面，进入【命令】界面，输入"ipconfig/all"，这就是你查看物理地址和 IP 地址的网络命令。

下图是命令的界面，可以看到，在输入之后，界面中显示了 Physical Address 与 IP Address，这就代表了本机的物理地址与网络地址。什么叫作物理地址呢？物理地址就是机器的地址，这在机器出厂时就已经标定好了。但是，物理地址在现实中会存在格式不统一的问题，一个人的手表、电脑、手机标定的物理地址格式都不一样，这就导致物理地址很难记忆。这时候人们就用 IP 地址这样一个虚拟的地址与物理地址构建出映射关系，只要找到 IP 地址就可以找到相对应的物理地址。

物理地址（MAC）与 IP 地址 "ipconfig/all"

另一个需要大家了解的网络命令是"ping"。当我们要测试某个网站是否处在能通信的状态时，就需要用到一个叫"ping"的命令。在【运行】的环境下输入 ping 命令，就能看到返回的信息，从而知晓该网站是否联通及联通需要的时间。

检查网络是否联通 "ping"

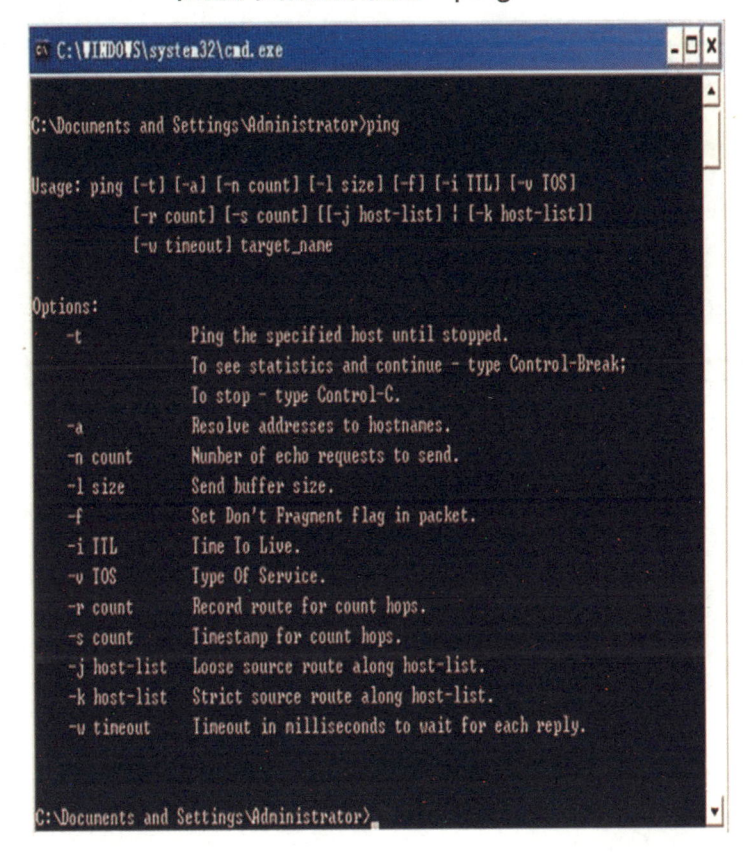

ping 命令在实践中怎么用呢？比如，要对一个侵权网站进行存证，就需要 ping 一下侵权网站，如果不这样做而是直接打开网站取证，别人就不知道是在何种网络环境下完成的操作，进而就会怀疑是不是先搭建了一个局域网，模拟出一个看上去一样的网站。所以 ping 命令是在真实的网络环境下用来测试网络是否通畅的命令，它的原理就是一组数据包，按照 TCP/IP 的 4 层协议封装数据指令再发送，看看这组数据包能不能在网络上传送过去。

接下来我们看一个跟 IP 地址强相关的概念：域名。IP 地址是 4 段十进制下的数字，但我们平时使用起来仍旧难以记忆。因此，要把 IP 地址转化为一个更形象的地址表达方式——直接用英文，这就是所谓的域名。域名跟 IP 地址在本质上就是一一对应的映射关系，只要记住直观的域名就可以找到对应的 IP 地址，进而去往访问对象的一端。

域名是怎么来的呢？它最早来自美国的一个官方机构，类似于中国的通管局，后来这个机构慢慢放权，把域名的管理权限交给了一个名叫 ICANN 的第三方公益组织。每一个国家都有本国的域名管理机构，这是 ICANN 与每一个国家对应的组织进行协商后的产物，我国的域名管理机构叫中国互联网络信息中心（CNNIC），是我国一个正式的官方机构。

讲到这里，网络的两大核心问题通信语言与通信地址就介绍完了。接下来介绍几个与网络相关的法律问题。

法律问题

一、互联网经营资质

我国是有互联网经营准入门槛的，工信部有一个《电信业务分类目录》，每一类里面又分成很多子类，如果要经营网络相关的业务，尤其是跟通信相关的一些业务，就需要知道所经营的业务位于网络上的哪一层。一般越底层的业务审核越严格，颁发牌照的难度越高，越上层的增值业务，如应用层就相对更容易。

另外，这个许可证本身也分很多种。比如，B类代表了在线处理，但具体可能是在线数据处理或是交易处理、多方通信、存储转发呼叫中心……每一种颁发的许可证都不一样，许可证上会清楚表明这个类目里具体的业务种类。

这本证书里写的是：第2类增值电信业务当中的信息服务业务（仅限互联网信息服务），这就表明你做互联网信息服务是可以的，但做呼叫中心业务就不行。

所以，在审批时一定要弄清楚自己的经营范围到底对应了哪一种许可证，避免出现获审批的业务种类与实际经营范围不符的情况。

二、服务器所在地与管辖

前面已经讲过，我们在网络上与对方通信，就要知道对方的通信地址，也就是 IP 地址。而一旦知道了对方的 IP 地址，就能知道对方的服务器在哪里。

一个数据被发送给服务器或被服务器返还时，需要在网络当中经过一个一个的节点，如 CDN 加速服务器节点、电信的中心的节点等，所以在这个过程当中服务器内容对应展示出来的 IP 地址未必是唯一的。

比如，一个北京的电影网站想让珠海用户快点看到电影，但是双方一南一北距离太远了，用户打开视频的速度就比较慢。所以该网站就在杭州找了一个 CDN 加速服务器的提供商，把网站上的视频信息先复制缓存到 CDN 服务器上，当珠海用户访问该网站时，系统会自动先把 CDN 服务器上的视频数据发给用户，以便确保视频打开速度。这个时候如果去定位服务器 IP 地址，就会发现在不同的地方定位到的 IP 地址是不一样的，如果在厦门和天津两个地方分别访问这家网站，就会获得北京和杭州两个服务器的 IP 地址，这是笔者在诉讼业务当中已经碰到的问题。

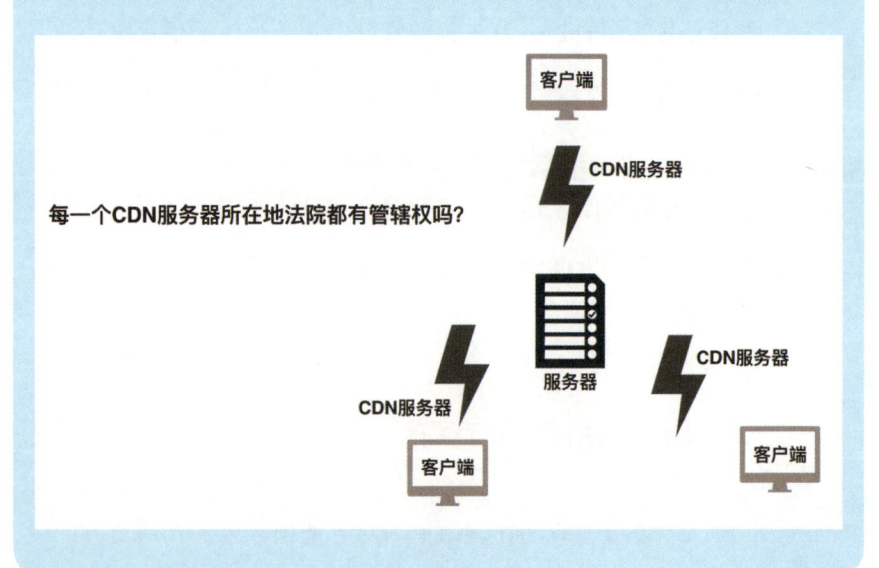

每一个CDN服务器所在地法院都有管辖权吗？

服务器所在地在法律上往往意味着侵权行为发生地或被告所在地，直接关系到法院的管辖。还是上面的案例，如果在厦门做侵权公证，可能锁定了在杭州的服务器，如果在天津做公证，服务器就有可能在北京。这导致就同样一个案件、同一个侵权行为，杭州和北京法院都可以管辖。如果大家碰到类似问题，就要意识到：如果你是作为原告的话，有可能借助CDN服务器找到合适的管辖连结点，如果你是被告，则有可能在这个点上提出有效的管辖权异议。

三、域名

IP地址已经几近枯竭，但与IP地址相比，域名就更加少之又少，因为IP地址是用32位二进制数字组成的，而域名是用英文组成的，英文符号的排列组合就更没多少了，尤其是可用性比较强的短域名，如"www.X.com"，最多只有26个，因为英文字母只有26个。

顶级域名争议解决机构

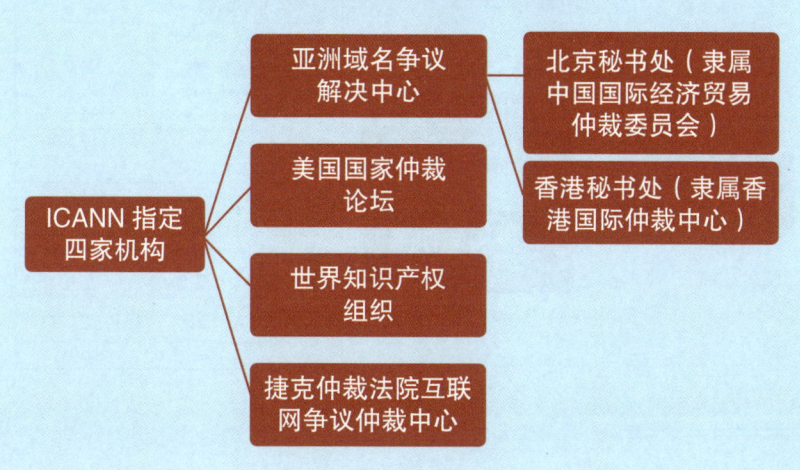

- ICANN 指定四家机构
  - 亚洲域名争议解决中心
    - 北京秘书处（隶属中国国际经济贸易仲裁委员会）
    - 香港秘书处（隶属香港国际仲裁中心）
  - 美国国家仲裁论坛
  - 世界知识产权组织
  - 捷克仲裁法院互联网争议仲裁中心

所以越短、越好记的域名，越珍贵。好的域名是品牌的重要组成部分，例如我们一说百度马上就能直接打出 baidu.com，这是非常重要的无形资产，所以域名的争夺就变得非常激烈，很多互联网大佬就是靠囤域名发家的，很多域名也卖出了天价。

那么，这些域名在发生争议时怎么解决呢？诉讼是一个常规的方式，但有的域名不适合通过诉讼来解决，尤其是顶级域名、国际域名，因此在国际上就产生了顶级域名争议解决机构，就是之前提到过的 ICANN。它在全球范围内指定了四家机构进行顶级域名争议仲裁，包括亚洲域名争议解决中心、美国国家仲裁论坛、世界知识产权组织和捷克仲裁法院互联网争议仲裁中心。我们作为国内的当事人，如果与他人发生了顶级域名的争议，可以首选离我们最近的亚洲域名争议解决中心，它在我国北京和香港地区分别设有秘书处，可以直接对案件进行仲裁。

国内域名争议解决机构

CNNIC 指定
- 中国国际经济贸易仲裁委员会
- 香港国际仲裁中心

名次	域名	售价（美元）
1	Insure.com	1600万
2	Fund.com	1500万
3	Sex.com	1400万
4	Pom.com	950万
5	Fb.com	850万
6	Business.com	750万
7	Dlamond.com	750万
8	Beer.com	700万
9	Isroel.com	588万
10	Casino.com	550万
11	Toys.com	510万
12	Icloud.com	450万
13	Glftcard.com	400万
14	ml.com	360万
15	Altavista.com	330万
16	Candy.comfor	300万
17	Jd.com	300万
……	……	……
	yy.com	200万

我国的域名管理组织叫 CNNIC，由它指定的域名争议解决机构有两个，一个是中国国际经济贸易仲裁委员会，其下设了一个域名争议解决的板块；另一个是香港国际仲裁中心，这两家机构都可以解决国内域名的仲裁。

据网络上的信息显示（未经核实），有很多国内的域名都达到了数千万甚至上亿元的价格，可谓不可忽视的稀缺资源，围绕域名的争议也不在少数。典型的如较早前的开心网域名之争，原版开心网因为没有注册"kaixin.com"，结果导致自己的用户被大量分流，最后两个开心网对簿公堂打了耗时持久的诉讼官司。域名争议解决虽然不是特别大众的网络法分支，但是它完全可以支撑一些比较小众、精品的网络法专业人士在这个领域深耕。

四、公证或电子存证时常用的网络命令

接下来我们还是要了解一些比较常用的网络命令。我们在做公证取证或者使用一些电子存证工具的过程当中往往要对网络进行检查，目前普遍认可的标准是通过命令的方式进行网络探测，来观察网络是否通畅，以这种命令的方式返回的结果是最直观的。

联网存证清洁性检查

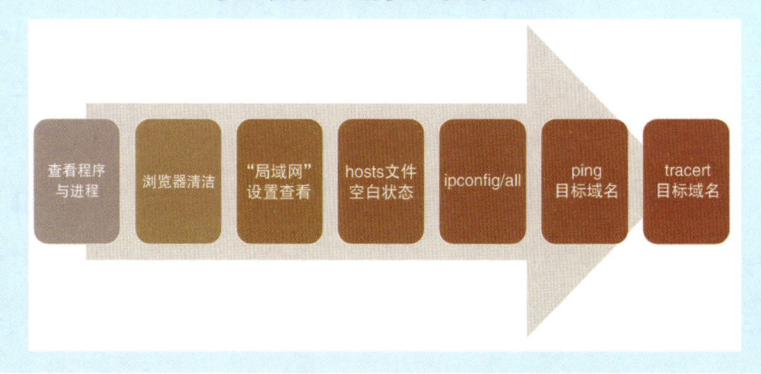

查看程序与进程 → 浏览器清洁 → "局域网"设置查看 → hosts文件空白状态 → ipconfig/all → ping 目标域名 → tracert 目标域名

上图展现了公证处标准的联网检查方式。在查看了进程、浏览器之后，接下来就要查看是否设置了局域网；再检查 hosts 文件，这一步也是是否组建局域网的标志，hosts 文件必须呈现空白状态才行；接下来进到 DOS 环境中，输入 ipconfig/all，查看主机的 IP 地址；下一步是 ping 一下目标域名，查看发送的信息能否通过公共的互联网到达；最后查看 tracert 目标域名，这个命令的目的是查看信息在传递时中间路由的转换过程，即信息经过哪些节点，从而判断是否经过了真实的网络进行访问。

如果这几步都做完了，都能返回有效的结果，说明接下来对目标网站的操作都确确实实发生在公共网络上，是客观存在的。清洁性检查和联网检查还是有必要掌握的，如果在质证当中怀疑对方在技术上动手脚，也可以在这个环节上展开充分的质疑。

五、VPN

最后我们谈一下 VPN，VPN 是组建局域网专用的软件或工具，大家日常都处在公共的互联网环境中，但当一个公司只希望内部人员共享一些信息时，就要组建局域网，以达到内部人员可以互相通信，但隔绝外部人员与设备访问的状态。

目前绝大多数人都把 VPN 当作翻墙软件，其实翻墙软件也是利用了局域网的技术。我国在技术上对国外一些特殊的网站设置了访问限制，如果你想看这些网站，就可以借助 VPN 搭建一个专用的通道去访问。用 VPN 翻墙是存在问题的。《计算机信息网络国际联网管理暂行规定》第 6 条第 2 款明确指出，任何单位和个人都不得自行建立或者使用其他信道进行国际联网，也就是不能使用 VPN。

有一个经常会碰到的场景是，当我们要对一个公司进行取证时，却发现这些证据和相关的电子数据信息留存在了公司的内网上，这时候公证处就无法通过公用网络访问内网的数据，因为对方通过 VPN 组建了一个专用的局域网。

如果还是想公证取证怎么办？必须要有一个专用软件，我们也把这个专用软件叫作 VPN，相当于在公证处和公司的局域网之间搭建起一个专用的访问通道。这样就可以访问这些内网的数据。然而，用公证处的网络连接，看到的信息是没问题的。但如果接入了 VPN，就会存在瑕疵。因为 VPN 已经不是公证处的网络了，而是在公司的网络和公证处的电脑之间搭建起的一个访问通道，这种访问不是通过公共网络进行的，得到的数据有效性就值得充分质疑。因为无法知道在用 VPN 时是否动了手脚，有没有可能在介入通信信道时做了一些数据上的处理，导致访问的内容与真实情况不符。

所以当你遇到这种通过 VPN 手段进行公证，而公证的结果又会对案件产生很大影响的情况时，可以在这个角度上深挖，对该项证据的真实性展开比较大的质疑。甚至如果有技术能力，也可以向法院还原一下当时的场景：在使用 VPN 技术的情况下，可以控制公证处的电脑，让公证处看到你想让他看到的东西。如果能做到这样的反证试验，在证据的真实性上就会给对方致命一击。

第 7 章 服务器
——网络世界的服务生

法律要点

服务器背后的法律行为与行为主体

在去中心化的网络世界搭建起来之前,服务器作为中心化网络的代表仍然要存在相当长的一段时间,这使得从法律层面上看,服务器关系到网络上行为的性质、类型以及发源地(行为主体),大量的司法案件中,网络行为的定性和责任归属都要结合服务器的部署情况予以认定。当然,与服务器标准相对应的,还有用户感知端的判断标准,到底哪种更科学,要结合技术原理和实现效果一起考量。

我们平时使用网络,最常见的动作就是打开浏览器访问网站,或是打开手机上的应用刷资讯、购物等,这些动作本质上就是跟远端的服务器进行交互的过程。

人们往往会产生一个疑问:按理说用网线把两个计算机一连,双方按照通信协议就可以互相交流了,为什么我的计算机也连着

第 7 章　服务器——网络世界的服务生

网线或无线，别人却访问不了我的计算机呢？原因很简单，并不是通信协议联通了，大家就理所当然地能够互相通话。要通话还需要一个前提：你自己得有通话的意愿，并主动搭建起一个通话的条件和环境。这就像别人在你家放了一个电话，电话线也通了，但如果你自己不愿意接电话，双方就始终没办法沟通。

图片来源[①]

你愿意接电话的过程，类比到网络世界中，就是你愿意让他人访问你本地信息的过程，也就是你把自己的机器做成服务器的过程，因为服务器就是一种为了提供信息而设计出来的技术方案。与服务器相对应的一个概念叫客户端，它指的是访问服务器信息的那个终端，它可以是一部手机也可以是一台电脑，或者是手机和电脑里的浏览器和应用。下面就来为大家介绍这两个概念。

一、服务器

首先介绍服务器，它就像是网络世界当中的服务生。比如，你去酒吧，服务生问你想喝什么酒，你说了一种酒的名字，服务生就会给你调好端上来。服务器也是如此，你需要什么，提出需求，服务器就向你反馈，把你需要的信息给到你。在互联网世界中，如果没有服务器，就不会有这么多五花八门的、绚丽多彩的内容可供访

[①] 图片来源：https://pixabay.com/zh/vectors/people-couple-waiter-table-146963/，最后访问时间：2022 年 7 月 11 日。

问，因为这些内容绝大部分是通过服务器提供到网络上的。

很多人对服务器的印象就是下图中的这种硬件。黑客电影中有这样的桥段：黑客潜入到某个机房，里面密密麻麻的全是服务器，黑客拆下一根网线插到自己的电脑上，输入一些病毒，就把整个机房都感染了。这种桥段说实话还挺可笑，技术上是不会这么操作的。如果黑客需要实际潜入机房，他就不是黑客而是小偷了。

服务器在人们心目中的样子

当然，服务器也确确实实跟硬件相关。许多大型的、商用的服务器，需要用到专用的服务器硬件，也就是专用的电脑、CPU、硬盘等，因为这样的服务器需要承受大量的访问。如腾讯、百度等这样的大公司，它们的服务器每天需要吞吐海量访问，光靠普通的电脑根本就应付不过来，需要配备专门的电脑与专门的硬件。

不过，硬件只是给软件服务的，服务器的灵魂仍然是软件，其核心就是如何让这么多硬件协同工作。

有几种最常见的服务器软件。一是 Web 服务器，你可以简单理解为看网页时用的服务器。你每天通过网站、App 进行访问的内容，都是 Web 服务器提供的。二是 FTP 服务器，主要用来下载文件，当你使用一些专用下载工具或下载一些敏感文件时，你会发现下载地址是以 FTP 开头的，而非 HTTP。三是邮件服务器，也就是 SMTP 这种格式，我们在设置邮箱的时候经常会遇到，你可以理解为专门收发邮件的服务器。这三类服务器中最普遍的是 Web 服务器。

很多人以为服务器必须要安置在专门的硬件里面，就像前文图中机房里黑黑的大方盒子。其实不是，不同服务器对硬件的要求不一样，如果你只是做一个简单的小网站，在自己的电脑上就可以完成，只要你在电脑上部署好相应服务器的软件环境就行，因为这些软件环境是专门的服务器软件公司已经做好了的。比如，Windows自带的服务器工具软件IIS，你只需把这套软件在你的本地电脑上做一些设置，关联上域名，再解析一下，你的电脑本身就成了一个服务器。如果你在这个服务器上放上你想对外展示的资源，别人就可以借助你的域名来访问这些内容。

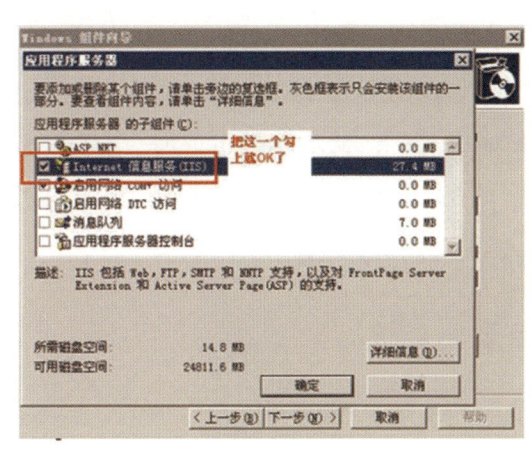

目前市面上主流的第三方服务器软件供应商有IIS、Tomcat、Sun、Apache等。

与服务器相关的另一个重要概念叫端口。

一提到端口，很多人第一反应就是电脑上各种各样的插口，用来接耳机、接音箱、接USB、接高清数据线等。这些虽然也叫端口，但其实是硬件端口，是专门用来插一些物理线路的，更准确的说法是接口。

事实上，在软件层面还有一种虚拟端口，它是由软件和TCP/IP协议共同定义出来的，你可以把它简单理解为本地电脑与外部通信时使用的不同信道。

为什么这么说呢？因为信息背后的需求是五花八门的，有的信息要求浏览网页，有的信息要求下载文件，有的信息请求发送邮件，还有的信息需要浏览更偏底层的东西。这些需求迥异的信息如果一股脑都接收进来，后续就还要进行二次甄别，效率非常低。

所以从一开始，无论是操作系统、应用软件，还是TCP/IP网络协议，大家就共同定义出一组非常庞大的虚拟端口。数据进来之后，会被直接识别携带了何种端口信息，不同的端口信息会被发送给不同的进程，由不同的程序直接分门别类进行处理。这种方式避免了对信息的二次筛选，也就便于对信息进行高效反馈。

如下图所示，端口其实非常多。其中最著名的是8080端口，简称80端口。当我们访问百度时，会输入www.baidu.com，com后面看上去似乎什么都没有，但实际上还有一个斜杠，斜杠后面就是8080，之所以没出现，是因为太常用了。

目录

1 简介	端口：544	端口：2801	端口：9875、10067、10167
2 分类	端口：548		
端口性质划分	端口：553	6 端口 3000–8000	端口：9989
服务方式划分	端口：555	端口：3024、4092	端口：11000
	端口：568	端口：3128	端口：11223
3 端口 0–300	端口：569	端口：3129	端口：12076、61466
端口：0	端口：635	端口：3210、4321	端口：12223
端口：1	端口：636	端口：3333	端口：12345、12346
端口：7	端口：666	端口：3389	端口：12381
端口：19	端口：993	端口：3700	端口：13223
端口：21		端口：3995、4060	端口：16969
端口：22	5 端口 1000–3000	端口：4000	端口：17027
端口：23	端口：1001、1011	端口：4092	端口：19132
端口：25	端口：1024	端口：4590	端口：19191
端口：31	端口：1025、1033	端口：5000、5001、5321、50505	端口：20000 以上
端口：42	端口：1080		端口：20000、20001
端口：53	端口：1170	端口：5400、5401、5402	端口：20034
端口：67	端口：1234、1243		端口：21554
端口：69	6711、6776	端口：5550	端口：22222
端口：79	端口：1245	端口：5569	端口：23456
端口：80	端口：1433	端口：5632	端口：25565
端口：99	端口：1492	端口：5742	端口：26274、47262
端口：103	端口：1500	端口：6267	端口：27374
	端口：1503		

8080 端口是专门给 Web 服务器用的，当你访问网页的时候，数据就会被默认导到 80 端口中，既然是默认的，就直接隐去不写了。但如果是其他的数据，后面就要标上到底走哪个端口。如果不标，就会被默认进到 80 端口里去。

讲到这里有人可能会产生疑问：之前讲过 IP 地址，通过 IP 地址找到机器不就行了吗？怎么又需要端口呢？IP 地址相当于酒店，知道了 IP 地址就相当于找到了某个酒店的位置，但如果你想找到酒店里面的某个房间，还需要知道房间号，这个房间号就是端口号。下图就是著名的 80 端口，假如我架设了一个服务器，做了一个网站，你想看网站里的内容，就在远端点击链接、访问页面，所有请求就是从 80 端口进来的。

如何查看端口的数据通信情况呢？在 DOS 环境下输入"netstat"命令就可查看。如下图所示，第一行是 80 端口，你可以监测它在当前状态下有没有数据，如果有，后面就有数字。有的端口较为敏感，平时不常用，但可能会遭到黑客入侵，此时我们可以在操作系统上做一些设置，把这些端口封闭。

80 端口：Web 服务默认

另一个关联的概念是防火墙。防火墙在网络技术里也很重要，它通常部署在服务器上。服务器上有你需要展示给外界的信息，如果没有一个保护自己的措施，任凭谁都可以过来看，谁都可以过来拿，就容易出问题。所以需要在外部的网络和本地的服务器之间架设一个安全控制点，所有往来的信息都需要经过检查，但凡是符合提前定义好的安全策略的信息就放行，不符合的就拦截，这就是防火墙。

举个例子，有一种网络攻击叫作饱和式流量攻击，就是不断地给服务器发请求；假设服务器在正常情况下，一天可以处理1万个请求，而此时直接进来1000万个请求，机器就"挂"了。这就像人一样，在跑步机上跑一个小时还可以，24小时不停地跑就直接"扑街"了。这时候，如果中间有一道防火墙，就可以布置一个安全策略，对超出一定频率的访问进行识别并直接拦截掉，服务器就不必再响应这些恶意访问。

防火墙

就是在网络连接之间建立的一个安全控制点，实现对进、出内部网络的数据的审计和控制

图片来源[①]

与防火墙容易混淆的一个概念叫作杀毒软件。有的杀毒软件里自带防火墙，但二者并不是一回事。杀毒软件要杀的"毒"，是本地设备上已经存在的病毒和木马。这些病毒和木马有两个特征：第一，它们已经在你的计算机系统里面了。第二，它们是一组恶意程序，要么已经在计算机上执行，要么潜伏着还没执行。

杀毒软件的作用就是把这些恶意程序找出来并清理掉，防止它

[①] 图片来源：https://pixabay.com/zh/vectors/wall-bricks-red-fire-flame-159844/，最后访问时间：2022年7月1日。

们发作破坏你的计算机。而防火墙则是拦在你和外部网络之间的检查站，主要是用来过滤各种访问数据并拦截恶意数据的。

病毒为可执行代码，网络攻击常为数据包形式

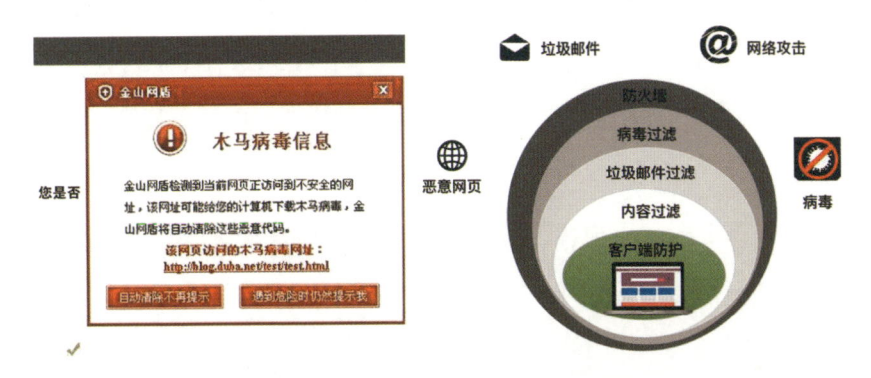

所以这二者的作用之间有严格区别：杀毒软件主要是消灭内部的敌人，而防火墙是拦截外部的敌人；敌人的表现形式也不同，杀毒软件清理的病毒是内部的程序、代码，而防火墙拦截的是外部的恶意数据。在互联网世界当中"攘外"和"安内"都很重要，安内就是查杀病毒木马，攘外就是过滤恶意的数据包。两手都要抓，才能够保障一个相对安全的网络环境。

二、客户端

与服务器相对应的概念是客户端。有服务器就有客户端，这二者的关系就像服务生与客人。你要访问别人的内容，你自己本身就变成了一个客户端。最典型的客户端就是各种浏览器。我们很多时候直接把浏览器等同于客户端了，但实际上不只是浏览器，手机里的各种应用也可以是客户端。说白了，如果一个应用获取信息的方式不是通过本地，而是需要访问一个远端服务器来获取返回信息，这种类型的应用就属于客户端，也可以简单理解为所有带着服务器

的应用都是客户端。

客户端和服务器在专业术语上被称为C/S模式。C就是Client(客户端)，S就是Server(服务器)。C/S模式是在网络世界里进行通信最常见的模式。C端与S端进行通信时有专门的通信协议——HTTP协议。上一章我们提到过，TCP/IP协议是一系列协议，HTTP协议就是这一系列协议中最重要的一个。如果是其他模式，就还有其他不同的协议，如点对点进行文件传输时使用的就是FTP协议。

这里有一个技术问题：如有人通过App做了一个网站，我们在上面买东西，跟他的服务器进行交互，这时候我们不需要输入网址，只要下载安装他的App就能访问。可一旦我们与他发生了争议，我们如何知道他的IP地址？App后面的服务器地址又是什么呢？这样的问题在技术上一般通过抓包软件来处理，最流行的一款抓包软件叫Fiddler，这个软件很多鉴定机构也在用。

抓包软件可以把程序在运行过程当中的代码和数据动态地展示出来。如果你把正在运行的程序放进这个软件的监测队列，它就能识别这个程序在运行的过程中把你发出的信息返回到了哪个服务器上，你就可以找到对应的服务器域名和IP地址。

还有一个常见的现象是"404 Not Found"。当我们搜一个电影，这个电影因为各种原因被下架了，或是访问一个页面，但这个页面被删了，我们就会看到"404 Not Found"的提示。为什么呢？因为"404"其实是在HTTP协议下标定好的标准回应信息，也就是说在HTTP这个协议里，有一个约定俗成的专用术语叫"404"，一旦出现"404"就表明：服务器"挂"掉了，你要查看的信息没有找到，服务器也没有回复。所以，当你看到"404"就会明白，自己的请求失败了，对方没有返回什么。

除了最常见的浏览器、各种应用以外，现在又出现了第3类客户端：小程序。目前的主流小程序还是由一些现象级大平台推出来的，当这些平台拥有数亿级用户，它们就想把这数亿级的流量用一种新的方式进一步盘活，于是，各大巨头都在自家平台的基础上开发出一个专用的浏览信息的工具，这就是小程序。

> "404"是一种HTTP状态码，一个"标准回应信息"，指网页或文件未找到

404 Not Found

nginx/0.7.58

目前我们常看到的是微信小程序、支付宝小程序、百度小程序等。你可以在这个平台上借助该平台自带的小程序开发网站，给这个平台上的用户看，所以平台的用户也把小程序当成一个客户端，来访问这些特定的网站。

法 律 问 题

一、服务器与停止侵权行为

说了这么多服务器和客户端的信息，接下来就介绍几个与之相关的法律问题。

一是侵权。如有的人仿照你的应用做了一个看上去完全一样的山寨产品，你诉他不正当竞争，官司一打就一年半载，等二审流程走完两年多过去了。到时候即便判对方侵权还有什么意义呢？这两年时间里你的流量全被劫持走了。这时候怎么办？

可以考虑提出诉前或者诉中行为保全，通过禁令让对方服务器以强制更新的方式停止该行为。原因在于应用只是个客户端，在背后提供各种信息的是服务器，如果禁令得到了法院支持，法院就可以要求对方在服务器里远程更新，直接把客户端这一端的服务全部停掉，或把其中侵权的功能全部删除。

法律问题：停止侵权中的服务器强制更新

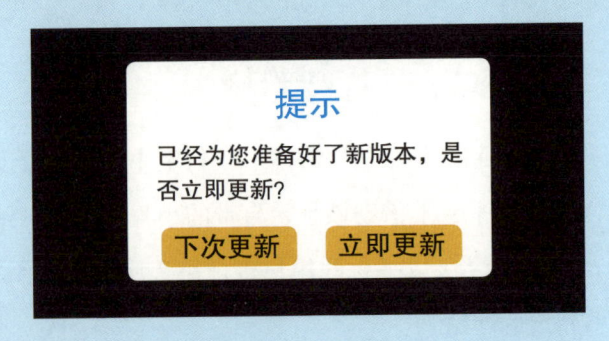

提示
已经为您准备好了新版本，是否立即更新？

下次更新　　立即更新

这类禁令目前还比较少见，大部分禁令是通过对一些直接实施的侵权行为要求停止，如不要继续传播侵权作品等。但对于这种服务器和客户端联动实施的侵权行为，客户端只是一个载体，侵权的主要源头在服务器一侧，然而直观看到的侵权表现又是在客户端，因此在提出禁令要求或者诉讼请求的内容中，应该更加侧重对服务器端提要求，除了前面说的通过远程服务器更新、停止客户端的侵权服务之外，还包括在服务器端删除侵权收集的用户数据、内容等。

二、小程序

二是小程序运营者的责任问题。小程序俨然成为一种非常重要的客户端。如果我是商家，通过某平台的小程序做了一个网站，顾客也通过该小程序访问我的网站却发现买到了假货，顾客可不可以向小程序的开发者和运营者，如微信、支付宝、百度等投诉呢？

我们都知道避风港原则：平台上出现假货，平台的运营者要接受投诉并及时把假货、侵权内容删除。这在我国《民法典》《电子商务法》中都有规定。问题是，该条规定能否适用于小程序开发者和运营者呢？

在我们主办的"微信小程序第一案"中，杭州市中级人民法院二审认为，小程序与一般的电商平台不一样，因为这些信息并不存在于平台的服务器里。小程序有点像浏览器，你构建出一个网站，网站里所有的信息都是部署在你自己的服务器里的，你只不过是借助小程序这样一个媒介，让用户能够通过小程序浏览到网站而已。所以小程序能做的只是机械地展示，而不会像其他的电商平台一样对信息进行分类、加工等。所以，杭州市中级人民法院认为小程序运营者不应该承担通知和删除的义务。

法律问题：小程序是否承担避风港责任

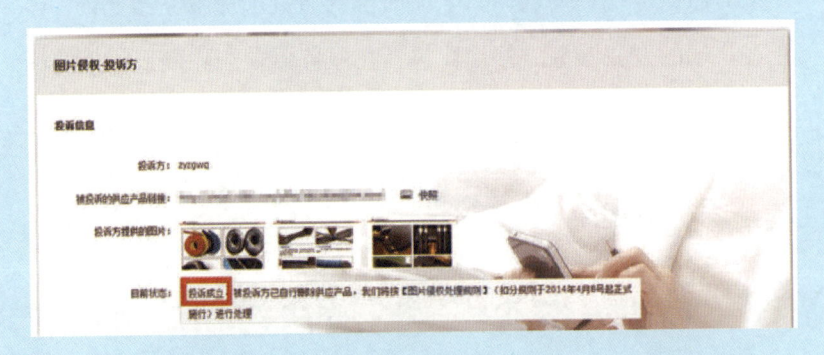

在"某云第一案"[1]中，法院认为平台需要履行转通知义务，但同样无须承担实质性的通知和删除义务。从这两个案件来看，法院已经认识到了类似于云计算、小程序等新技术与传统偏应用层的网络服务提供者不同，它们对于信息的接触程度、控制能力都远远弱于传统的应用层平台，所以在法定义务和责任上也应有所区分，这可以算是对传统避风港的突破和改进。

包括在我代理的另外一则某牛云服务平台不正当竞争案件[2]中，二审中江苏省高级人民法院也认为要对这种 SaaS 服务平台对侵权行为应当尽到的注意义务与一般的网络平台进行区分。

---

[1] 来源：中国裁判文书网，一审：北京市石景山区人民法院（2015）石民（知）初字第 8279 号；二审：北京知识产权法院 (2017) 京 73 民终 1194 号。

[2] 来源：中国裁判文书网，（2019）苏民终 778 号。

这些案例都涉及对新型服务器和客户端工作原理的深入理解，小程序作为客户端更像是浏览器而不是具体的网站平台，而云服务器更像是银行对外提供的保险箱服务而不是一个专门为特定内容架设的服务器，这些案件中法院对网络服务区别对待的思路最终被《民法典》所吸收，我们注意到《民法典》第1195条第2款规定："网络服务提供者接到通知后，应当及时将该通知转送相关网络用户，并根据构成侵权的初步证据和服务类型采取必要措施……"此处的"根据……服务类型采取必要措施"，为云计算、小程序等新型网络侵权责任认定预留了空间，是对网络责任分层考察理念的认可，从立法的角度肯定了司法判例中体现出的包容审慎与鼓励创新的精神，与国家鼓励新经济发展的政策导向和总体思路保持一致。

三、聚合视频平台

最后要了解的一个法律问题是关于聚合视频平台的。比如，聚合视频平台为用户提供各种各样的视频，但这些视频都来自第三方网站，如优酷、爱奇艺等。聚合视频平台自己没有视频内容，也并没有把这些视频放在自己的服务器上，用户点击看的时候，平台会通过一种叫"深度链接"或者"框架链接"的技术，把来自第三方网站的视频直接嵌套到自己的平台上，所以点击观看的时候无须跳转，还是在这个聚合视频平台上观看。

但这里就会出现问题：当我们提到信息网络传播侵权时，最早使用的原则叫服务器原则，它指的是内容需要被上传到服务器里供用户接触和访问。但深度链接、框架链接技术出现以后，内容并不需要被放在服务器里，用户还是照样看。这算不算是侵害信息网络传播权呢？

  法律的判断标准也在跟着技术进步不断往前走，信息网络传播权开始从服务器原则慢慢地向用户感知原则进行转变。也就是说，要站在用户角度来判断，直观感觉这个视频是来自聚合网站还是来自优酷、爱奇艺等第三方网站，如果是前者，法院就可以认为这些视频内容就是聚合平台提供的，尽管这些信息并不在网站的服务器里，所以也构成信息网络传播权侵权。

第8章 爬虫——数据搬运工

法律要点

网络互联互通不等于数据资源无条件共享

一个有争议的看法认为互联网的本质是互联互通,所以数据也应该是不受限制地开发利用,因此使用"爬虫"获取其他平台上的数据不应该被法律禁止。笔者对此持反对意见,互联网的互联互通是技术属性决定的,并不必然导致稀缺资源因此失去权益归属和流通秩序,恰恰相反,正是由于互联网上数据的流动非常迅捷,爬虫等技术导致数据资源可以被快速而隐蔽地搬运,法律更应该积极发挥其权益保障的职能,否则数据作为一项生产要素资源,很可能重演"公地悲剧"的命运——所有人都只想搬运,没有人生产和维护,最终全面枯竭。

要批量获取网络上更多的信息,通常依靠名为"爬虫"的技术。

爬虫到底有多厉害?某爬虫工程师感慨道:互联网上至少有90%的流量是爬虫创造的。流量可以简单理解为访问量,如当你打开了一篇微信公众号推送的文章,文章的阅读量就会加一,这就是流量。爬虫浏览文章也是一个道理，被爬虫浏览的文章也会被网站纳入统计，该网站的流量也会相应增加。二者区别在于，一篇文章人们看一两次就够了，但爬虫会没完没了地看，没完没了地抓取，这就导致网站流量猛增。所以，很多网站统计的流量，很大程度上是爬虫创造的流量。

爬虫是怎么去工作的呢？它的基本工作原理与我们之前介绍的服务器、客户端是有一定关联的，用户打开浏览器访问远程服务器上的数据，代表了一种信息交互的过程。也就是说当用户点击一个链接时，实际上是用户发送了一段信息给服务器，这个信息是以Request函数的形式体现的，表明用户在向服务器请求浏览这个链接背后所展现的内容，如文字、图片、声音等。

服务器接到Request之后，明白用户要看这个页面，于是就把这个页面相关的信息封装好，通过Response函数返还给用户的显示器，显示器收到之后把它加载在用户的屏幕上，用户就看到了该页面的内容。

爬虫工作也是如此。它是一段程序，运行之后就模仿用户向服务器发送Request函数，访问服务器发送来的链接。

爬虫的基本流程

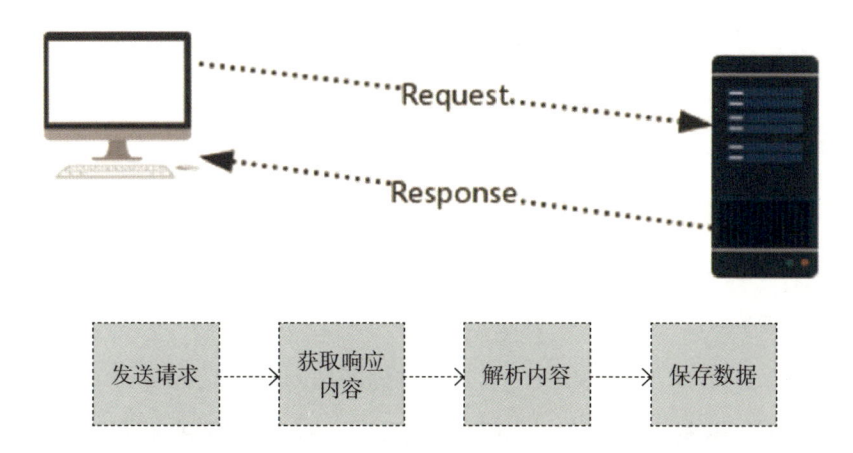

不过爬虫的访问也有一些独特之处。首先，它会向服务器发送一个针对链接 A 的请求，并在返回的内容中再去解析 A 链接之下的其他子链接、孙链接……总之一直往下解析。然后就解析出的链接，继续向服务器发送请求，要求浏览这些链接对应的内容。如此循环往复，就把整个网站的链接全遍历了一遍，也就相当于获取了整个网站的内容。

其次，在获取到这些内容之后，爬虫会将这些内容自动下载、保存到它的服务器里。有的爬虫还会对内容进行定向分析，获取部分特定内容。比如，在获取了工商信息之后，根据特定字段解析出其中的主体信息、违法信息、商标信息等。

这种工作流程是高度自动化的，只需提供网站的主页地址，爬虫就能通过一层层的请求与解析拿到整个网站的资源包，就像一个蜘蛛在网上爬一样，所以爬虫最早被命名为 Spider 程序（蜘蛛程序），在国内被称为"爬虫"程序，还是比较形象的。如果要给爬虫写一句广告语，可以套用某矿泉水厂商的一句知名广告："我们不生产数据，我们只是数据的搬运工。"

早期爬虫最广泛的应用就是搜索引擎。我们现在使用的主流搜索引擎，无论是谷歌还是百度，技术实现原理都是爬虫。当用户想去访问某个网站时，可能记不住该网站的域名和地址，这些搜索引擎就遍历了网上所有的页面，建立一个索引，用户便无须再单独记忆每个网站的地址而是直接从搜索引擎中进行搜索即可。由于搜索引擎已经把信息都遍历过一次并分类储存好了，就可以直接根据关键词返还给用户相应的搜索结果。

搜索引擎属于一种善意的爬虫，因为它是遵循目标网站上的Robots协议的，也就是说，只有在目标网站同意建立链接和访问的情况下，搜索引擎才会使用爬虫访问这个站点，否则就不使用。可以说早期的搜索引擎使用了一种非常文明的、带有公益性质的爬虫技术。

后期，爬虫就变得越来越复杂了，开始从搜索引擎演变为各种抓取数据的工具。从功能上分，爬虫可以分为网页爬虫和接口爬虫。网页爬虫顾名思义就是爬前端能看得到的页面，接口爬虫是什么呢？比如，当服务器的数据库开了一个API接口之后，爬虫可以直接通过这个接口进到服务器内部拿数据，而不仅仅只是获取外部页面上的数据。有些接口爬虫也有办法破解服务器的访问限制，得以直接获取服务器内部的信息。

从爬取内容的范围上划分，爬虫可以分为通用爬虫和聚焦爬虫（也叫定向爬虫），后者并不像前者一样对所有站点一视同仁地进行访问，而是针对性非常

强，通过预设好的脚本定向访问某些站点甚至站点上特定的内容。

从授权上分，爬虫可以分为合法爬虫和恶意爬虫，合法爬虫也叫善意爬虫，前文提到的搜索引擎是典型的善意爬虫；恶意爬虫则无视对方意愿擅自获取数据，甚至会针对对方的封锁措施采取反制措施，这种爬虫的访问量级非常庞大，对于一般网站来说是一个沉重的负担。如果服务器在正常情况下每天可承载 1 万个访问量，而恶意爬虫直接访问了 100 万次，服务器就会直接崩溃。

爬虫分类

- 按爬虫功能，可以分为**网页爬虫和接口爬虫**，前者以搜索引擎爬虫为主，根据网页上的超链接进行遍历爬取，后者则是通过精准构造特定API接口的请求数据，而获得大量数据信息

- 按授权情况，可以分为**合法爬虫和恶意爬虫**，前者以符合Robots协议规范的行为爬取网页，或爬取网络公开接口、授权接口；后者则是通过分析并自行构造参数对非公开接口进行数据爬取或提交，获取对方本不愿意被大量获取的数据

一个更重要的问题是，网站的数据会被爬虫大量窃取或搬运，导致网站对数据的控制能力流失。通常情况下，网站的数据越多、越重要，爬虫造访的次数就越多。如 12306 火车订票网站，有爬虫会实时爬取 12306 上的数据，利用这些数据做一个相应的订票网站，或是帮用户抢票等。又如，大的电商平台上存在大量的商家和用户数据，爬虫都可以爬取过来做相应的运营方分析或检索服务。

国家权威机构发布的一些公共数据，如商标类数据、专利类数据、中国裁判文书网上的裁判文书等，都是爬虫最愿意造访的地方，是数据重地，也是重灾区。因为获取这些数据之后就可以通过另行开发的工具将这些数据进行商用。爬虫如果频繁运行，显然会影响

正常用户的访问。我们有时查一个商标、一个判决书，会发现页面打开速度极慢，很大一部分原因就是大量爬虫也在访问，导致服务器流量过载，用户正常的访问通道被挤占，页面打开自然也就慢了。

为了防止爬虫过量爬取数据，网站也会采取一些反爬的手段，如通过 Cookie 进行限制，在登录时进行身份验证，或者对爬虫的 IP 进行封锁等。

我们使用 12306 订票时就经常需要验证。登录时验证一次，下订单时再验证一次，可能后面还要再验证，而且它的验证比较复杂，给出很多图让用户选，要选对了才能通过。这都是为了防止机器自动刷票、抢票等，因为机器在识别这些内容的时候是有点难度的，如让机器挑选图中的萤火虫和猕猴桃，需要机器具备非常强的智能识图的能力，要训练出这样的机器算法是比较困难的。

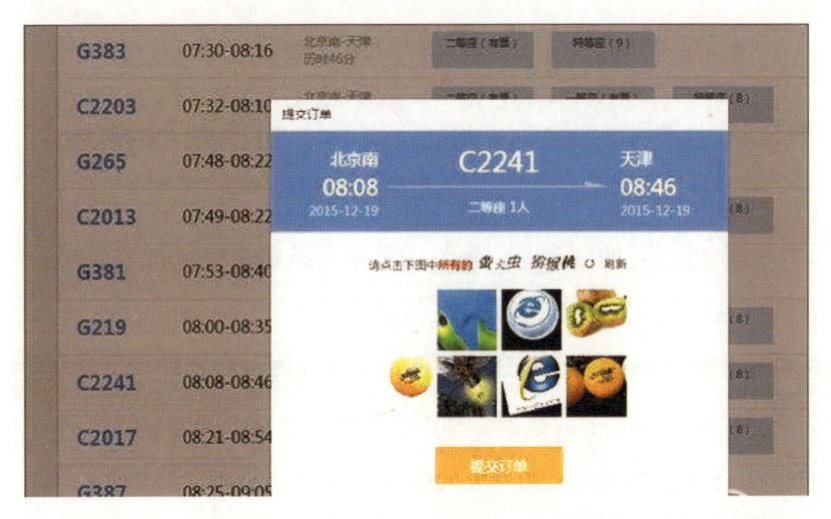

再比如，当你换了一台设备登录账号，网站就要对你进行验证，这也是为了防止爬虫登录。最简单的方式是输入验证码，此外还有拼图式的，要求把拼图移到正确的位置。机器要识别将图移到哪里也要进行大量的数据训练，成本较高，所以在这方面爬虫就很难做到，但人做起来就没有太大问题。

还有一种反爬手段叫 IP 封锁。当用户的客户端向对方服务器发送请求时，由于 IP 地址的存在，对方会知道用户的请求是从哪里发来的。爬虫可能会基于一个 IP 地址一天发 1 万个请求，此时系统马上就可以识别这个高频访问用户存在异常，就会对 IP 实施封锁，不再接受来自该 IP 的访问或者返回一些错误的内容。

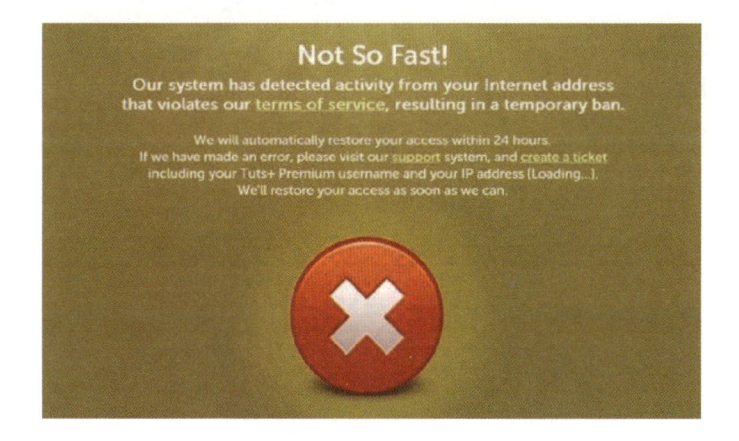

以上都是常见的反爬虫手段。当然，有时候"道高一尺，魔高一丈"，"反反爬虫"技术手段也在不断更新。毕竟机器通过训练也能识别图形，IP 封锁也能通过 IP 代理在访问过程中自动切换不同的 IP 骗过封锁算法。

111

爬虫和反爬虫措施始终在互相较量，受到伤害最大的其实是普通用户，因为反爬虫措施变强，普通用户的使用难度就变大。爬虫不断升级，反爬虫技术也跟着进步，双方的竞争不断加码，普通用户的访问就越来越受到限制，这导致很多网站在反爬虫问题上陷入了两难。

所以最后怎么办呢？如果光靠技术没办法解决，就使用更文明的解决办法，如 Robots 协议。它是由早期爬虫技术的使用者制作的技术声明文件，被称为"网络爬虫排除协议"（Robots Exclusion Protocol）。这里的"协议"对应的英文"Protocol"，是计算机通信技术意义上的"协议"，而非法律意义上的协议（Agreement）。

这个声明文件是针对搜索引擎的，在发表之后基本上被全行业所遵守。如果搜索引擎的爬虫想要抓取一个网页上的内容，需要读取的第一个文件就是 Robots 协议，如果该协议允许爬虫来抓取页面，爬虫就可以抓取，反之则不行。Robots 协议在哪里呢？你可以在网站主域名（如 taobao.com）后面加一个斜杠，后面写上 robots.txt，就可以看到这个协议了，这是几乎所有网站默认放置 Robots 协议的位置。

当然，这个文件相当于一个

```
https://www.taobao.com/robots.txt
User-agent:  Baiduspider
Allow:  /article
Allow:  /oshtml
Allow:  /ershou
Allow: /$
Disallow:  /product/
Disallow:  /

User-Agent:  Googlebot
Allow:  /article
Allow:  /oshtml
Allow:  /product
Allow:  /spu
Allow:  /dianpu
Allow:  /oversea
Allow:  /list
Allow:  /ershou
Allow: /$
Disallow:  /

User-agent:  Bingbot
Allow:  /article
Allow:  /oshtml
Allow:  /product
Allow:  /spu
Allow:  /dianpu
Allow:  /oversea
Allow:  /list
Allow:  /ershou
Allow: /$
Disallow:  /

User-Agent:  360Spider
Allow:  /article
Allow:  /oshtml
Allow:  /ershou
Disallow:  /
```

taobao.com 的 Robots 协议

君子协定，无法被强制遵守和执行。所以恶意爬虫往往对其视而不见，照样肆意爬取数据。

该协议在技术上靠一些约定俗成的语句来表明自己对爬虫的态度，这些语句理解起来也比较简单。最核心的是第一行：User-agent，它是 HTTP 协议中表明身份时所使用的函数字段，只要爬虫将自己的身份标注进去，服务器就会明白是一个爬虫要来进行数据访问了。

如下图所示，当协议里定义出 User-agent 语句，冒号后面填写谁，就表明针对谁喊话。比如写 360spider，就表明这份协议是针对 360 爬虫来使用的；但如果冒号后填写了一个 * 号，就表明是针对所有爬虫。

爬虫抓取时会声明自己的身份：User-agent，就是 HTTP 协议里的 User-agent

```
User-agent: *
Disallow: /网页.html

Disallow: /无用目录名/

User-agent: baiduspider
    Disallow: /
    User-agent: Googlebot
    Disallow: /
```

```
1  User-agent: *
2  Disallow: /?*
3  Disallow: /pop/*.html
4  Disallow: /pinpai/*.html?*
5  User-agent: EtaoSpider
6  Disallow: /
7  User-agent: YisouSpider
8  Disallow: /
9  User-agent: HuihuiSpider
10 Disallow: /
11 User-agent: 360Spider
12 Disallow: /
13 User-agent: GwdangSpider
14 Disallow: /
15 User-agent: WochachaSpider
16 Disallow: /
```

下一个语句是 Allow 或 Disallow，Disallow 使用得最为普遍，因为爬虫协议主要是告诉大家站点上的哪些内容不可以爬取。它的格式是冒号后一个斜杠，如果斜杠后面是 * 或者什么都没有，就意味着任何数据都不允许被爬取。但如果斜杠后面写"网页.html"，就意味着只是该网页不能爬取，其他的可以。又或者斜杠后面写了一个文件目录，就意味着这个文件目录下的文件不能爬。所以 Allow/Disallow 语句是用来具体指定哪些内容可以爬，哪些不可以。

113

大家如果感兴趣，可以去各大网站查看一下它们对爬虫的限制。你会发现，Robots 协议里针对的都是搜索引擎的爬虫，常见的如 baiduspider、Googlebot、Biyingbot、360spider 等主流的搜索引擎爬虫。所以，当前的 Robots 协议就是在针对搜索引擎爬虫的场景下使用的，但爬虫并不仅有搜索引擎爬虫一种，Robots 协议目前还缺少对其他类型爬虫的针对性使用，事实上由于其他爬虫并不像搜索引擎爬虫这样规范和容易识别，也很难在协议中有针对性地进行声明。

Robots 协议在法律上是什么属性呢？在某度诉某虎不正当竞争案件中，北京市第一中级人民法院认为：Robots 协议应当被认定为搜索引擎行业内公认的、应当被遵守的商业道德。[①] 中国互联网协会 2012 年颁布的《互联网搜索引擎服务自律公约》第 7 条第 1 款规定："遵循国际通行的行业惯例与商业规则，遵守机器人协议（robots 协议）。"

此外，值得注意的是《互联网搜索引擎服务自律公约》第 8 条同时规定："互联网站所有者设置机器人协议应遵循公平、开放和促进信息自由流动的原则，限制搜索引擎抓取应有行业公认合理的正当理由，不利用机器人协议进行不当竞争行为……"也就是说，《互联网搜索引擎服务自律公约》并不是天然认为所有的 Robots 协议都必然应该得到遵守，不允许爬虫读取数据的理由应当合理正当。

Robots 协议的属性

北京市第一中级人民法院在某度诉某虎不正当竞争案件中指出："在被告推出搜索引擎伊始，其网站亦刊载了 Robots 协议的内容和设置方法，说明包括被告在内的整个互联网行业对于 Robots 协议都是认可和遵守的。其应当被认定为行业内的通行规则，**应当被认定为搜索引擎行业内公认的、应当被遵守的商业道德。**"

除非某宝网另行声明，某宝网内的所有产品、技术、软件、程序、数据及其他信息（包括文字、图标、图片、照片、音频、视频、图表、色彩组合、版面设计等）的所有权利（包括版权、商标权、专利权、商业秘密及其他相关权利）均归某宝服务提供者和/或其关联公司所有。未经某宝服务提供者和/或其关联公司许可，任何人不得以包括通过机器人、蜘蛛等程序或设备监视、复制、传输、展示、镜像、上载、下载等方式擅自使用某宝网内的任何内容。

---

① 来源：中国裁判文书网，（2014）民申字第 873 号。

第 8 章　爬虫——数据搬运工

历史上第一桩跟爬虫有关的案件诞生在 2000 年的美国。eBay 起诉了一家聚合价格信息的比价网站 BE，声称自己已经将不能抓取的信息写进了爬虫协议（Robots 协议）中，但 BE 违反了该协议。而 BE 抗辩 eBay 上的内容都是用户集体贡献出来的，eBay 本身并不是用户，无权仅通过一个爬虫协议就要求 BE 不得抓取数据，爬虫协议不具备法律文件上的意义。本案最后以 eBay 胜诉告终，也开创了以爬虫协议作为认定侵权参考的先河。

前文中讲到了一个很重要的场景，Robots 协议是针对搜索引擎爬虫而设立的，但还有大量爬虫跟搜索引擎无关；有许多爬虫是定制化的（聚焦爬虫），如被设计出来只爬取企业工商信息数据，爬不了别的东西。这样的爬虫是否也需要 Robots 协议进行限制？如果某网站没有 Robots 协议，是否意味着爬虫就可以畅通无阻地读取数据呢？

笔者认为并非如此。打个比方，一条商业街里有很多商家，正常的消费者会去这家看看、那家走走，对所有商家无区别对待，而大部分商家也都欢迎消费者来访。如果商家不接受某一类访客（如"衣冠不整"），就在门外贴一张告示表明态度，这张告示就类似于 Robots 协议。

但某些访客不是正常消费者而是机器人，且从一开始它就不想去别的商家，只针对某一家或几家。并且也不是来一次，可能一天要来一万次，把这个商家上上下下看个遍。面对这样的访客，还有必要特地在门上贴一张告示告诉对方你不欢迎他吗？笔者认为这时候法律应该是默认商家有权拒绝访问，除非商家明示欢迎这种机器访问。

这也是目前在司法实践和学术上可能存在的误区：Robots 协议被当成是否欢迎爬虫访问的必备文件。这种观点是不对的。Robots

115

协议有它适用的具体场景，也就是搜索引擎类的通用爬虫，因为搜索引擎是不加区别地对所有页面进行访问，并且它利用爬虫是为了建立大众对各种网站的访问通道。而定向爬虫没有任何其他功能，只是为了针对某个目标网站爬取数据而存在，面对这种爬虫，除非该网站特地说明可以爬取，否则就应当直接默认不欢迎访问，无须任何其他表示。

法 律 问 题

一、攫取数据导致不正当竞争

前文已经提到了一些爬虫自身相关的法律问题，接下来我将介绍一些由爬虫引发的法律问题。比如，爬虫在搬运数据过程中可能导致不正当竞争，还有爬虫请求频率过高导致对方服务器瘫痪，这约等于网络攻击了。又如，通过爬虫获取敏感数据，从而侵害了个人隐私、公民个人信息，甚至有一些爬虫突破网站的反爬措施，进入网站服务器内部获取数据，导致涉嫌犯罪。

相关判例如实时公交查询软件"酷某客"状告同类产品"车某了"[1]，后者使用爬虫不断爬取前者的公交实时数据，日均达 300 万~400 万条，最后被法院认定为不正当竞争。

另外一则国外的知名案例是 HIQ 诉领英（LinkedIn）[2]，其经历了一审、二审以及再审，法院的态度反反复复，体现出司法在数据权益保护和数据流动之间的摇摆态度。HIQ 是一家做简历数据挖掘的创业公司，领英是知名的职场社交平台，上面有大量职场人的简历，HIQ 通过爬虫获取领英上大量简历数据，被领英发函警告，HIQ 收函之后直接起诉声称领英的行为是一种反竞争的行

---

[1] 来源：中国裁判文书网，（2017）粤 03 民初 822 号。

[2] 来源：维基百科，案号：HIQ Labs, Inc. v. LinkedIn Corp., 938 F.3d 985 (9th Cir. 2019)。

为，侵犯了企业访问公开可用信息的结论自由的权利。

> **实时公交查询软件"酷■客"状告同类产品"车■了"**
>
> 被告元某公司法定代表人邵某霜授意被告陈某指使被告刘某红、刘某朋、张某等人利用网络爬虫软件获取原告公司服务器内的公交车行驶信息、到站时间等实时数据。其中，张某负责编写爬虫软件程序；刘某朋负责不断更换爬虫软件程序内的IP地址，使用变化的IP地址获取数据以防原告察觉；刘某红负责编写程序，利用刘某朋设置的不同IP地址及张某编写的爬虫程序向原告发出数据请求，大量获取原告开发的智能公交App"酷■客"的实时数据，日均300万～400万条。
>
> 广东省深圳市中级人民法院经审理认定，"酷■客"App后台服务器存储的公交实时类信息数据具有实用性并能够为权利人带来现实或潜在、当下或将来的经济利益，其已经具备无形财产的属性。"酷■客"运营方对该软件所包含的信息数据的占有、使用、收益及处分享有合法权益；"酷■客"软件实时公交信息数据虽然免费提供公众查询，但获取数据的方式须以不违背该软件著作权人意志的合法方式获取；未经其许可，"车■了"以利用网络爬虫技术进入"酷■客"的服务器后台的方式非法获取并且无偿使用"酷■客"软件的实时公交信息数据的行为，具有非法占用他人无形财产权益，破坏他人市场竞争优势，并为自己谋取竞争优势的主观故意，违反了诚实信用原则，扰乱了竞争秩序，构成不正当竞争行为。

依笔者个人的看法，如果一个平台做了巨大的努力对数据进行收集，而所有人都可以随便爬取的话，大数据公司就不存在了，经营者也都无须经历开发产品、推广产品、收集用户反馈、积累数据等正常商业步骤，而是直接爬取竞争对手的数据即可，这对于数据产业的打击是灾难性的。

二、爬虫的刑事责任认定

刑事领域典型案件如全国首例利用爬虫技术侵入计算机信息系统抓取数据案，该案被告构成非法获取计算机信息系统数据罪。这个案子值得商榷的地方在于，判决书并未表明爬虫是进入到服务器内部直接调取数据的，而是说它通过伪造用户身份、绕过对方IP限制等方式，让服务器主动把数据发送出来。

个人认为如果爬虫确实通过进入数据库内部获取数据，判这个罪名是恰当的。但如果爬虫只是突破了反爬虫措施，使得服务器把数据发出来从而获取数据的话，这个罪名的认定就需要商榷，因为非法获取计算机信息系统数据罪要求进入系统里面。所以关于"信息系统"范围的界定在司法实践中就需要尽快形成标准，否则如果爬虫在没有进入系统内部的情况下也能构成犯罪，所有的爬虫公司都有犯罪嫌疑，毕竟只要是专业爬虫公司，都会掌握最基本的反爬虫技术，如果连最初的反爬措施都绕不开，爬虫就无法发挥作用。

9 第9章 Cookie 和 Session
——小甜品大不同

法律要点

技术"小题"法律"大做"

Cookie 在网络世界中是一个毫不起眼的存在,但我们却常常发现大的公司网站或者平台上,常常有专门的《Cookie 政策》,一旦用户登录上去,这些政策条款就会弹出询问你的同意。如此"隆重"的待遇反过来也说明 Cookie 对用户权益——特别是个人信息、隐私权益而言至关重要,尤其在用户画像已成为流行的当下,Cookie 不但负责记录用户偏好,某种程度上还意味着用户接下来从网络上能够获取哪些信息,所以从法律角度必须认真对待 Cookie,尤其是在技术领域已经广泛认可的"同源策略"等做法也应该尽快像 Robots 协议那样得到法律确认。

这一章我们来介绍一个看上去不起眼,但确实很重要的技术——Cookie,与之相对应的在服务器端的技术叫 Session。这项技术也跟我们的个人隐私、个人信息保护等密切相关。Cookie 直译过

第 9 章　Cookie 和 Session——小甜品大不同

来的意思是甜品，所以你也可以把它理解为网络世界中的一个小甜品，本章中我们把它从技术和法律上做一个双重拆解。

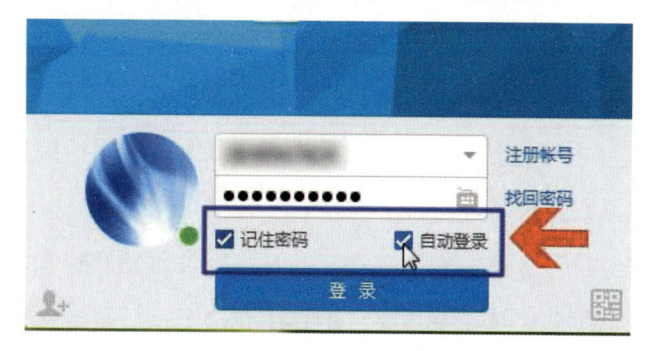

我们对 Cookie 其实并不陌生。比如，当你登录一个账号时，账号和密码会被浏览器记住，下次登录时账号和密码会被自动填写进去，你只需点击"登录"键即可。

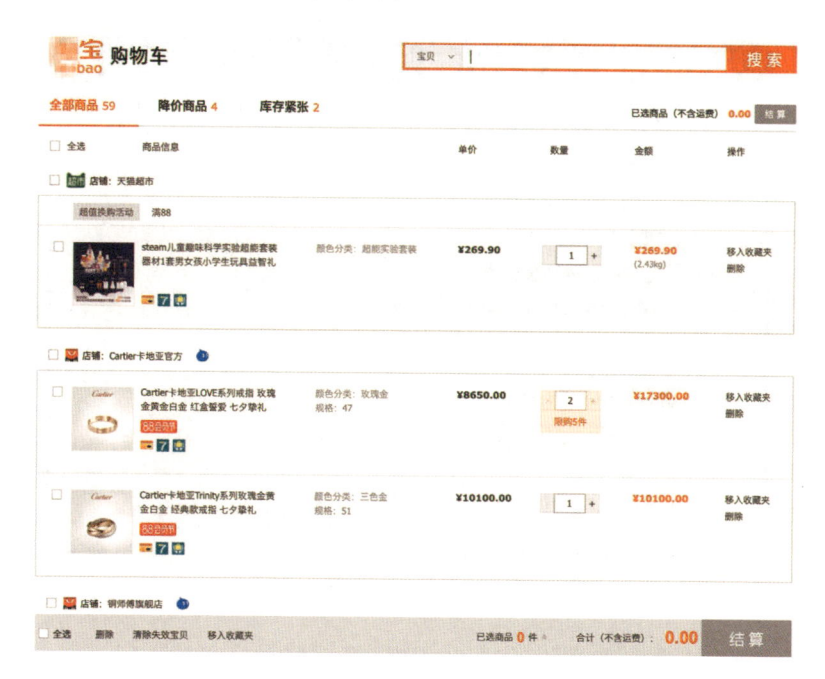

再如，当你浏览一些电商网站或者视频网站时，即便在没有注册的情况下将商品放进购物车或浏览视频，下次再打开网站时购物车里的商品仍不会丢失，你浏览的视频仍可以被保留，这些好的用

121

户体验大都是靠 Cookie 技术来实现的。

略微有技术背景的人还知道 Cookie 可以清除。浏览器里设置了清除 Cookie 的选项，把它打钩后就可以把 Cookie 删除，如果下次再使用浏览器，发现之前曾经保存过的用户名和密码就没了，需要手动重新填写才可以登录。这也能从侧面印证之前填写的信息之所以能够得到保留，是因为 Cookie 在发挥作用。

Cookie 是服务器和客户端在互动时由服务器发送到客户端的文本文件或数据包，这个文本文件的作用有两个：一是进行状态的保持，如上次浏览到哪一页、选择了哪些商品等；二是追踪用户行为轨迹，再基于这些数据与用户进行深层次的互动。所以我们往往会发现使用某个平台越多，这个平台好像越懂你。

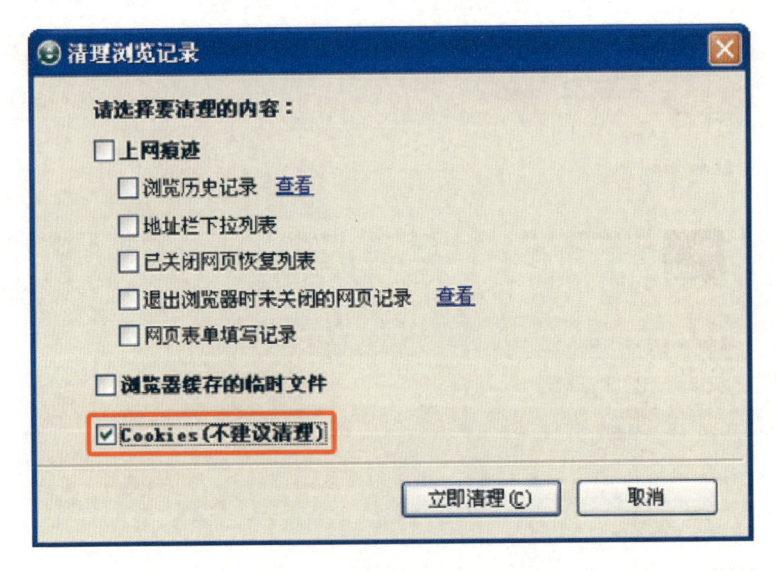

Cookie 最早是 1993 年 3 月由网景公司前雇员开发的，现在被普遍运用在各类浏览器上。这里的浏览器需要做广义的理解。我们之前也说过，几乎所有客户端都可以理解为浏览器，只要这个客户端在与服务器进行通信互动，它本质上都是一个浏览器。所以服务器向浏览器客户端发来的小文件，不仅存在 Chrome、IE 浏览器上，也存在其他客户端上（如 App 应用客户端）。

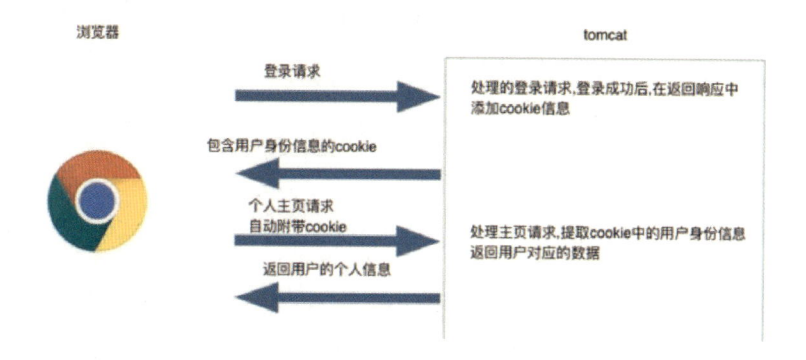

```
浏览器                                    tomcat
       登录请求 →
                        处理的登录请求,登录成功后,在返回响应中
                        添加cookie信息
       ← 包含用户身份信息的cookie
       个人主页请求
       自动附带cookie →
                        处理主页请求,提取cookie中的用户身份信息
                        返回用户对应的数据
       ← 返回用户的个人信息
```

在哪里去找 Cookie 这个文件呢？上图中我给大家展示了一个路径，当服务器发送到本地客户端后，本地电脑上就会有记录，顺着存储路径就可以找到 Cookie 文本文件，打开这个文本文件你就能看到 Cookie 里面到底存储了哪些东西。

Cookie 也分为几种不同类型，主要是三类。第一类是纯技术类，如看文章看到了某一段落，下次再看时就不需要重新定位，Cookie 会自动记录好，这种类型的 Cookie 是为了保障网站的正常运行和基本用户体验而设计的。

Cookie 类型

- 技术性 Cookie 对于网站的正常运行和体验较为重要。例如，这些 Cookie 允许用户在网站的不同部分之间导航并使用某些功能

- 分析性 Cookie 允许网站记住用户做出的选择（如语言选择）和行为轨迹，使得网站能够个性化用户的后续使用体验

- "第三方 Cookie"，来自网站所有者之外的第三方，如 Google Analytics，可以帮助网站所有者衡量用户与网站内容的互动情况

第二类是分析性Cookie。它的作用是记住用户对网站做出的一些个性化选择和动作，以及用户的行为轨迹。比如，浏览这个网站时选择了中文语言，下次网站就自动把内容以中文形式呈现，无须再次选择。这使得网站更加个性化，形成了千人千面的效果，使用体验也会越来越好。

第三类叫作"第三方Cookie"。这种Cookie不是网站服务器直接发给用户的，而是来自专业的第三方工具，这些第三方工具专门通过Cookie帮助网站分析用户行为，典型的如谷歌开发的Google Analytics。

前面提到Cookie是服务器在客户端上留下的一个小文件，当下一次再跟这个服务器进行交互时，服务器会查看一下你本地的Cookie上保存的信息，根据这些信息向你显示进一步的内容。但光有个Cookie其实还不够，在服务器端还有一个东西叫Session，它其实是服务器内存为不同的客户端单独开辟的小空间，它与Cookie常常协同工作，用户才能取得更好的体验效果。

比如，你用浏览器查看某个网站，这个网站的服务器收到了访问请求后会给你的浏览器专门分配一个识别号，然后对应着识别号在服务器内存里开辟一个单独的记录空间，也就是Session，用它来保存一些跟你相关的状态。所以，当客户端和服务器之间发生交互时，网站的功能代码是不变的（购买代码、结账代码等），这靠的是Cookie和Session共同完成对个人信息的识别和相关操作信息的匹配，以此产生更多个性化的内容和动作。

又如，在同样的网站上，A用户购买了洗衣机，B用户购买了电视机，C用户则购买了冰箱。在完成"选择商品"这个动作后，三人还需完成"结账"的动作。这两个动作对应的用户、商品都不一样，这时就需要前台（客户端）的Cookie与后台（服务器）的

Session 同时进行记录，如 A 在购买动作中点击了哪种商品，在结账动作中又点击了哪个按钮等，再单独针对 A 进行一个组合性反馈计算出 A 应该支付的款项价格，针对 B、C 也是同理。这就使得网站可以在面对不同的用户，不同的操作时给出不同的结果。

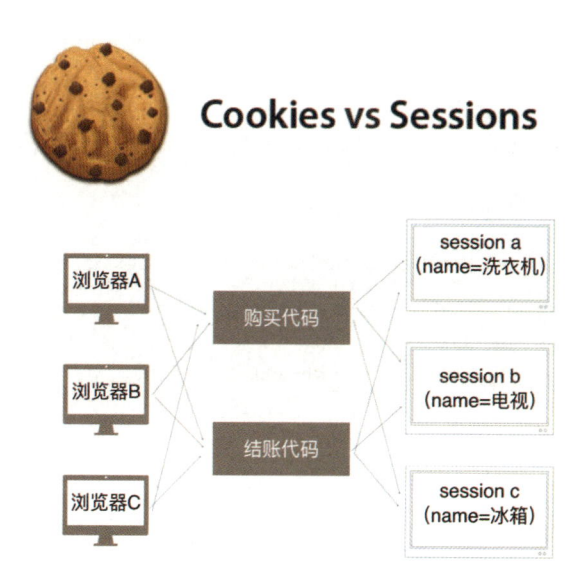

法 律 问 题

Cookie 在互联网时代，尤其在大数据时代，被使用得越来越普遍。我们平时主要借助各种各样的客户端跟服务器产生互动，这些数据要想被记录下来，没有 Cookie 是做不到的。各种应用广泛使用 Cookie 来保存信息，这使得个人信息安全当中的个人信息及隐私保护变得与 Cookie 息息相关。

具体而言，有两个相关联的指标：一是 Cookie 有效期；二是同源策略。我们一个一个来讲。

第一，有效期问题。Cookie 也是有有效期的，当通过浏览器访问一个网站时，网站会向浏览器所在的客户端发送一个 Cookie。正常情况下如果不设置 Cookie 的期限，则意味着只要用户关闭了浏览器，Cookie 就自动失效了，不会再记录用户的信息。但如果 Cookie 被设置了期限，那就意味着只要用户在期限内打开浏览器，Cookie 依然会发挥作用，直到这个 Cookie 的有效期结束，它才不会再继续记录和采集用户的行为。

Cookie 的生存周期被写在了 setMaxAgo 语句中，括号里以秒作为计算单位，如图中框出来的 30 秒。这意味着在 30 秒之内 Cookie 可以记录你的行为，但一旦过了这 30 秒 Cookie 就失效了。

实践当中 Cookie 会被写多长呢？根据我个人了解到的情况，写到长达 10 年都很常见，写到 100 年的也有。可想而知，Cookie 的有效期限可能远超过其必要程度，所以如何通过限制有效期使 Cookie 的使用被控制在合理范围内，使我们的行为被合理、必要地收集，是当前很重要的问题。

与此相关的规定较为空白，其中正相关的也只有一个《Cookie管理机制技术规范》，而该规范也仅是提及："尽管服务器可以把Cookie的过期日期设置为遥远的未来，但为了保护用户隐私，该期限设置为两周较为合理。"所以，接下来还是期待个案或更强有力的国家标准对这个问题给出更明确的解释。

第二，同源策略问题。同源策略是在互联网行业被广泛认可的安全技术策略，目前尚未上升为法律规则。它是指A网站设置的Cookie所收集到的信息只能返回到A网站服务器，不能返回到其他网站的服务器，除非这两个网站是同源的。所谓的同源指的是"协议相同、域名相同、端口相同"，只有满足这三个条件，Cookie返回的信息才能被共享。试想，如果两个网站协议、域名、端口都一样，很显然是处在同一个服务器控制之下的，在这种情况下Cookie收集到的信息是不会外流的。说白了，同源策略是要保证Cookie只能回流但不能外流，以便确保信息安全。

关于同源的具体示例，已经表示在下图中了。

> "同源策略"（same-origin policy）是浏览器安全的基石。
>
> 含义是，A网页设置的Cookie，B网页不能打开，除非这两个网页"同源"。
> 所谓"同源"指的是"三个相同"：协议相同、域名相同、端口相同。
> 举例来说，http://www.example.com/dir/page.html这个网址，协议是http://，域名是www.example.com，端口是80（默认端口可以省略）。它的同源情况如下。
>
> http://www.example.com/dir2/other.html：同源
> http://example.com/dir/other.html：不同源（域名不同）
> http://v2.www.example.com/dir/other.html：不同源（域名不同）
> http://www.example.com:81/dir/other.html：不同源（端口不同）

同源规则被认定为浏览器安全的基石性策略。如果不遵守该策略会导致什么后果呢？比如，你刚刚登录了某一个银行的网银

127

账户，输入了你的证件登录密码、验证码等，然后进行了查询余额和转账操作，最后退出。退出之后，如果你去浏览 B 网站，而 A 网站违反了同源策略，将自己 Cookie 保留下来的密码等信息回传到了 B 网站，你觉得会发生什么？不难想象，B 网站获取了你的登录信息，也完全可以通过同样的操作进行转账等，账户里的钱就不翼而飞了。这就是同源策略在确保信息安全方面的意义所在。

> 设想这样一种情况：A网站是一家银行，用户登录以后，又去浏览其他网站。如果其他网站可以读取A网站的 Cookie，会发生什么？

Cookie 在技术上给我们提供了很多便利，同时也确实产生了很多安全漏洞如宽泛授权、弱机密性、弱完整性等，这导致了大量安全和隐私保护的隐患。

> Cookie也因其简洁的访问方式而给Web应用程序带来了一些安全漏洞，如宽泛授权（Ambient Authority）、弱机密性（Weak Confidentiality）和弱完整性（Weak Integrity）。

有一年,"3·15"晚会重点曝光了各类网站通过Cookie侵害用户隐私的问题。大家如果有兴趣,可以在优酷上找到相关视频,标题为《实测:央视"3·15"晚会曝光Cookie上网隐私的行为》。这个视频还原了某些应用侵犯用户隐私权的全过程,如你的信息如何被Cookie采集到,如何反馈到其他的网站上去,又会出现什么样的效果等。

Cookie还可能引起一些技术上的攻击行为,如"跨站请求伪造"。假设银行用Cookie来收集你的信息,当你登录完银行界面后,又登录到了另外一个由恶意攻击者写好代码的网站上,并且触发了这段代码,这段代码就可以肆意读取你刚才还未失效的顾客信息。读取之后,它会自动发起一个针对银行的请求,利用你留下的信息把你的钱转走。上述步骤都是通过系统自动完成的,整个过程很难被发现。所以,在登录完银行网站,最好是把Cookie删除后,再去登录其他网站;或者不要刚登录完含有重要信息的网站,就马上登录一些很不正规的网站,因为这些网站上经常会部署诸如跨站请求伪造等恶意代码,会给你的财产安全带来较大隐患。

跨站请求伪造

假如一家银行用以运行转账操作的URL地址如下:
http://www.examplebank.com/withdraw?account=AccoutName&amount=1000&for=PayeeName

那么,一个恶意攻击者可以在另一个网站上放置如下代码: <img src="http://www.examplebank.com/withdraw?account=Alice&amount=1000&for=Badman">

如果有账户名为Alice的用户访问了恶意站点,而她之前刚访问过银行不久,登录信息尚未过期,那么她就会损失1000元资金。

司法层面,民事上比较值得参考的是"中国 Cookie 隐私权纠纷第一案"[①],本案中百度通过 Cookie 收集用户搜索的关键词,再给用户进行定向广告推送,法院最后判决百度的行为没有问题。第一,百度已经使用了默认统一的隐私政策,在这个政策中对如何使用 Cookie 都有相关规定,只要用户使用百度,就意味着用户默认了该协议的有效性,在此基础上百度是有权利收集的。第二,收集之后百度也仅仅是对该用户的客户端进行信息的定点推送,并没有将用户的个人信息泄露出去。

刑事领域的相关案件则有上升的趋势。2019 年,以杭州为代表的几个城市发起了集中打击数据犯罪的行动,很多数据公司通过各种各样的方式窃取、劫持他人的 Cookie,把收集到的信息投入各种商用。这种行为就涉嫌侵害公民个人信息罪,下面是杭州余杭法院作出的一则针对通过 Cookie 非法获取计算机信息系统数据行为的判决。

一审请求情况

杭州市余杭区人民检察院指控:福建某数移动科技有限公司为淘宝用户提供第三方服务,主营"云派券""淘名录"等业务。被告人黄某荣系该公司法人代表;被告人翁某豪系该公司软件工程师,主要从事服务端开发工作。

2014 年 5 月初,被告人翁某豪发现淘宝店铺源码存在漏洞,利用该漏洞可以在店铺源码中植入一个 url,执行该 url 指向的 javascript,以获取访问被植入 url 的淘宝店铺的所有淘宝用户的 cookie(淘宝用户登录时产生的一组认证信息,利用 cookie 可以执行对应账号权限内的所有操作,无须账号、密码),并利用其中的买家 cookie 将 url 再次植入卖家淘宝店铺源码,实现自动循环,获取更多淘宝用户的 cookie。被告人翁某豪向被告人黄某荣报告该情况,经黄某荣的授意,以非法获取 cookie 数据为目的,编写了用于获

[①] 来源:中国裁判文书网,(2014)宁民终字第 5028 号。

取 cookie 的 javascript，存储在其租用的阿里云服务器中。自同年 5 月 15 日开始，通过上述方法非法获取淘宝用户 cookie 达 2600 万余组，并将获取的 cookie 存放在虚拟队列中。被告人黄某荣利用被告人翁某豪事先编写的网络爬虫程序读取虚拟队列中的 cookie 并获取淘宝用户的交易订单数据（内容包含用户昵称、姓名、商品价格、交易创建时间、收货人姓名、收货人电话、收货地址等）达 1 亿余条。

据以指控的证据有证人证言、户籍证明等书证、司法鉴定检验报告书、搜查笔录等勘验检查笔录、电子数据、被告人的供述和辩解等。公诉机关认为，被告人黄某荣、翁某豪的行为均已构成非法获取计算机信息系统数据罪，情节特别严重，提请本院依照《中华人民共和国刑法》第二百八十五条第二款之规定惩处。

显然，如果你是刑事律师，就需要弄清楚这种通过 Cookie 收集信息的技术原理。还是那句话，进入互联网时代，以事实为依据很大程度上就是以技术事实为依据，只有明白了技术原理，才能为辩护拓展出空间。

第 10 章　数据库
——大数据的家

> **法律要点**
>
> **给数据的家上把"锁"**
>
> 如果把数据库看成数据的"家",那么这个家显然是要足够安全,才能让数据得以容身。现阶段针对数据库存在的法律问题主要集中在数据库中的数据可靠性证明、数据库的版权保护以及未经授权进入数据库之后导致的刑事犯罪问题。此外,数据库在不同关联公司之间的混同使用是否会导致数据安全问题,以及跨国公司在境内外共用一套数据库的情况也普遍存在。如何在物理上和法律上同时做到数据隔离,有待于深入研究。

本章介绍一个比较进阶的话题——数据库。

现在大家都在讲大数据,甚至有时候有人研究了几百个案例做一个报告出来也冠以大数据报告的名义,但从技术的角度来看很显然这算不上大数据。那多大的数据体量才够得上大数据呢,一个比较简单的判断标准就是看这些数据是不是已经脱离了样本意义。

第 10 章　数据库——大数据的家

这句话怎么理解？比如，我们想了解杭州市民今年"十一"黄金周出国旅游的情况，这时我们使用两种方法：（1）到杭州几个大型百货商场门口或者人流密集的广场，随机找 1000 人或者 10000 人做问卷调查，问他们今年"十一"去哪里了，然后得出统计数据；（2）找一个大型旅游订票平台，假设该平台（也可能是 2~3 个平台）可以覆盖 70%~80% 的杭州出国游的人群，看一下平台数据，究竟去各国旅游的人数有多少。

后一种方法就叫大数据，前一种只能算是样本数据。因为杭州有超过 1000 万人口，如果调查的人数只在千人规模是没有多少代表性的，调查结果可能因为选择的时间、地点以及面向的人群不同而出现很大差异。而大型旅游订票网站如果覆盖了大部分杭州出国游的人群，则这些数据就足以代表真实情况，也就是说它不再是样本意义，而是直接告诉我们客观事实了。

所以大数据的体量应该是要大到可以告诉我们客观事实为止，这也是大数据的一个特点，大数据时代人们决策更多的是依赖数据呈现的客观结果而不一定要知道原因。例如，如果数据显示去年"十一"去日本的游客最多，那这就是事实，日本的商家只需要按照数据准备好迎接今年的游客就好，至于背后的原因（为什么游客偏爱这个目的地）数据并不能给出直接的答案。

所以，法律人切记"脱离样本意义而接近客观事实是判断大数据与否的最直接标准"，同时这个标准也意味着大数据时代人们不需要知道原因，只需要了解结果就行——这也是大数据的另一个重要特征。

还是前面的例子，如果是通过问卷调查了解到杭州市民"十一"的时候偏爱去日本，我们通常接下来要分析背后的原因以便给后续决策提供理论依据，如是不是因为日本文化上跟我们接近，还是因

133

无技术不法律

为日本服务业更发达才导致调研中的市民对日本的偏爱。而如果是头部旅行订票网站的数据结果显示杭州出国游人群更偏爱日本，那接下来就不用管是什么原因了，只要通知商家在下一年"十一"做好更充分的日本出行和接待准备就好。由于很多人还不习惯大数据时代下的决策模式，因此传统观念里我们习惯于知道一件事情发生是因为什么。

大数据体量如此庞大，我们就必须解决一个问题，如何存储和管理海量数据？这时候数据库技术就有了用武之地。

一、仓库与管理员

有人说 Excel 表格不就是放数据用的吗。Excel 只是我们平时用的一个工具软件，还远远称不上是数据库，因为数据库里的数据体量根本不是 Excel 表格能够放得下的，而且数据库里的数据大部分情况下是系统自动采集和归入，不是像 Excel 表格一样靠人工输入。

比如，打游戏的时候，假设一款游戏有 10 万个用户，每一个用户实时产生大量的行为数据（如打到了第几级、获得了多少积分、

拥有哪些装备等），这些数据是要被游戏公司的后台数据库实时采集到的，有了这些数据以后，下次用户再登录游戏，系统才能记住他是什么状态的玩家，好得以在上次的基础上继续玩下去。

如此庞大的实时数据存放需求就不是一个 Excel 表格能够解决的了，我们需要的是专用的数据仓库。

一说到仓库很多人首先想到的是硬件，数据库确实包含硬件的成分，但本质上仍然还是软件。市面上最常见的数据库都是作为软件在销售的，当然这些软件在运行的过程当中，往往需要配上专门的一些硬件做支持以便达到最佳效果。

还是有一个未必精确但形象的例子来说明问题：我们都见过中药店里放药材的柜子，这些药材被分门别类贴上标签以便于需要的时候对方抓药。数据库也是如此，并不是把一堆数据一股脑地灌进去就好了，而是需要将数据按照系统设置好的标签和字段存放进去，这样后面才能很方便地找到。

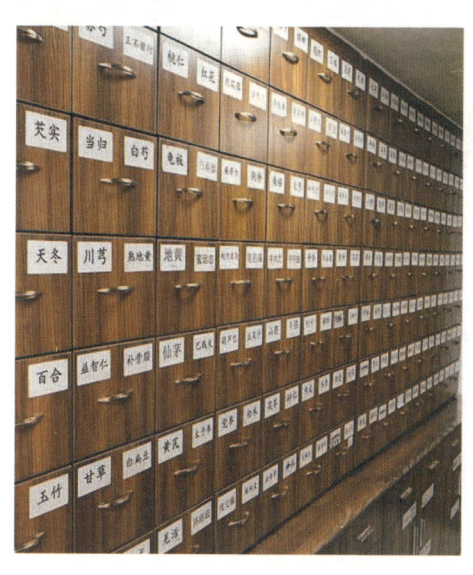

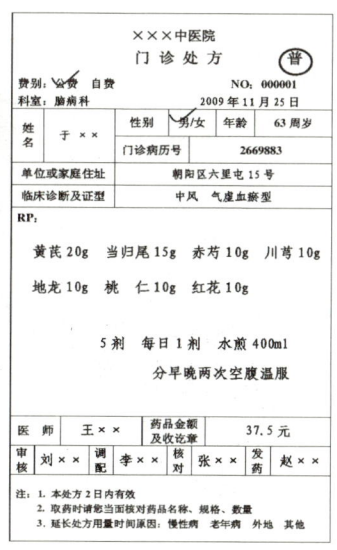

在数据库里检索的过程也很像在中药店里抓药，你需要持有医师开出的处方，药师对着处方把药一味一味地拿出来。数据库检索

时输入的检索条件就是这个处方，系统根据你预设的条件去匹配数据在库里所在的字段或者标签，匹配成功的就呈现到结果中。

百度的高级检索功能

二、数据结构

在数据库这门学科里有一个异常重要的概念叫"数据结构"，数据结构本身就是一门专业学科，因为操作系统、服务器、应用软件都会涉及数据结构，但对于数据库而言数据结构尤其重要。

图片来源[1]

---

① 图片来源：https://pixabay.com/zh/photos/supermarket-shelves-shopping-507295/，最后访问时间：2022年7月7日。

数据结构简单理解就是数据在数据库中以什么样的方式组织、存放和互相关联，这个有点像我们现实生活中的超市，进到大型超市会发现其中的商品摆放是非常有讲究的，一方面超市会根据物品的类型进行摆放，如食品、日用品、化妆品都会分开摆放在不同的货架上；另一方面会根据消费者的购买习惯进行摆放，如最经常用的放在中间货架伸手就能拿到，又如在排队结账的地方放一些口香糖和电池等小物件。

数据在数据库里也同样要花心思提前设计好存放的方式，毕竟把数据放进去不是目的，目的是要拿出来用，这种设计过的数据组织形式就叫数据结构。

数据库相关的常见的数据结构有 8 种类型，简要介绍其中的几种：

数据结构类型：数组、栈、队列、链表、树、散列表、堆、图

（1）数组

数组就是从头到尾连在一起的一组数据，特点是数据要挨到一块，如 0、1、2、3、4、5 一直到 n-1 这样一组数，如果作为数组进行存储，就意味着其中的每一位数前后顺序不能变并且是连在一起的，需要在磁盘里找一个对应大小的空间，把它们一起放进去，要查找的时候也是一起找到，数组是我们最常见也是最容易理解的数据结构。

但是数组有一个问题，如果想往这组数里面做一个插入的操作，如在 4 和 5 这两个数之间要插一个数进来的话就麻烦了，我们需要把 5 到 n-1 之间的所有的数依次往后挪一位，也就是说为了插一位数进去，要把后面所有的数都挪动一位，我们之前讲 CPU 的基本运

137

算单元对应 0 和 1 两种状态，可想而知一个插入操作需要多少运算单元进行运算才能完成，所以数组这种数据结构虽然简单但处理和运算的效率比较低。

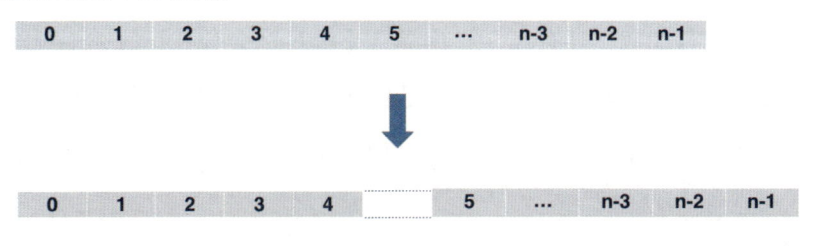

| 0 | 1 | 2 | 3 | 4 | 5 | ... | n-3 | n-2 | n-1 |

⬇

| 0 | 1 | 2 | 3 | 4 | | 5 | ... | n-3 | n-2 | n-1 |

（2）链表

与数组相对应的一种数据结构叫链表，链表由最小的基本单元组成，每一个最小单元包含两个部分，一个部分是 data（也就是数据本身），另一个部分是 next 指针，指针里面存的是下一个数据单元的位置。

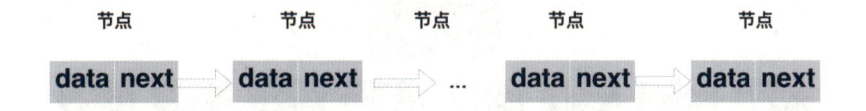

节点　　节点　　节点　　节点　　节点
data next → data next ⇒ ... data next ⇒ data next

不难发现，链表里面的数据并不是一个挨一个放在一起的，所以不需要在磁盘中开辟一整块空间而是可以分散存储。那么怎样把它们都找到呢？当然就是用每一个数据单元中的指针来实现了，当找到了第 1 个节点的时候，去看它的 next 指针指向哪里，指针说下一个数据位于"杭州市崇仁路西溪首座 A1-×-×××室"（当然实际上是磁盘中的位置），系统就到这个位置去找下一个数据，然后再从下一个数据的指针里面找再下一个数据，以此类推直到把所有数据都找到。

链表结构的优点很明显，首先可以实现数据的碎片化存储，可以提升磁盘空间利用率；其次如果要进行数据的插入或者删除，只需要把对应位置前面指针和后面指针修改一下就好了，数据本身的位置不需要移动，处理效率大大提升。

（3）树

树其实很形象地指明了这种数据结构的特点，因为数据的组织就像一棵树一样，有各种各样的分支和上下级关系。

这种树形结构中最典型也是最简单的一种叫二叉树，指每一个节点只会分出左右两个叉（分支），图中 0 节点就只能分 1 和 2，1 节点就只能分出 3 和 4。这样一种数据结构的优点在于检索效率比较高，如给出一个检索条件后，我们很容易知道检索结果一定位于根节点的某一侧，那么另一侧的所有数据我们就可以不去查找了，这等于节省了一半的检索工作量。

另外一个特点是如果想把所有的数据都看一遍，二叉树有很多种看的方式，导致看到的数据结果在顺序上也不一样，很有意思。

比如，我们按照上下层次来遍历一遍数据（层次遍历），那首先看到的是最上面的根节点 0，然后第 2 层分别是 1 和 2，第三层是 3、4、5、6，以此类推，最终看到的数据顺序是 0、1、2、3、4、5、6、7、8、9；换一种遍历逻辑，先看左边的分支再看右边的分支，按照这个顺序（先序遍历）的结果就是：0、1、3、7、8、4、9、2、5、6。

树

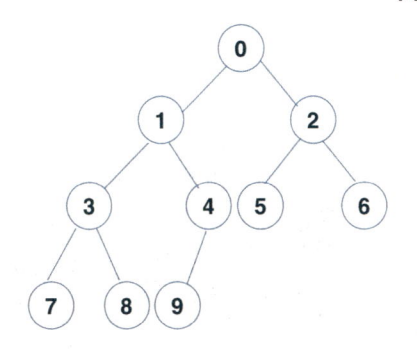

层次遍历：0 1 2 3 4 5 6 7 8 9
先序遍历：0 1 3 7 8 4 9 2 5 6
中序遍历：7 3 8 1 9 4 0 5 2 6
后序遍历：7 8 3 9 4 1 5 6 2 0

树形结构在现实中也有广泛的应用场景。大家比较熟悉的是电脑里面经常会新建文件夹来存一些文件，为什么要建文件夹保存文件，是因为方便日后查找。如果所有的文件堆在一起，就相当于前面讲的数组，找起来很麻烦。但如果是文件夹，它就变成了一个树形结构，最早建立的文件夹就相当于根节点0，然后在里面建立子文件夹和子文件，进一步建立孙文件夹和孙文件。

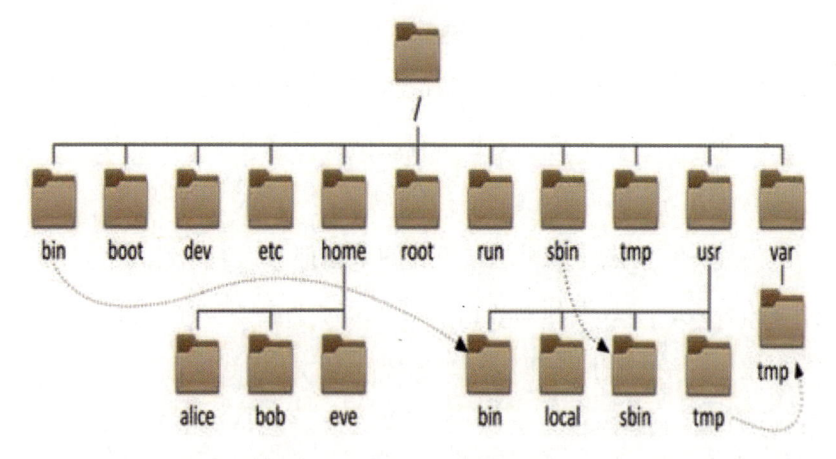

如此一来我们只要给出文件存放的路径，如 /usr/tmp/，就能迅速锁定文件所在的位置了，不需要从头到尾都找一遍。

（4）队列

队列作为一种数据结构类型也比较容易理解，就是不能动中间的数据，无论是要插入还是移出，都只能从队头和队尾进行操作，就像我们排队到加油站加油一样，先进的先出来，后进的后出来。

（5）栈

栈跟队列很相似，主要的不同在于栈的数据插入方式是后进先出、先进后出，这有点像子弹的弹夹，弹夹里最先被压进去的子弹是最后被打出来的，而最后一个被压进去的子弹是最先被打出来的。

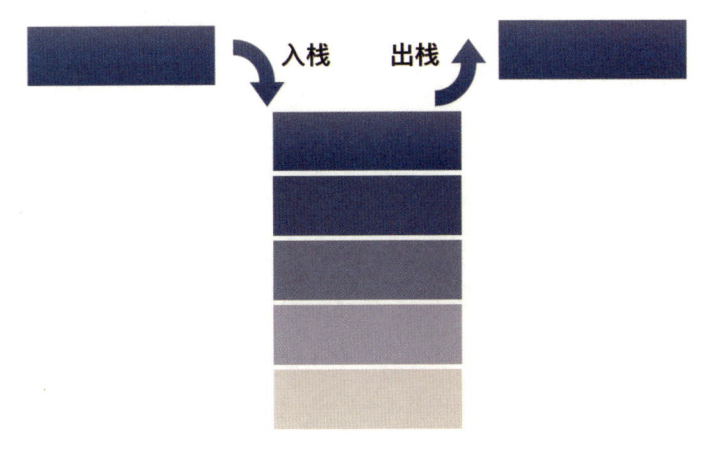

比如，我们同时在手机上打开很多应用 App，这时候这些程序调用计算资源的优先级有点像栈，即最后打开的程序要被系统最先释放一些计算资源，因为最后打开的程序一定是我们正在使用的，所以机器就要优先给我们正在用的程序配置资源。

所以说每一种数据结构在存数据、取数据的时候有不同的特色，应用起来针对不同的场景，可以解决不同的问题。

三、DMS：仓库管理员

数据结构让我们知道了数据的组织形式，但如何把数据放到仓库里，又如何管理和查询这些数据呢？

前面我们举过中药房抓药的例子，其中有个重要的角色就是药师，把处方（检索条件）给到他，他照着上面的条件到贴好标签的药房里把一味味药取出来，如果药材短缺了还要把新药材及时补充进去，这个角色其实就像数据库管理系统（DMS，Database Management System）。

DMS 是作为一款软件存在的，之所以说数据库本质上是软件，就是因为它不只是一个放数据的仓库，更重要的是它配备了一个仓库管理员：数据库管理系统。

DMS 负责数据进出库、检索查询、操作日志记录、安保等，有了 DMS 之后我们才可以比较容易地去使用一个数据库，通过 DMS 提供的数据库管理后台登录进去，对数据执行各种想要的操作。DMS 如此重要，使得很多时候说到某某数据库其实指的就是这个数据库的 DMS 系统软件，如 Oracle、MySQL 等。

四、日志

整个数据库的体系里面，还有一个比较核心的组件，叫日志。日志简单理解就和我们平时上班要打卡差不多，又有点像我们律师做常年法律顾问，要有一个顾问工作的年度报告，写清楚我们都做了哪些顾问工作，这个就类似数据库的日志。

一般商用数据库都有日志，帮助用户自动记录数据库的各种状态，如何时出现过错误、用户查询的时间和范围、整体数据在某一个时间节点前的状态等，一旦数据库出现意外突然崩溃，这时可能新的数据还没写进去或者写到一半，靠日志我们还能将系统数据恢复到写入前的状态，这个叫事务的"回滚"（Rollback）。

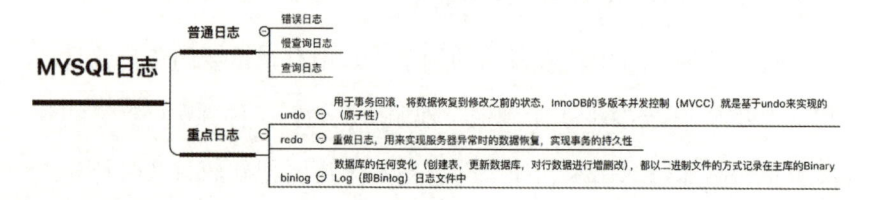

MYSQL日志	普通日志	错误日志
		慢查询日志
		查询日志
	重点日志	undo：用于事务回滚，将数据恢复到修改之前的状态，InnoDB的多版本并发控制（MVCC）就是基于undo来实现的（原子性）
		redo：重做日志，用来实现服务器异常时的数据恢复，实现事务的持久性
		binlog：数据库的任何变化（创建表，更新数据等，对行数据进行增删改），都以二进制文件的方式记录在主库的Binary Log（即Binlog）日志文件中

第 10 章　数据库——大数据的家

如果有人对数据动了手脚，如超出权限进行了查看、下载、修改等，日志上也通常有所记载，所以日志在法律实务中有相当重要的证据意义。

日志也是通过编程实现的，它其实算是数据库管理系统的一个组件，既然是通过编程实现的一段程序，那么自然也是可以被篡改的，所以如果碰到与数据库中的数据真实性有关的问题，数据提供者一方可能会主张数据如果篡改了日志上会有显示，但另一方就可以主张日志本身也可以被篡改，所以说仅看日志并不能确保数据没问题。

为了防止篡改，有一些重要的数据库的日志还要进行加密或者数字签名，包括对日志进行备份等措施，这些都是为了防止日志本身被篡改。从确保数据真实性的角度来看，日志有点像仓库里的监控摄像头，但问题在于摄像头里的录像也可能被删除或者修改，导致我们看不出来到底是谁进了仓库以及在仓库里做了什么。

小结一下，数据库是个软硬件结合的东西，但灵魂仍然是软件，也就是 DMS（数据库管理系统），DMS 按照特定的数据结构类型把数据组织管理起来，通过日志记录数据库的日常使用状态。接下来我们可以了解几个跟数据库相关的法律问题了。

法律问题

一、数据库中数据作为证据的有效性

随着数据库的广泛使用,越来越多信息是保存在数据库中的,一旦发生纠纷,自然需要调用数据库中的电子数据作为证据,那么这些电子化的数据能否在"真实性"上得到法院认可呢?毕竟这些电子证据只掌握在一方当事人手里,而且技术上也确实存在事后篡改的可能性。

在笔者承办的某不正当竞争案件中,原告诉被告一方从事了视频刷量行为,如一个电视剧视频在正常情况下点击播放量是100万,但被告采用刷量软件直接将点击量人为提升到1000万,原告认为这个播放量的数据是后续计算广告费、视频的受欢迎程度等的重要依据,人为干预这个数据等于是对数据的污染,构成不正当竞争。

```
select *
from PatrolCheck.dbo.Users
```

	Id	UserName	Password	Name	IsEnable	RoleId
1	1	admin	121	Administrator	1	1
2	2	Mobile1	121	手持机用户	1	4
3	3	Mobile2	121	手持机用户2	1	4
4	4	UserName	ew%*234234234	新用户	1	4

原告对上述主张所拿出来的证据恰恰就是其后台数据库记录

的视频播放数据，包括点击的时间、次数、IP 源等，其中绝大部分指向被告服务器，这也是原告在案件中最关键的一项证据。

被告方显然对此不予认可，毕竟这些数据的展现形式是通过查询命令从原告的服务器中提取出的一些字段和数据表，这些数据是否真的来自数据库对前台视频点击量的客观记录、是否在记录之后没有篡改是难以考证的。

这类证据确实给法官造成很大的困扰，通常情况下大的平台确实不太会对自己的数据库进行篡改，但毕竟这里涉及的技术比较复杂，很多公司内部数据库既有从外面采购的也有自行开发的，工作原理只有公司的极少数技术人员知晓，法官也不敢贸然给予认可。

这个时候如果把举证责任分配给另一方恐怕也不太公平，毕竟质证一方没有机会进入数据库中去查看或者从一开始就对数据的产生进行监控。

即便数据本身没问题，但通过查询命令检索出的字段往往也可能是片面的，如只抓取对自己有利的数据库字段展示给法院，对自己不利的就不提供了，同时对方当事人也不太了解还有哪些是对对方不利的，很难进行抗辩。这时候就需要考验双方的技术人员是否对业内的数据库部署方式和数据类型足够了解，从而判断这些数据大概率是否存在问题。

二、数据库的第三方存证

对于数据的掌握者而言，如果数据库里面的数据真的非常重要，特别是考虑到日后是有可能拿出来作为证据的，那么就要考虑采用第三方存证了。这里也会碰到一个问题就是由于数据库数据的私密性要求很高，不想让第三方存证机构直接接触数据，这时候也可以通过在本地部署一个SDK（可以由技术人员对SDK的安全性先行测试），然后把这些数据通过SDK程序生成一个哈希值，把这个哈希值作为与数据对应的数字指纹交给第三方存证机构保存。

三、数据库的法律保护

数据库里面的数据可以作为商业秘密保护，但在某些情况下，数据库里面的数据本身都是公开的，如判决书库、法律法规库等。这个时候数据本身已经失去了商业秘密性，但是法律上仍可以把它看作一个数据库整体进行保护，这些数据文件在数据库里面的编排、组织方式只要体现了独创性就可以。

曾经有过这样一个案例，有人开发了一个法规数据库的管理查询系统，通过目录的方式把法规分成了12个一级分类和33个二级分类，这种分类方式就体现了一定的科学性，方便用户记忆和查找。结果另外也有人做了一个数据库，使用了同样的分类方法，双方诉到法院，法院认为原告的数据库汇编内容虽然都是公开的，但是原告对这些内容进行了独创性的选择和编排，经过选择和编排之后形成的作品作为一个整体可以作为汇编作品获得著作权保护。

可见，数据库里面的信息可以作为商业秘密、著作权等进行保护，同时数据库本身也可能因为编排上的独创性作为汇编作品来得到保护。

关于数据库的法律保护，还有一点值得一提的是刑法上的"非法获取计算机信息系统数据罪"，这个罪名最容易对应上的行为就是从数据库里面直接拿数据，大多数数据库都有安全防范措施，不可能允许外界随意获取数据，但如果通过一些技术手段侵入数据库系统当中，把数据直接拿走了，就很有可能犯非法获取计算机信息系统数据罪。

但这个罪名在认定过程中就会出现跟爬虫获取数据类似的问题，也就是行为人通过模拟正常用户的访问使服务器主动将数据从数据库中调出并传输过来，这种情况算不算构成犯罪，又或者是在数据传输的链路当中获得数据，像是网络游戏中，在客户端向服务器端传输数据的过程中，如果截获某些关键数据并加以利用（截获玩家角色的生命值数据然后进行修改，使角色生命延长），这种方式算不算是非法获取计算机信息系统数据。很多游戏外挂软件都会用到类似的方式，在这个问题上争议很大。

《刑法》在界定计算机信息系统的时候并没有给出非常明确的一个范围，究竟计算机信息系统是指像数据库这样部署在服务器上的一个系统，还是说完整涵盖了服务器、客户端以及二者之间的通信链路，其整个都算是一个系统。这一前一后的区别很大，如果是后者的话，对应的可能构成犯罪的行为人基数也会大出很多。

关于计算机信息系统的概念，目前只有一个《计算机信息系统安全保护条例》第 2 条进行了一个解释："……是指由计算机及其相关的和配套的设备、设施（含网络）构成的，按照一定的应用目标和规则对信息进行采集、加工、存储、传输、检索等处理的人机系统。"这个概念并没有把问题说清楚，如果泛化理解，整个互联网都是一个计算机信息系统，这个结论在法律上显然是荒谬的。

第 11 章　网络"黑灰产"——不中立的技术

法律要点

净化网络环境亟须行政执法介入

网络世界中的"黑灰"产业链规模恐怕超出多数人的想象，其中典型的像私服、外挂、薅羊毛、刷单刷量、流量劫持等行为同时具备民事侵权和刑事上的可责性，而且一个不容忽视的问题是诸多普通用户也参与其中，导致行为非常分散且隐蔽，加上相关技术的使用，很多时候"黑灰产"如果只借助民事诉讼手段维权，收效甚微。但刑事途径门槛太高，没有一定的证据和损害恐怕无法达到立案标准，从而导致了"黑灰产"从业者的违法成本极低，他们以牺牲整个互联网生态环境和秩序为代价谋取私利，这种新的趋势值得关注。一个可能有效的解决方案是行政执法的介入，一方面行政执法权限覆盖了绝大多数网络"黑灰产"违法行为，另一方面行政执法的调查能力以及处置效率也比较高，算得上是更合适的解决路径。

腾讯安全平台的工作人员曾向媒体介绍过一个非常典型的网络"黑灰产"链条[①]，最早是他们发现自家产品上的某些账号出现异常，于是顺着这条线索一路深挖，先是找到了源头的注册账号团伙和手机卡贩卖团伙，随即挖出了为账号注册团伙提供 IP 代理、打码等技术支持的平台，最后锁定了下游刷量团伙、"羊毛党"团伙。

这个链条之所以具有代表性，是因为它基本上涵盖了典型的"黑灰"产业链的上中下游，角色分工明确。正是这些环节共同构成了当下互联网的地下江湖，这个产业链据相关媒体报道"年产值"逾千亿元。

下面我们就从上中下游三个环节各自选取一些典型的角色和技术，为大家揭开网络"黑灰产"的冰山一角。

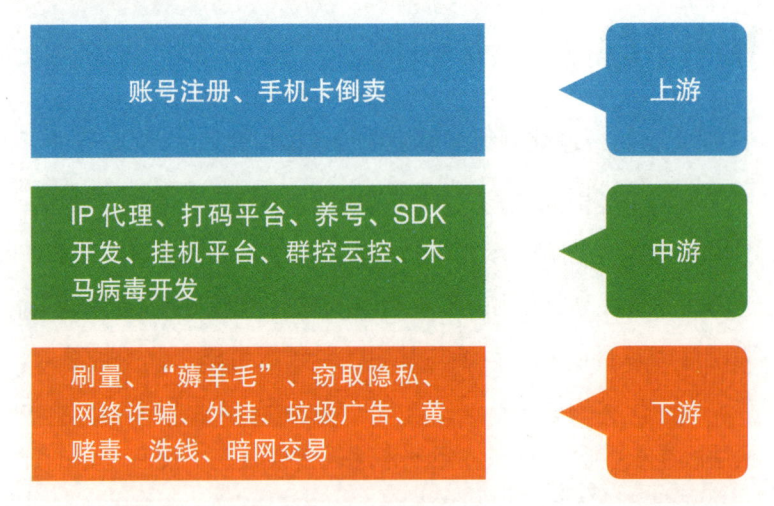

环节	内容
上游	账号注册、手机卡倒卖
中游	IP 代理、打码平台、养号、SDK 开发、挂机平台、群控云控、木马病毒开发
下游	刷量、"薅羊毛"、窃取隐私、网络诈骗、外挂、垃圾广告、黄赌毒、洗钱、暗网交易

一、上游：手机卡和网络账号是"黑灰产"的起点

在网络上做任何事情，前提条件跟现实社会中一样：要有一个身份。我们使用不同平台的产品和服务都要注册相应的账号，而且

[①] 来源：雪球网《腾讯安全揭秘非法支付的黑色产业链！》，"腾讯安全管理部高级总监黄凯解读了《非法支付结算犯罪特征观察与趋势研判报告》"，https://xueqiu.com/1694220181/137536692，最后访问时间：2022 年 8 月 25 日。

在国内"前台自愿，后台实名"的大环境要求下，仅通过"游客"的方式恐怕很难完成一些与交易、增值服务有关的网络行为，因此得到网络账号就成了"黑灰产"的大前提。

网络账号注册也有一个先决条件：要有手机号。这就涉及前文腾讯安全平台发现的那个手机号码贩卖团伙，他们通常在东南亚一些电信管理松散的国家和地区，办理大量的手机号，然后倒卖到"黑灰产"市场中用来注册各种虚假账号。当然，实践中还有一类号贩子是在国内（通常是一些边远地区或者针对部分老年群体）大量收购手机号用于黑产。曾经某支付平台上发生过一则案例，有个用户在平台上借贷逾期，平台诉到法院后发现这个借款人账号登记的是一个80多岁的农村老太太，考虑到老人的网络知识和操作能力有限，显然有人收购了她的身份证后用于骗取贷款的可能性是极大的。

有了手机号，接下来就是拿到各种网络服务的用户账号了，有人可能会以为注册账号是一个简单的事情，其实这个环节也是一个庞大的产业群体。腾讯发布的首份定向剖析黑产源头的《互联网账号恶意注册及养号行业报告》[2]显示在批量注册新账号的过程中，为了提高账号的真实性，很多人会选择找"料商"去购买身份证信息、银行卡信息等，在网络上随便搜索也可以看到各种贩卖个人信息、代绑定微信银行卡的业务。

有了大量的虚假账号之后，号商们就将其通过各种渠道投放到"黑灰产"市场，网上有很多账号交易渠道，这些虚假账号信息就这样被冠冕堂皇地出售。

---

[2] 来源：《微信曝光"黑产源头"：批量注册、养号诈骗刷量，更猛的封号潮在后头？》，https://www.163.com/dy/article/E2A4ASMK05119A7F.html，最后访问时间：2022年7月10日。

二、中游：五花八门的黑产技术支持与服务

批量获取虚假账号也颇具技术含量，因为不但要注册还要能够正常登录和使用，要做到这一点又涉及诸多技术问题，于是衍生出了一大批为获得可用账号提供各种技术服务和支持的产业，它们共同构成了黑产链条的中游。

常见的识别码

例如，很多网络服务商为了杜绝虚假账号，在注册和使用账号的过程中会设置一些真人识别机制，最常见的如要求输入随机生成的识别码，这样一来机器注册就可能因为无法正确识别和填写识别码而在注册时被拒之门外。

当然这也没能难倒黑产从业者，他们相应地开发出打码技术，通过机器的识图技术或者众包平台组织网络用户对这些识别码进行识别，突破网站的限制。

于是，网站的防范措施继续升级，如对访问的IP地址进行限制。如果一个IP地址发起多个注册或者登录请求，那么网站就会认为可能是机器注册登录（自然人用户的一个IP地址通常不会频繁注册登录），从而相应地进行限制。

同样还是难不倒黑产从业者，他们开发出 IP 代理工具，在注册和使用网站的过程中不断自动切换 IP 地址，让系统判定是多个客户端发来的请求，甚至到最后已经有专业的平台将打码、IP 代理、短信验证等多个黑产工具集成起来，打包提供"黑灰产"的技术支持。

对抗措施也继续升级，网络服务提供者开发出反 IP 代理系统，对来自不同 IP 的访问进行行为模式的识别，将机器访问从自然访问中筛选出来，毕竟机器再怎么模仿与人的访问还是有区别的。

笔者曾代理淘宝客作弊第一案，案件中那个作弊的淘宝客利用技术手段制造虚假推广的记录，企图让淘宝客系统认为是自然推广进而与其计算佣金，但最终被淘宝客的反作弊系统识别出来。这个反作弊系统能够将作弊淘宝客的推广访问路径和正常淘宝客的推广路径进行对比，如在正常推广情况下，用户可能是先打开其他一些浏览的页面然后看到推广链接，进而点击链接进入淘宝店铺页面形成交易，但机器作弊后的访问路径就没有那么"自然"，通常可能是用户打开电脑就生成了推广链接，并没有前面的浏览和访问。通过很多方面的综合判断，系统最终识别出这是机器而非人的操作。

所以，随着各种防范措施的升级，黑产从业者最终发现再智能的机器也不如人工操作更具有"真实性"、更能骗过网站的防范机制，于是养号平台、挂机平台、群控等更"先进"的作弊手段就随之出现了。

养号指的就是通过机器模拟人工的方式将一个虚假账号"养"起来，这个虚假账号也会和自然用户一样频繁地有一些使用账号的行为，使得系统看上去账号背后确实存在一个真实的人，这样的账号通常不容易因为长时间不操作被封号，甚至可以通过频繁操作获得系统给予的更多权限。

群控就是一种常见的养号工具，是把在微信、抖音等平台注册的机器账户拟人化处理，通过在一台手机或电脑上同时控制多个微信、抖音等账号，批量实现点赞、发朋友圈、转发等，这样在微信等应用看来这个账号就是活跃的、真实的，"养"一段时间之后这个账号就可以投放到黑产应用中并且不容易被识别。

挂机平台更有意思，它甚至连养号都觉得麻烦，索性搭建一个平台，让很多闲散用户把自己的账号"挂"上来，让他们投放广告或者做一些其他黑产业务（刷量、"薅羊毛"等），然后把收益跟挂机者分成，因为挂机者的账号都是"真实的"，只不过他们不需要亲自操作，只要把账号提供出来，挂机平台会自动替用户实施操作行为。

说白了，挂机平台的操作很大程度上就是一个聚众从事"黑灰产"的过程，参与挂机的普通用户贡献自己的账号坐等收钱，但在这个过程中他们也成了黑产从业者，他们的权益也是不受法律保护的，如经常参与挂机的用户因为缴纳保证金等方式被诈骗，或者跟挂机平台发生合同纠纷，但因为挂机行为本身的违法性，无法主张违约赔偿。后文会讲到有关的司法判例。

三、下游：眼花缭乱

有了上游和中游的铺垫，下游"黑灰产"就让人眼花缭乱了，常见的有刷量、刷单、刷人气、"薅羊毛"、网络诈骗、私服、外挂、垃圾邮件、病毒攻击、洗钱、网络黄赌毒等。

以"薅羊毛"为例，所谓"薅羊毛"就是指利用各种网络产品推广活动和优惠的漏洞，在不实际推广的情况下直接获得来自商家的佣金、优惠或者其他利益。"薅羊毛"已经渗透到外卖优惠券、减免优惠、送话费、送流量等各个场景，只要是商家拿出流量或者优惠搞活动的场合都可能被"薅羊毛"，而且优惠力度越大被薅的可能性越高。

比如，直播平台火爆之后，刷人气又成了很多主播的"捷径"，他们在很多电商平台都可以低价买到"人气值"，笔者代理的"某电竞直播刷人气"案[①]就是典型的例子。这种刷人气值的业务几百元就可以买到，并且可以在极短时间刷出很高的人气值，使作弊的主播排到其他主播的前面而获取不当优势。

---

① 来源：中国裁判文书网，（2020）浙 0110 民初 6257 号。

法 律 问 题

一、黑产中"黑吃黑"

黑产中"黑吃黑"的情况经常发生,那么过程中看似"受害方"能否通过法律来主张权益呢?司法实践对此给出了很好的参考判例。

常某在2017年8月11日至9月14日与王某达成了一个"流量暗刷"的协议,双方合同签订三次结算。

常某给王某刷完流量后,王某拒绝付款。常某便诉至法院请求判令被告支付服务费30743元及利息。

结果是北京互联网法院依法驳回原告全部诉讼请求,并对合同履行过程中的获利全部予以收缴。理由是,上述二人通过"暗刷流量"交易,获取非法经营利益,损害社会公共利益。法院判决书写道:"虚假流量会阻碍创新价值的实现,降低诚实劳动者的信心,扭曲决策过程,干扰投资者对网络产品价值及市场前景的判断,影响网络用户的真实选择,扰乱公平有序的网络营商环境。"

可见,"君子爱财,取之有道",旁门左道的赚钱方式一样不会被法院认可,最后只能"自食其果"。

二、中上游的刑事打击

网络"黑灰产"在下游的表现形态五花八门,所以如果仅仅是从下游入手恐怕难以快速见效，所以重心应该还是在中上游。在这方面法律遇到的一大问题是：技术中立抗辩。

笔者代理群控案、爬虫案等"黑灰产"案件时，都遇到了来自侵权人的技术中立抗辩，他们主张这些技术的开发没有针对性，也可以用于非实质性侵权用途，部分法院在这个问题上就陷入两难，要求权利人拿出更多证据证明涉案技术的使用具有指向性和针对性。

在这方面，可能刑事打击更有效果，毕竟刑事犯罪的认定更看重的是实质，如果技术被投入了大量的下游违法应用，则帮助信息网络犯罪活动罪等罪名就有了适用的条件。

三、违法行为去中心化的问题

"薅羊毛"就是一种典型的带有"去中心化"特征的侵权违法行为，这种行为在互联网上更容易实施，由于涉及人员众多，行为本身具有隐蔽性，行为后果又非常严重，所以值得引起重视，一同研究这种新型网络侵权的治理之道。

笔者就遇到过一个电商平台被"薅羊毛"的案例：平台推出了一个商家补贴政策，根据商家的销售额提供现金优惠券，结果有一个商家短时间内销售了几千万元的数码产品，共计数万次成交，但很快一个消费者向平台反映，说他参与了商家发起的"薅羊毛"活动，并且出示了商家的群聊天记录，在这个群里上百个黄牛用户一起按照商家指令下单购买其产品，然后通过不同方式将产品退回给商家，商家将货款退还给黄牛用户，平台为此支付的几百万元现金优惠就成了他们薅下来的"羊毛",商家在向黄牛支付了一定报酬之后,剩余的现金优惠就落入自己的口袋。

平台面对这种有组织的薅羊毛行为几乎束手无策。首先是很难发现,薅羊毛行为在表面上看来都是有实际成交记录和发货记录的,退货和退款行为发生在平台之外的线下,所以非常隐蔽,在前面的例子中,如果不是有黄牛举报,平台都不会发现被薅羊毛了。

其次,平台发现之后,很难通过法律维权,因为举证层面困难重重,需要派人员打入黄牛内部,拿到他们沟通和刷单的真实证据,而这种有经验的"羊毛党"通常反侦查能力很强,他们不会自己出面组织刷单,而是利用各种马甲、小号,让侵权行为很难跟自己发生关联。另外,刷单行为涉及人数众多而且比较分散,仅仅抓到一两次并不能在整体上说明问题。

当然,对于薅羊毛在法律上并不是完全没办法解决。最有力度的应该是公安举报,争取刑事立案,因为前面说了薅羊毛最难解的问题在于举证,而公安刑事侦查的取证能力是最强的,可以通过对黄牛的询问、商家资金、货物的具体流向等调查拿到确实证据,而且薅羊毛涉嫌诈骗在法律上也有依据,但问题就在于公安受理此类案件的难度也比较高;行政查处也有可能,《反不正当竞争法》修改后,市场监督管理部门有非常高的不正当竞争执法权限并且也有相当强的取证能力;如果选择民事途径,也不是不可以,前提条件是必须有很强的线索收集能力,或者是自己的技术团队足够强,或者是找到市面上比较强的第三方技术支持,否则没有线索和证据,恐怕立案都很困难。

第 12 章　外挂与私服——游戏天敌

法律要点

游戏与游戏"寄生产业"的重新审视

以往实务界常常将游戏作为计算机软件作品保护，但随着游戏从单机版软件形态进化到网页端、手游、云游戏等更复杂的形态之后，我们开始重新认识到游戏是一个囊括了文字、音乐、美术、软件、多媒体等在内的综合性作品，其保护手段和侵权认定需要根据游戏自身特点和使用场景而有所不同。同时，私服和外挂作为一直寄生在游戏产业上的顽疾，其技术实现手段以及盈利模式也在花样翻新，例如传统的游戏私服和云游戏私服就在侵权行为上有所不同，这些法律问题实际上也是需要随着产业发展重新审视的。

一、网游的基本技术架构

大型多人在线类型的网游（MMOG，Massive Multiplayer Online

无技术不法律

Game），整体架构通常分为两大部分：客户端（玩家登录和游玩的程序软件）、服务端（服务器端软件）。

游戏服务器的原理跟本书中服务器/客户端一章的内容是高度类似的，所以你可以把网络游戏理解为单独为了玩游戏而做出来的一套服务器和客户端软硬件，跟我们平时访问一个普通网站所用到的服务器和客户端并没有本质区别，单击鼠标开枪的动作跟单击鼠标访问一个超链接都是向服务器发出请求，只不过游戏服务器返回的是开枪之后的效果，网站服务器返回的是你要查看的页面内容。

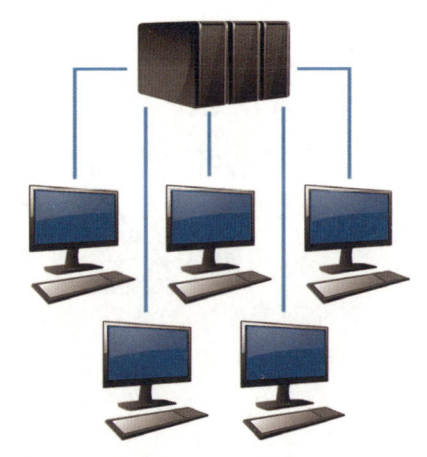

玩家通过在本地安装客户端实现游戏账号的登录，以及向服务器端发出各种游戏指令，服务器端通过数据库记录玩家的账号信息和游戏行为，并通过服务器端的程序接受客户端发来的指令，向客户端返回相应的操作结果，如客户端将玩家射击指令发送到服务器，服务器将击中后的结果画面返回到客户端或者通过指令调用客户端的子程序及素材呈现出结果画面，玩家最终就能体验到击中目标后的效果（此处只是原理性说明，具体会有多种不同的技术实现，也可能服务器端不是直接返回操作结果而是一个结果指令，即由客户端收到指令后，在本地生成结果页面）。

客户端又要分为两部分：登录器和游戏文件（各种需要用到的子程序和游戏素材文件）。其中游戏登录器的作用是把用户连接到游戏服务器的专用程序，包括提交用户账号与密码等资料，并且负责将登录请求发送到官方服务器的 IP 地址。

简单理解，登录器就像一个门铃，用户通过门铃呼叫服务器端的房主，房主验证后决定是否让玩家进入。它们之间有个问答过程，就是口令过程，如果通过，则游戏服务器接收检查登录器提交来的资料再进行处理并返回结果，如果不通过则拒绝进行连接。

数据同步是指使用某种方式让同在一局游戏中的多个客户端保持游戏进程同步。

二、私服的假设原理

私服是私人服务器的简称，也就是非官方的服务器，由私服开发者自行设置，可以使用自己的服务器硬件或者租用第三方服务器，然后把破解后的游戏服务器端软件配置到私人服务器硬件中。

当然，架设私服并非只是简单地在官方游戏服务器端之外独立架设一个服务器端，还需要对游戏客户端进行相应的修改，使得客户端接到玩家的操作指令后将其发送到私人服务器（而非官方服务器）的 IP 地址，由私人服务器返回操作结果。在这个过程中，通过技术处理（对破解后的服务器端及客户端软件中的某些游戏文件进行替换等），将原来游戏中的各种参数、规则设置修改，达到官服游戏没有的效果（如更多游戏权限、更多装备、更多游戏币等）。

一般来说可以运作私服的人都是得到了该游戏服务器端和客户端的源代码或者破解版（除了各种渠道的源代码流出之外，网上也可以找到不少破解版的源代码），因此可以随意设置游戏玩家在他们这个服务器游戏时的数值，可以比在官方服务器获得更多的经验道具等，从而导致官方运营该游戏的商家流失大量玩家，损害其利益。

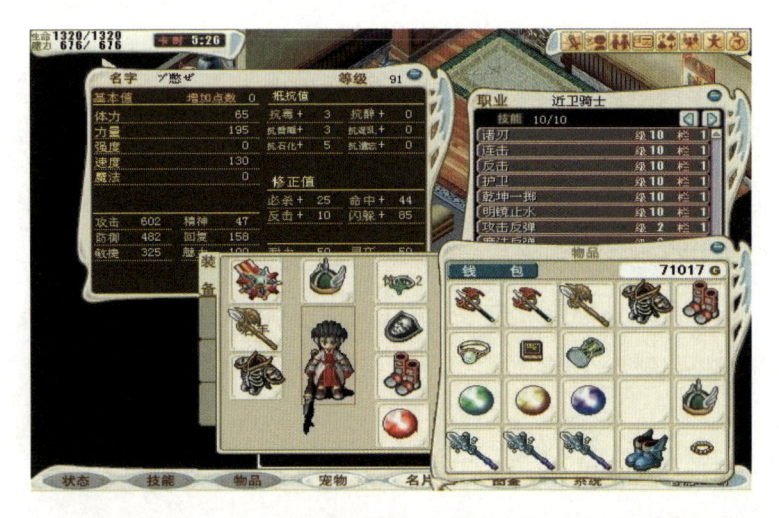

举个例子来说，如果有人获得了《魔力宝贝》的全部源代码，就可以发放经过修改的客户端给玩家，像正常的魔力更新一样，该客户端可以自动连接到他们的私人服务器上。如果私服的设定是"人物经验值 2 倍""技能经验 2 倍""打 BOSS 有技能经验和 N 多人物经验""任何地方的宠都随机出现 1 级""任何宠都可以封印""BOSS 型宠定期抽奖""变身卡可以找 NPC 随便拿""任意地点随便观战"等，玩家就可以享受到这些在原来游戏里所没有的"特殊待遇"。

举个直观的例子，游戏就像一个安装了门铃的乐园，玩家买票（注册账户）之后可以通过按门铃进入乐园玩耍，私服就是把乐园中的各种游乐设施复制到另一个自己的"私家乐园"中，然后把复制过来的游乐设施做一些调整，令其更刺激更不受规则束缚；同时把门铃破解掉，让门铃跟自己的"私家乐园"地址相连通，这样玩家按响门铃就可以直接进入"私家乐园"而不用到官方开办的乐园中了。

三、游戏外挂

游戏外挂的技术原理是建立在对游戏技术原理了解的基础之上的，游戏可以分为单机版游戏（只有客户端而无服务器端）和网络游戏（有服务器端和客户端）。

游戏外挂可以简单理解为一种专门用于游戏作弊的软件工具，对于单机版的游戏，外挂的任务比较明确，就是通过技术手段对客户端的游戏软件施加影响和干扰，让它出现游戏本身设定所没有的效果。

我们在软件一章的内容里介绍过函数、系统库的知识，外挂通常就是通过调用系统给出的函数，替代人工操作游戏，如先调用 SetWindowPos 函数把游戏窗口置顶，然后通过 keybd_event 函数调用按键替代人工进行键盘操作，调用 GetCursorPos 函数获取鼠标位置，用 mouse_event 函数替代人工进行鼠标点击操作。

这些技术动作是最初级的外挂，业内常见的"代练""挂机"基本上就是这样实现的，也被称为"内挂"。

再高级一点的外挂可以通过游戏软件在内存中运行，向其中注入一些代码，用于修改游戏软件预设的参数或者指令，如游戏运行之后，用户开枪击中目标本来设定是减少一滴血值，但外挂程序在内存注入后可以将血值修改成十滴，这样一枪也许就可以消灭一个目标了。

针对网游的外挂在技术上可能更复杂一些，因为网游的运行是同时通过客户端软件和服务器端软件互动来实现的，仅仅"搞定"客户端还不足以达到想要的效果。我们前面介绍过网游跟网站的原理差不多，都是客户端接收用户指令，服务器端根据指令反馈数据和信息。这个过程中，外挂程序通过调用系统库里的函数实现对网

无技术不法律

游客户端和服务器端之间通信的"监听",然后截获服务器端返回的关键数据,并且将其修改(如前面例子中的"血值"数据);又或者外挂程序截获了客户端向服务器端发送的数据,修改这个数值之后再发给服务器端令其返回不一样的结果,如开了一枪没有打中目标,但外挂将子弹命中的位置修改成目标位置发给服务器,服务器"误认"目标被击中,返回出血值。

小结起来,目前游戏外挂最常用的手段就是如下三种:

1. 模拟人工操作;
2. 修改运行在内存中的代码;
3. 截取和篡改通信数据。

法律问题

一、游戏作品的法律属性

游戏作品首先肯定是软件作品，这一点是显而易见的。但司法实践中我们通常越来越少地主张通过软件作品来保护游戏，因为软件往往无法全面涵盖游戏中存在的创造性成果。一款游戏的常规架构，首先是一套素材库，其中包括了人物、装备、情节、玩法、声音、特效等，其次才是一个软件程序，这套程序用来将素材库中的所有素材按照一定规则有机地组合在一起，最终交付给电脑运行。

素材库 ＋ 软件 ＝ 游戏

可见，软件在游戏中往往是"幕后英雄"的角色，真正在"台前"给用户以刺激体验的是素材库里的素材，而大量的游戏抄袭，也往往是对这些素材的全面模仿，在软件代码的实现上倒不一定完全照抄。

所以，业内已经达成一项相对共识：游戏是一个综合性作品。在认定作品类型时，需要结合权利人保护的对象、侵权行为、侵权场景及用户感知等多个维度综合判断。站在权利人的角度，越来越多的权利人开始选择将游戏作为类电作品（类似拍摄电影方法创作的作品，《著作权法》修订后称为"视听作品"）进行保护。

这种作品归类方式似乎更有科学性，原因在于"类电作品"

165

（视听作品）实际上是将游戏的保护重心从"幕后"迁移到了"台前"，用户在意的就是游戏体验，至于背后的运行机制不是他们关注的部分，而《著作权法》恰恰保护的就是"表达"，用户感知到的表达是什么就保护什么，属非常合理的逻辑。

不少人会有疑问，认为角色体验类的游戏如果按照"类电作品"（视听作品）保护还是可以理解的，但如果是重度依赖玩家自身的游戏技能获得体验的对战类游戏，还能否主张为"类电作品"（视听作品）呢？毕竟玩家体验到什么主要看他自己和对手之间的互动。

不可否认，对战类游戏比角色体验类的游戏构成"类电作品"（视听作品）的要求更高一些，但对战类游戏也仍然具备以下几个特性：

1. 游戏人物是固定的（玩家仍然需要进入角色扮演状态）；

2. 游戏人物的所有动作和技能也是提前设定好的，玩家的操作水平也只不过是对这些设定好的技能的一种执行能力，玩家无法实现游戏固有设置之外的其他技能；

3. 对战到一定阶段之后进入到更高层级的剧情也是提前设计好的，玩家仍然需要按照设计好的情节进入到对每一个阶段的体验。

所以即便是在对战类游戏当中，用户也仍然是游戏的执行者，可以认为对战类游戏是升级之后的、令用户更有沉浸感的角色扮演类游戏，这有点像舞台上的戏曲演员，武生在对打的时候也是精彩纷呈，但是他们的动作都不能脱离剧本本身的限制。甚至目前已经出现了很多观众可以到舞台上参与互动的话剧，演员可以跟观众不断交流并且推进剧情发展，但无论如何不可能听从观众的想法，还是要依照既定的剧本演出，观众可能的想法和表现也已经在最初设计剧本的时候一并考虑在内了。

二、私服、外挂的法律适用

私服在司法实践中多以侵害著作权罪或者非法经营罪追究刑事责任,但仍然有不少私服架设者或者运营者的行为可能尚未达到刑事犯罪的标准,却也足以对权利人造成侵害,此时可以选择著作权侵权或者不正当竞争提起民事诉讼,特别是如果私服还对原游戏进行了一些功能上的改动,更加可以援引《著作权法》关于保护作品完整权、修改权以及《反不正当竞争法》第12条破坏、妨碍产品运行(如笔者代理的云游戏第一案中,云游戏平台将原游戏中的部分功能进行了技术屏蔽,被法院认定为不正当竞争行为)的规定。

外挂在民事上认定为不正当竞争也是没问题的,特别是对于原游戏软件本身没有直接的技术破坏、侵入等,只是通过系统权限等绕开原游戏软件的防范措施,达到一些原来所没有的效果,都可以通过不正当竞争来规制。典型的案例如某公司开发售卖《一起来捉妖》游戏的外挂软件,用外挂实现改变操作环境,使游戏玩家无须实际位移,即可抓取妖灵。

该案审理中,重庆市第一中级人民法院一审认为:某公司销售的外挂软件用户可以采用虚拟定位的方式修改玩家地理位置,严重破坏了游戏的公平性,也降低了现有用户的游戏体验,

违背了诚实信用原则和游戏市场领域的商业道德，破坏了游戏市场的竞争秩序，损害了游戏经营者和游戏玩家的合法权益，其行为具有可责性，构成不正当竞争①。

当然，对外挂也免不了刑事打击，甚至外挂聚合平台也被追究刑事责任，其中比较典型的是叉叉助手②。

叉叉助手是一个能让用户将各种外挂程序非常简单地安装到手机操作系统中，并且直接针对相应的游戏（或其他应用程序）发挥外挂效果的一个聚合外挂平台。2019年12月，张家港警方在"净网2019"专项行动中将其作为全国首例"聚合脚本外挂平台"案件予以破获，抓获公司相关人员、脚本作者等70余人，追缴非法所得上千万元。

叉叉助手之所以能够达到这样的效果，其实就是借助HOOK机制。叉叉助手在运行时会做一次注入操作（相当于窃取系统高级权限，类似之前讲到的编写DLL系统文件），在叉叉助手里启动游戏时，将相应的插件配置文件（也就是外挂程序）重定向到一个plist.xx的公共配置文件中。

游戏启动后读取公共配置文件时，实际读取到的是被重定向过的外挂插件程序，于是外挂中写好的各种针对性的HOOK函数开始发挥作用，游戏的各种数据和功能就被劫持了。

---

① 参见《公安部督办！全国最大"脚本外挂王国"覆灭，写手2年写20款脚本获利超百万》，新华报业网，http://www.xhby.net/index/201912/t20191218_6446758.shtml，最后访问时间：2022年7月11日。

② 来源：搜狐网《腾讯起诉叉叉助手获赔1000万后者提供外挂扰乱游戏》，https://www.sohu.com/a/479200202_523084，最后访问时间：2022年8月25日。

第 13 章 "监听"与"无障碍"——被滥用的安卓管家

法律要点

技术异化使用的法律否定评价

有一个观点认为"不存在中立的技术",细想有一定的道理,每一项技术创新出来都有着一定的目的,而且使用技术的人总是有目的的,所以司法不需要孤立地去评价某种技术,而只需要评价技术在某个特定场景下的应用效果。

在实践中常常出现,某些技术创新本来是用于合法途径的,但被部分使用者"异化"使用到了非法或者侵权的用途,安卓无障碍功能的滥用就是典型的例子,这种异化使用往往打着服务于特殊用户的幌子,需要执法者和司法者仔细甄别。

在介绍安卓系统的"监听"和"无障碍"之前,需要先了解一个安卓系统中的概念——系统服务。系统服务是安卓系统提供的一系列基础性功能模块,以便于帮助第三方开发者快速使用这些基础性的功能搭建出更贴合使用场景的安卓应用。

比如，窗口管理服务、电源管理服务、通知管理服务、振动管理服务、电池管理服务等。这些服务提供了控制接口，App 开发者通过这些接口可以方便地获得来自各个服务的信息，而不需要了解这些接口的具体实现方式。

说白了，"系统服务"可以理解为安卓提供的"管家团队"，它们各司其职，为安卓生态里的 App 提供各项基础服务。

图片来源[①]

在这些管家中，有两位非常特殊：一位是负责收集和传递安卓系统中的各种信息的管家，其作为系统服务的名字叫作"NotificationListenerService"，你可以简单理解为它负责"情报"和"监听"；另一位是负责系统中各种动作、事件的分发管理的管家，其作为系统服务的名字叫作"AccessibilityService"，你可以简单理解为它负责"执行任务"。

一个负责收集情报，另一个负责行动，这两位"管家"放在一起是不是有点像电影里的特务机关了。

一、监听组件：NotificationListenerService

NotificationListenerService 的主要目的是监听和获取安卓系统中的各种通知和信息，主要包括：通知的新增和删除，获取当前通知数量，通知内容相关信息等。这些信息可以通过 Notification-

---

[①] 图片来源：https://pixabay.com/zh/illustrations/waiter-restaurant-gastronomy-tray-1015623/，最后访问时间：2022 年 7 月 10 日。

第 13 章 "监听"与"无障碍"——被滥用的安卓管家

ListenerService 类提供的方法以及 StatusBarNotification 类对象来获取。

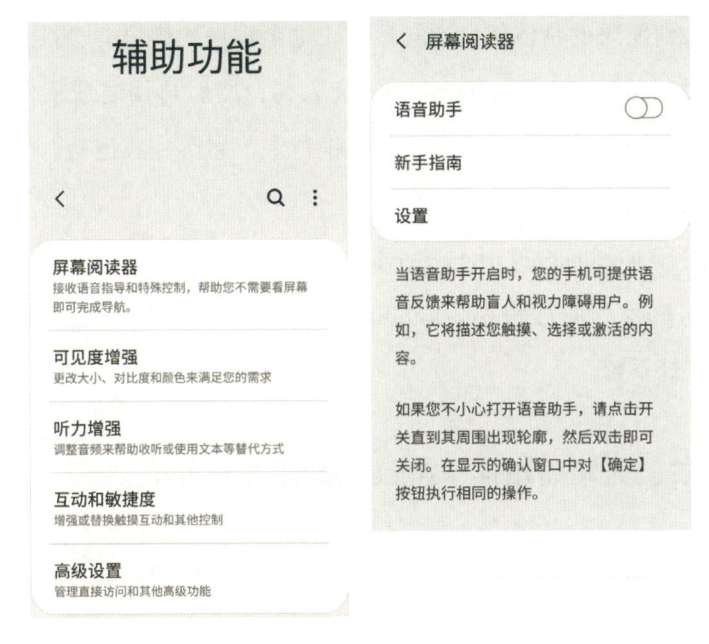

安卓手机系统"设置"—"辅助功能"界面

所以它就像是一个安卓系统中的情报中心，第三方应用如果对系统中的信息和通知感兴趣，那么接入这个情报中心调用其中的情报再便捷不过了，如你手机上接到一条短信，这个消息就可以被 NotificationListenerService 捕捉到，第三方应用通过 Notification-ListenerService 也可以了解到这个消息的内容，进而可以编程提取其中的关键字（例如，短信验证码）。

时下常见的通过航班信息发送诈骗短信很有可能就是利用了安

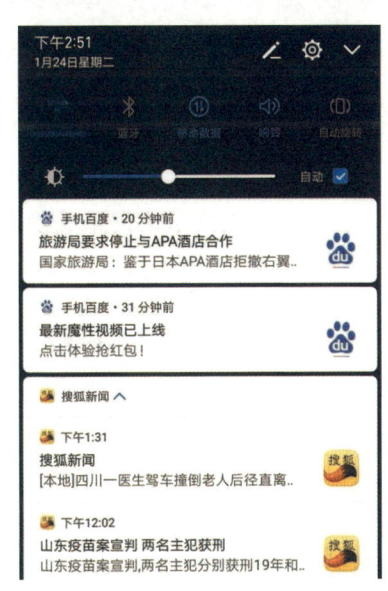

安卓系统通知栏界面

卓的这项基础功能，例如，我们在某订票 App 上购买了机票，接下来会收到航班的具体信息通知短信，这个短信内容可能会被恶意应用通过 NotificationListenerService 获取到，然后再伪装成航空公司发短信通知你航班取消，需要你的银行卡信息等完成退费，一步步地达到骗取钱财的目的。

关于 NotificationListenerService 组件如何被第三方应用所调用，其基本流程和原理跟 AccessibilityService 雷同，我们会在下文中介绍，此处不赘。

二、无障碍组件：AccessibilityService

AccessibilityService 是安卓系统为开发者提供的一系列便于残障用户使用的功能选项。安卓官方对此的定义是："无障碍功能是所有应用的重要组成部分。无论您是要开发新应用还是改进现有应用，都应考虑应用组件的无障碍功能。通过集成无障碍功能和服务，您可以提高应用的易用性，尤其是对于残障用户来说。注意：尽管在应用中添加无障碍功能是有益的，但建议您仅将这些无障碍功能用于帮助残障用户与您的应用互动。"[1]

可见，安卓推出此项底层功能组件给开发者调用的目的在于让安卓应用可以更好地跟残障人士互动。当然，某些场景下，这些开发出的功能也可能给一般用户提供某种便利（安卓官方给出的例子，"如果有人在做饭时使用您的应用，他们可以使用语音指令而不是轻触手势进行导航"），但这并不是安卓推出此项底层服务的初衷和主要目的。

---

[1] 来源：https://developer.android.google.cn/guide/topics/ui/accessibility/index.html，最后访问时间：2022 年 4 月 15 日。

第 13 章 "监听"与"无障碍"——被滥用的安卓管家

安卓官方对无障碍功能的介绍页面

安卓系统允许用户对"无障碍功能"（辅助功能）进行设置，在设置选项中可以决定给哪些第三方应用开放此项权限。苹果 iOS 系统中同样存在类似的无障碍功能组件，用于给开发者在应用中提供对残障人士的便利。

安卓的无障碍功能由于开放了诸多系统的底层权限，并且基本上是对所有应用无限制开放的，所以也被大量地用于各种非服务于残障人士甚至是"黑灰产"和侵权的场景。在这些情况下，法律人很有必要大致了解一下开发者是怎样使用无障碍组件达成一些特殊的软件使用效果的，以便向法庭准确还原案件事实，从而为正确适用法律打下坚实的基础。

我们以自动抢红包类的应用为例。所谓自动抢红包就是可以不用人工参与，自动发现红包并且精准地打开红包获得里面的金额（部分甚至全部），显然无论是支付宝还是微信、QQ 等具有发红包功能的应用都不会自带一个"自动抢红包"功能给用户，所以第三方开发者要通过开发一款独立应用实现自动抢红包就必须依赖"无障碍功能"组件。

接下来我们从技术层面了解一下这个大名鼎鼎的"无障碍"组件。安卓系统是通过一个叫作"AccessibilityService"的系统服务来实现"无障碍"功能的，这个服务可以理解为一组程序的集合，这组程序没有前台运行的界面，只是在后台运行，一个App如果要用到这组程序就需要做一些编程，根据实际需要把其中的部分代码进行调整然后运用到自己的程序中。大致包括以下几个步骤：

1. 调用AccessibilityService程序组件编制一个自己的应用程序框架，专业上一般描述为"创建自己的服务类"，相当于把AccessibilityService套用过来（专业上一般叫作"继承"）打一个地基，用来在上面搭建个性化的程序大厦，如自动抢红包。

2. 到AndroidManifest中注册该应用程序框架，使其能够被安卓系统所接受并正常运行。AndroidManifest.xml是Android应用程序中最重要的文件之一。它是Android程序的全局配置文件，是每个Android程序中必需的文件。它位于我们开发的应用程序的根目录下，描述了package中的全局数据。如果这么说不好理解，那就把它看成是每一个安卓App在安卓系统中的"身份证"，里面记载了程序的"姓名"和各种特征，只有有了身份证，这个App才能在安卓的王国里畅行无阻。

3. 对注册好的应用程序框架进行个性化定制（相当于在地基上盖楼），通过在程序中设置相应的参数，来实现某些特定的功能。例如，在其中进行serviceInfo.packageNames = new String[]{"com.XXX.mm"}的设置来实现对包名为"com.XXX.mm"的程序的监测，而这个包名正是XXX应用在安卓系统中注册的名称，所以一旦安卓系统中XXX程序运行起来，抢红包软件就知道了。

4. 仅仅做到监测是不够的，还要知道这个第三方应用上发生了哪些具体动作（例如，微信里有人发了一个红包），这些动作有关的各种详细信息都会被 AccessibilityService 程序组件中的一个叫"onAccessibilityEvent"的组件捕捉到（专业上叫作"回调"），开发者要借助这些被捕捉的信息继续编程，实现下一步的响应操作。比如，把捕捉到的红包事件进一步编程，找到红包具体位置，模拟手动点击红包，模拟在输入框中输入定义好的回复内容（如"谢谢老板！"）。

在这个过程中，还有一个技术细节值得关注，就是抢红包软件是如何准确地知道红包所在的位置并且模拟人工点击打开红包的呢？事实上，红包也是一个微信程序中的组件（可以理解为程序里的独立功能模块），每一个安卓应用程序组件都会有一个唯一的 ID 号，这个 ID 号是可以通过安卓系统进行查询的，抢红包软件正是将查询到的红包组件 ID 编写到了自己的抢红包程序中，从而可以精准锁定红包位置。至于打开红包的过程，则是借助 AccessibilityService 程序组件中的"AccessibilityOperator"组件模拟点击事件等操作来完成的，最后一步的自动输入回复语句也是同样的道理，找到微信 input（输入框）模块的 ID，然后模拟输入。

5. 启动前面编写好的应用程序服务，此时需要用户同意或者手动打开"无障碍"选项，让程序正常运行起来。这就是为什么第三方应用在启动时要弹窗提示你开启"无障碍"权限，如果不开启，就意味着安卓系统不让 App 使用这个底层服务，那前面编写的代码就跑不起来了。

法律问题

无障碍功能被越来越多地用于灰产甚至黑产领域，笔者代理的抢红包软件案就是其中一起典型案例。案件中由广东安证计算机司法鉴定所出具的《司法鉴定意见书》对于被诉侵权软件的功能和代码进行鉴定，鉴定意见为，"两款软件都具有自动抢QQ红包、获取QQ消息栏通知内容的功能，两款软件均通过监听QQ消息栏通知消息和聊天窗口消息，模拟人为点击QQ红包对应窗口控件实现自动抢红包并回复消息的功能"。当我们看到这样的鉴定意见时，要知道"监听QQ消息栏通知消息和聊天窗口消息"正是借助安卓的无障碍功能实现的。

其他更加高风险的应用包括"窃取短信验证码""监控聊天内容""静默安装流氓软件"等，往往都是用了安卓的这两个功能。

这两项安卓系统权限由于功能强大，并且为了向残障人士普遍提供，所以没有过多的调用限制，这导致大量的违法侵权应用肆意利用，并且一旦出了问题，还常常主张"技术中立"，认为用此项功能也是为了残障人士的便利等。作为维权方的代理人应对此有充分的应对策略。

无障碍功能之所以需要引起重视，原因在于其属于系统权限，权利人的应用想通过一些技术手段对侵权行为施加限制往往很难做到，如笔者代理的另外一个通过无障碍功能读取权利人App里的用户数据的案件，这些数据一旦出现在手机屏幕上就会

第 13 章 "监听"与"无障碍"——被滥用的安卓管家

通过调用无障碍功能被读取到（这个功能本来就是为了残障人士朗读出屏幕上出现的文字信息）。这时候作为被读取的一方，无论在自己的应用中如何采取技术措施，都会变成"马奇诺防线"被轻易绕过。

司法上有必要对这个问题加以关注，这种对安卓底层权限进行异化使用的做法，不但打着"技术中立"和"为残障人士提供便利"的幌子，而且导致被侵权方防不胜防，难以自力救济，对安卓生态的负面影响是难以估量的。

第 14 章 群控
——绑架应用

法律要点

法条的生命来自灵活适用

用户上网交互，搞不清楚对方是人还是机器，这种现象日渐严重，群控技术带来的问题是一个机器可以自动地与大量真实用户互动，效率看似提升的同时却带来了网络"空心化""假大空"的问题，没人愿意在不知情的情况下跟网络另一端的机器交流。

群控技术的实现既涉及对互联网产品的"绑架"，又有对用户数据的掠夺，还可能包括对数据安全的破坏，这时候法律能否从诚信原则、数据权益保护、产品运行妨碍排除以及数据安全权益保护等多方面肯定权利人的主张，限制群控技术的滥用，都依赖司法能否灵活适用《反不正当竞争法》《数据安全法》等现行法律条款，在技术飞奔向前的今天，法律的生命不在于反复修订而是灵活适用，"一个典型案例胜过一沓文件"说的就是这个道理。

第 14 章　群控——绑架应用

对于众多第三方应用而言，群控是一个挥之不去的魔咒。

单纯从技术效果上看，绝大部分开发者都是希望一个用户只掌握一个与之相对应的 App，所以连一个机器上的应用多开都是被严格限制的，但群控的出现改变了这一切。

群控可以直观地理解为把多个手机操作界面直接映射到电脑显示器，实现由一台电脑来控制几十台甚至上百台手机中的某个应用的效果，很多群控软件还可以将原来的手机应用劫持后增加或修改原来所不具备的功能。

尽管这样的技术可以在一定程度上被用于市场营销，解放人力提高效率，但实际上，群控的一整套软硬件系统已经被针对性地用于网络"黑灰产"领域，并由于五花八门且颇具隐蔽性的功能，正日渐成为互联网经济中最大的"外挂"作弊器。

群控的一整套软硬件系统是专门有公司研发和销售的，可见的供应商中，有一些甚至颇具实力。

群控之所以能够对手机应用进行劫持和修改，其技术原理跟一项叫作 Xposed 框架的开源技术密切相关。

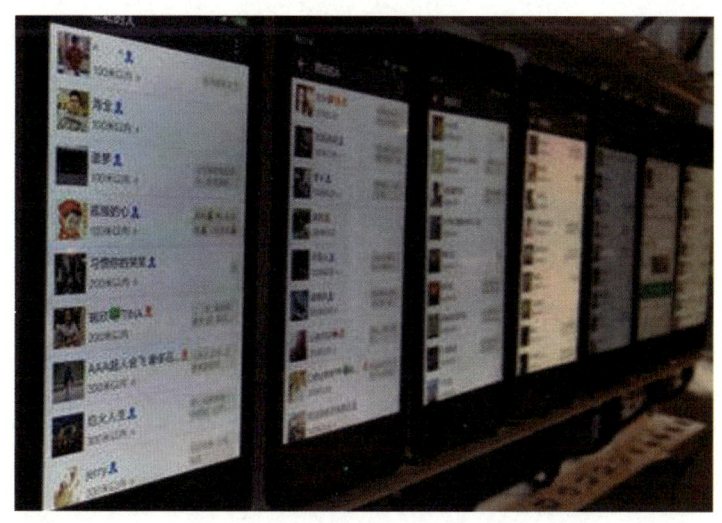

上百台定制手机由电脑统一控制

Xposed 框架是专用于安卓环境下的 HOOK 工具，是一款可以在不修改应用程序 APK（安装源文件）的情况下影响程序运行（修改系统）的框架服务，通过替换 /system/bin/App_process 程序，控制 Zygote 进程，使得 App_process 在启动过程中会加载 XposedBridge.jar 这个 jar 包，从而完成对 Zygote 进程及其创建的 Dalvik 虚拟机的劫持。

电脑端的控制界面

我们先来看一下安卓系统是如何启动一个应用程序的：

1. 安卓先通过系统程序（存放在 /system/bin/ 目录下）App-process 找到入口函数"Main 函数"（可以理解为安卓执行所有程序的入口），然后执行该函数；

2. Main 函数执行后开始创建系统的第一个进程 Zygote[1]，Zygote 是整个系统创建新进程的核心进程，其他 App 的进程都是由这个母进程创建出来的，类似母鸡孵小鸡，所以又称"受精卵进程"（关于进程的概念，联想之前介绍的 Windows 系统为运行多个互不干扰的应用程序所开辟的"飞行航线"）；

---

[1] 刘超：《深入解析 Android5.0》，人民邮电出版社 2015 年版，第 145 页。

3. Zygote 进程开始工作，孵化创建各个应用程序进程，为它们分配系统资源，调度它们互相之间的通信等，至此安卓系统中的应用程序被启动起来，开始工作（用户前端看来，就是打开了手机上的一个应用）。

Xposed 的实现原理是通过修改 /system/bin/App-process 程序，在 Android 系统执行第一个程序 Zygote 进程之前进行截获，改变其执行流程，将 Xposed 自身的 Main 函数导入进来。

我们之前介绍过函数就是已经编辑好的带有特定功能的程序模块，Xposed 把自己的 Main 函数导入安卓系统的函数库中，就相当于在系统中潜伏了大量自己的"卧底"，接下来 Zygote 进程创建各个应用子进程的时候，这些"卧底"开始发挥作用，实现把这些应用劫持控制起来的效果。

总结起来，由于 Xposed 框架劫持了 Android 的核心进程 Zygote，而其他应用启动都是从 Zygote 进程孵化而来，所以就能够达到针对系统上所有的应用程序进程的劫持。

例如，我们常常在打开一个应用的时候需要登录，输入账号和密码，这个过程是在执行 App 程序中编写的某个函数，这个函数就可以借助 Xposed 框架锁定并且进行替换，然后你输入的账号和密码就被转移走了。

前面我们说了，Xposed 框架可不是安卓自带的，而是第三方开源的一个技术，它的作者是美国技术论坛 GitHub 上网名为"rovo89"的技术牛人（不知道是不是一个人）。Xposed 框架提供了一组异常强大的功能模块，开发者使用这个工具可以针对大量的 App 或者安卓系统的功能实现劫持和修改，因此 Xposed 框架被广泛投入各种"黑灰"产业链中，群控就是其中一项典型的应用。

群控是由电脑端的控制系统连接多个定制手机组成（也可以是

虚拟的云手机），这些特制的手机上通过 Xposed 框架劫持了安卓高级权限，然后劫持了对应的手机应用，可以针对微信、抖音、淘宝等 App 进行双开或者多开，从而可以在一个手机上同时运行更多的 App，并使其具备此前没有的一些功能（如自动给朋友圈点赞、定时群发广告等）。

而位于电脑端的群控控制系统，则本质上就是对这些手机终端里安装的 App 集中操作的界面，很多时候甚至是自动化的操作，不用人工过多干预。这样一套体系是不是有点让人联想到拔下一根毫毛吹口气就可以变成无数分身的孙悟空呢。

群控系统目前已经开始分化，分别针对当下人们的流量平台进行定制开发，如专门的微信群控、QQ 群控、抖音群控等，以微信群控为例，功能上可以实现"互聊养号""群内爆粉""微信文章刷量""群内加好友""群发链接""批量扫码进群"等。

一、群控危害的本质：一个"假大空"的互联网

群控不只是灰产赚钱的工具，更要命的问题在于以群控为中心形成了一整条造假产业链，从上游的通过收买、欺诈、病毒盗用等方式获取账号，到中游的养号和销售账号，再到下游的通过群控控制这些账号胡作非为，大 V 靠群控增粉和涨人气，App 靠群控登上下载排行、内容靠群控虚涨出来的点击量攫取广告费……整个互联网产业就像感染了超级病毒，处处弥漫着虚假数据和"空中楼阁"般的成交。

经济规律告诉我们，不受控制的劣币必定驱逐良币。当群控为一部分从业者攫取到高额非法收益时，寒心的是那些诚实经营、童叟无欺的大多数经营者。然而寒心没有用，经济学再次告诉我们：

如果正向激励不足,"同流合污"恐怕是退出市场之外的唯一选择,正如郭德纲相声里说:"学好不容易,学坏一出溜。"

二、打蛇不成,反被蛇咬

群控通常锁定的是一些大平台,一旦蔓延就会把整个平台生态搞得乌烟瘴气,所以平台通常不会坐视不理。我们看到不少平台都制定了群控违规行为的处罚规则,而且结合技术手段对群控加以控制,这些工作虽然说平台本身就有驱动力去完成,但毕竟也是一项巨大的额外成本,而且很多时候还面临着违规操作者的种种挑战。

笔者在无讼案例库检索"群控"关键词时,只有一个正相关的结果,仔细一看竟然是涉嫌群控违规的公司被微信采取了处罚措施之后,以反垄断为由起诉了腾讯。

这不禁让笔者联想起早年代理的淘宝客作弊案[①],淘宝为了打击作弊淘宝客开发出反作弊系统,然后识别出了作弊淘宝客,并且将淘宝客作弊的佣金冻结返还给商家,结果作弊淘宝客把淘宝告上法院,要求淘宝返还佣金。

看起来,群控不是一般意义上的"散兵游勇",有组织、有协作、懂法律的群控产业已经把一个严峻的问题摆在法律面前:法无明文禁止即可为,你们能把我怎么样?

---

① 来源:中国裁判文书网,(2019)浙 8601 民初 2435 号之二。

法律问题

群控跟时下诸多互联网乱象一样,并不是在法律上完全无解,关键还是在于司法和行政执法能否在现有法律框架内与时俱进和适当突破。

2018年,金华市中级人民法院就曾经对刷单的淘宝商家按照破坏生产经营罪进行判决[①],对刷单行为给出了强力的否定性评价,有效地震慑了刷单灰产。

同年,3.2亿元全国最大京东刷单案落定,涉案团伙被浙江工商局按照不正当竞争重罚200万元。

这些都是法律对网络灰产给出的有力回击。

对于通过群控实施的种种"黑灰产业"链,法律上依然有多种打击途径:

1.通过判例对治理群控的平台给予肯定

包括认可平台的处罚规则,对平台采取的处罚措施给予法律背书。如此,平台才能够打消顾虑,在协议和规则中设置更多惩罚性、赔偿性的条款,配套建立技术上的发现和处置措施。

2.充分调用《反不正当竞争法》中的"帝王条款"

诚信原则在经济学原理上所对应的就是对降低交易成本的追求,理性的经济人不是出于高尚的道德而诚信经营,是因为诚信

---

① 参见裁判文书网:钟某杰破坏生产经营罪二审刑事裁定书,(2018)浙07刑终602号,https://wenshu.court.gov.cn/website/wenshu/181107ANFZ0BXSK4/index.html?docId=440d0d0ac9f44c6d8645a93300e1b92f,最后访问时间:2022年7月11日。

可以降低交易相对方对自己的信赖成本，进而更快达成交易才恪守诚信。

从这个理论出发，以"非法群控"为代表的各种灰产，最终的效果就是摧毁诚信机制，结果必将导致交易成本的大幅度提升，如一旦所有影视剧都靠刷量来提升观看人数数据，那么还有哪个广告主敢于向影视剧制作者支付广告费呢，没了广告收入，优质的影视作品又从何而来。所以"诚信原则"完全可以从经济学的角度充分展开，把"非法群控"纳入否定评价范围。

3. 灵活适用《反不正当竞争法》第 11 条和第 12 条

事实上，《反不正当竞争法》对一些具体不正当行为的规定是有着非常强的约束力的，完全可以在网络经济活动中得到适用。

比如，第 11 条规定："经营者不得编造、传播虚假信息或者误导性信息，损害竞争对手的商业信誉、商品声誉。"在群控的场景下，如果群控行为损害了平台的生态，那么平台不就是可以被看作法律上的"商品"吗？（《反不正当竞争法》对商品和服务是同等对待的）群控对平台的危害必然导致平台在用户群体中的口碑下降，因此平台公司的商业信誉以及平台整体作为一个商品（服务）的声誉受损也是顺理成章的，平台完全可以引用这一条直接起诉非法群控的行为人。

又如，第 12 条第 2 款第 4 项规定："其他妨碍、破坏其他经营者合法提供的网络产品或者服务正常运行的行为。"显然立法者就是为了赋予对未来新型不正当竞争行为的兼容性，那么法院应该适当地动用这些规定，将群控的违法行为纳入进来。

4.刑事追责的适度适用

群控行为不是单一动作,而是由一系列复杂行为构成的,在整个群控"黑灰产"链条中,有制作扩散病毒、破坏计算机信息系统、买卖个人信息、传销、刷单等严重违法行为,这些行为一旦达到法定标准是可以从刑事犯罪角度进行追诉的。所以笔者不主张对群控适用兜底条款,但应该在具体的违法环节上找到可以直接适用的依据,考虑到网络"黑灰产"攫取经济收益的便利性,以及对行业的危害性,如果单纯地靠民事维权或行政处罚恐难起到震慑效果。

第 15 章 反编译、脱壳与抓包——犯罪现场复现

法律要点

侵权行为——穿上马甲照样认识你

技术发展的趋势是用户端体验越来越简单,代码实现层面越来越复杂。这说明很多技术动作是在用户感知不到的情况下进行的,特别是存在侵权或违法行为的代码,更加不会轻易在用户端直观地找到线索,为了查明法律事实,就必须追根溯源,找到代码层面和与服务器交互过程中的具体技术实现,反编译、脱壳和抓包就成了常用的办法。

这三件套让代码脱掉马甲、显出原形,并且搞清楚客户端代码跟服务器端交流了哪些信息,夹带了多少"私货",往往软件相关的司法鉴定都要用到这些手段,我们法律人应该做到会用、看得懂并且给法官讲得明白。

实践中,大量的侵权行为通过技术手段完成,如流量劫持、干扰产品正常运行、窃取数据、爬虫自动下载、群控等。这些行为很

难直观地从产品前台页面全面分析还原，即便能够看到一些侵权导致的损害效果（如产品打开后页面被强制跳转到其他网站），但没办法从根本上锁定侵权的基本实现原理和侵权源头的身份。

例如，笔者曾代理一则浏览器流量劫持侵权案，原告的浏览器被安装到电脑后，桌面上会出现浏览器的图标，用户双击图标就应该能打开原告的浏览器，但被告公司在电脑上安装了某个程序后，用户双击原告的浏览器图标打开的却是另外一个操作系统自带的浏览器。技术人员将这个被告的程序取得后做了技术分析发现，这个程序的原理就是自动监视用户的鼠标动作，一旦发现其双击原告浏览器图标时，便修改该图标所指向的程序路径，从而打开其他浏览器程序。

可见，技术分析是诸多网络侵权案件维权过程中非常重要也是必要的步骤，而且这个过程所还原出来的事实将成为后续维权的基础性依据。本章我们就来介绍反编译、脱壳和抓包这三个跟分析侵权技术路径相关的最常见的技术手段和实现工具，只有了解了这些问题，才能够在法庭上向法官准确还原事实，为后面正确适用法律打下稳固的基础。

一、反编译：不识庐山真面目

出现在电脑或者手机中的软件基本上都是编译完成的可执行程序，我们前面介绍了"编译"的概念，通过高级语言编写出来的程序要想让机器读懂，就必须通过"编译"转变成机器语言（可执行程序）。但当我们发现了一个侵权程序，想要弄清楚其工作原理，光看可执行文件是很难看明白的，毕竟机器语言是给机器看的，这时候就必须将其还原成人类能够理解的高级语言，因此这个逆向还原的过

第 15 章　反编译、脱壳与抓包——犯罪现场复现

程就叫作"反编译",也可以理解为软件领域的"反向工程"。

如编译的过程一样,反编译也需要使用专门的工具(反编译软件),如 JAD 就是一款使用非常广泛的 Java 反编译工具,EXEScope 是 C++ 相关的反编译程序,JEB 是 Android 相关的反编译程序。

使用 JEB 对二进制可执行文件软件进行反编译的界面,
右侧为反编译结果,已经转换成了高级语言

二、脱壳:穿上马甲就不认识你了?

周杰伦经典歌曲《蜗牛》中,有句歌词唱道,"重重的壳裹着轻轻的仰望"。这句恰好暗合了软件编程中的一种常用设置,那就是单独为了程序编写一段防止别人破解和反编译的代码,这段代码就叫作"壳"。

先了解一下如何给软件"加壳"。多数人都使用过压缩和解压缩软件吧,如 winrar、zip 等,一个 Word 文

图片来源[①]

---

① 图片来源:https://pixabay.com/zh/illustrations/animal-creeping-animal-creature-708246/,最后访问时间:2022 年 7 月 10 日。

189

无技术不法律

档的内容我们可以直接打开查看，但是如果把这个文档用压缩工具进行压缩之后，生成的压缩包就无法直接查看了，必须解压缩把里面的 Word 重新释放出来才能再次看到内容。

"加壳"的原理就相当于给软件源代码进行压缩，压缩之后的代码被封装起来，很难轻易看到源代码的内容或者对源代码进行修改。"加壳"是在原程序的基础上附加一段程序，"加壳"后的软件在运行时，这段"壳"代码先运行，然后再把软件的源代码释放到计算机内存中运行，一旦程序源代码运行完毕从内存中退出来，就又回到"壳"里，"加壳"后的源代码在磁盘文件中一般是以加密形式存在的，只在执行时在内存中还原，可以有效地防止对程序的非法修改或者被静态反编译。

当然，"加壳"的过程不仅限于给源代码压缩，还有对源代码进行加密，又叫作"加密壳"，这是一种更有效的"加壳"技术。不难理解，加密后的源代码也是为了对抗破解和反编译之用。

"加壳"技术有正反两方面应用，积极的应用如常用来保护软件版权，防止软件被破解或者反向工程，但消极的应用则是一些病毒、木马等有害程序也通过给自己加壳避免被杀毒软件分析和识别，再次印证了那句话："技术不分好坏，关键是掌握在谁手里。"

了解了"加壳","脱壳"就很容易理解了。

前面我们说"壳"在软件运行的时候会先自己运行,然后再把真正的软件程序在内存中释放出来,这个过程中真正的软件程序被释放之后也会有一个程序的入口点(OEP)[①],从这个入口(OEP)才开始真正意义上的执行。"脱壳"要做的就是找到这个真正意义上的程序入口(OEP),因为它就相当于软件源代码和"壳"代码之间的分界线,找到这个界限就可以把"壳"识别出来,进而完成"脱壳"的过程,有点像剥螃蟹。

脱壳的实现原理包括单步跟踪法、ESP定律法等,目的都是在加壳后的程序运行后通过一些方法和规律找到真正的程序入口,把源代码从"壳"代码中剥离出来。具体的细节本书的读者也没必要了解,毕竟这些技术手段也都是通过专用的工具完成的,我们只要知道原理即可。

三、抓包:去,抓个舌头回来!

大量国内早期战争题材的影视剧里都常出现一个剧情:我军遇到不明敌情,指挥官通常跟部下交代一个任务就是:去,抓个舌头回来。"舌头"就是俘虏,可以通过俘虏了解敌情。

吉林人民出版社1972年出版的小人书《抓舌头》

---

① EP(Entry Point),即程序的入口点。而OEP是程序的原始入口点,一个正常的程序只有EP,只有入口点被修改的程序(加壳等),才会拥有OEP。

无技术不法律

"抓包"在计算机领域的意思跟"抓舌头"简直太像了。我们之前介绍过计算机网络，网络上的数据通过客户端和服务器之间发送报文（数据包）的方式传递。这些数据包就好像战争时期交战双方的士兵，一旦敌情不明，不知道对方什么身份、什么行动、什么意图的时候，最好的办法当然是把对方的士兵抓一个（数量不限）过来问问。

当我们想了解一个客户端软件到底如何工作、如何跟它的服务器交互、把哪些数据向服务器发送、对其他第三方软件应用做了哪些干扰时，仅仅通过反编译不一定能够掌握细节。因为反编译只能看到对方的静态代码，无法直观地看到这个代码运行之后所产生的效果。

反编译就好像对一个人进行性格分析、背景调查，通过这种方式可以大致知道这个人的基本情况并预判他接下来的一些行为模式。但真正想了解他究竟干了什么，还是要把他放到社会上观察他的实际行动。

"抓包"在法律实务工作中的作用主要就是看一个软件工作起来之后的实际状态，做法就是"截获"软件工作时与服务器之间的通信数据包，通过"严刑拷问"这些抓来的"舌头"进行分析。

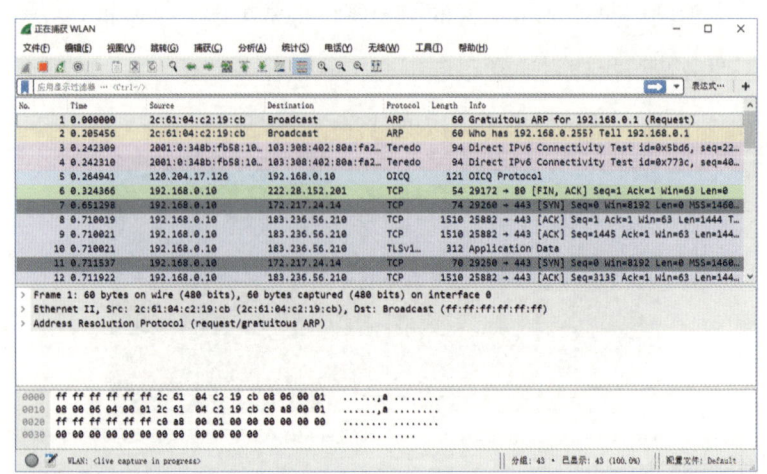

Wireshark 运行界面，可以解析出数据包包含的时间流、发送方和目的方 IP 地址、协议类型、长度、内容等，双击后能看到对应的详细信息

第 15 章 反编译、脱壳与抓包——犯罪现场复现

当然，这个过程通常也是需要借助专业工具来完成的，目前市面上最为流行的抓包工具主要是 Wireshark 和 Fiddler。这两款工具的基本原理都是帮我们抓住"舌头"然后对其"严刑拷问"分析出其中的有效信息。例如，我们发现自己的应用被劫持了，一旦打开应用就会跳转到第三方网站，说明有第三方软件干扰了我们自己的应用。

这时候我们怎么证明事情是这个第三方软件做的呢？除了分析软件源代码之外，更直观的做法就是让软件运行起来，看它运行之后向服务器发送的数据包和从服务器接收的数据包里存在哪些信息，其中如果发现数据包被发送到了这个应用自身的服务器并且能够锁定 IP 地址，那么就能很好地锁定侵权主体身份了。

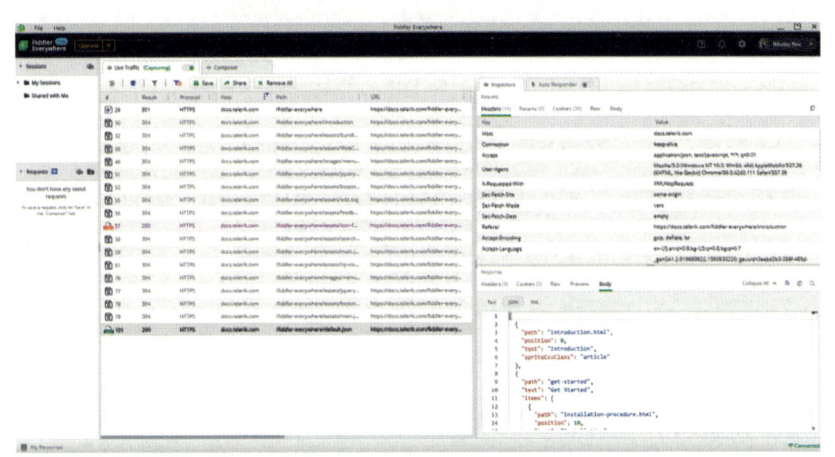

Fiddler 运行界面，可以分析出侵权应用程序运行时通过"post""get"等方式与服务器传递哪些信息，这些信息中如果有从己方程序中被抓取的信息、数据，就可以作为侵权的直接证据。

小结一下，"脱壳"是为了看到真实的源代码，反编译是为了看到用高级语言写的源代码，而"抓包"则是为了看到程序运行之后跟服务器之间的"通话"内容，这三者都是在侵权取证时最常用到的技术手段。

193

法律问题

　　比较常规的做法是先由公司的技术人员通过以上方式弄清楚侵权的大概原理，基本确认构成侵权之后，将这款软件交给鉴定机构，由它们再做一次同样的脱壳、反编译、抓包分析，将分析结果以鉴定意见的方式呈现出来，如此即可将其拿到法院作为强有力的证据。

　　为了配合鉴定报告中的意见，还有必要对侵权软件运行后的前台效果进行公证，如劫持后页面的跳转、数据被窃取后的非法使用。这样就将前台的效果公证和后台的技术原理鉴定有机结合起来，令法官能够达到高度盖然性的认识。

　　当然，作为被告的一方，并不是说在公证和鉴定面前就完全没有"还手之力"了。从技术的角度看，取证环境、软件本身的功能限制等因素也会成为有效的抗辩理由，如笔者代理的某破解抓取软件信息的案件中，被告就指出了他们的软件做了IP限制，只在固定区域的网吧电脑上才能安装，而原告在公证处对软件进行了破解之后再安装调试，就不能起到证明作用。

　　笔者代理的另一个抓取移动用户支付信息案中，被告对原告提供的鉴定报告质疑，认为鉴定通过抓包分析出的信息回传服务器确实是被告租赁的服务器，但这份鉴定只能证明客户端的应用有回传的动作，而服务器端并没有接收这些回传的信息，这一点通过抓包技术无法证明。

　　所以，对于技术性比较强的案件，双方需要在诸多案件关键细节上反复论证和较量，一旦技术事实确定下来了，法官适用法律也就不是什么太难的问题了。

另外一个值得一提的法律问题跟本章讲到的"壳"技术有关。在法律上有一个典型的与"壳"技术对应的概念，叫作"为保护其软件著作权而采取的技术措施"。这一规定出现在《计算机软件保护条例》第24条，该条将"故意避开或者破坏著作权人为保护其软件著作权而采取的技术措施"作为侵害计算机软件著作权的一个具体行为表现加以规定。

所以说，"壳"不是随便可以脱的，为了维权取证进行脱壳处理不存在侵权的问题，但是为了抄袭别人的软件或者破解之后进行售卖等就构成"恶意规避技术措施"类型的侵权了。除了"壳"以外，还有其他类型的技术保护措施，常见的比如安装时的"注册码"。这个就是为了避免软件被多次分发和复制使用的技术，网络上流传的很多"破解版"软件就是经过破解后导致不用注册码也能使用软件。这就是典型的"恶意规避技术措施"。

"壳"和"注册码"分别代表了两种最典型的软件技术保护措施。前者是保护软件内容本身不被接触，后者是保护软件不被随意复制分发。

"恶意规避技术措施"是软件著作权领域高发的一种侵权形式，并且原告的胜诉概率非常高。实践中有必要严格分辨哪些行为属于"恶意规避技术措施"，如果不是前面说的接触控制措施或复制分发保护措施，而仅仅是用于实现与著作权无关的商业模式，则不构成合格的技术措施。

在北京某雕科技有限公司诉上海某凯电子科技有限公司侵

195

害计算机软件著作权纠纷案中[1],法院区分了"仅仅为了实现捆绑销售、划分销售区域等目的的技术措施"与"恶意规避技术措施"类型计算机软件侵权中的"技术措施",上海市高级人民法院认为《著作权法》第48条第1款第6项、《计算机软件保护条例》第24条第1款第3项的规定主要限制的是针对受保护的软件著作权实施的恶意技术规避行为。著作权人为输出的数据设定特定文件格式,并对该文件格式采取加密措施,限制其他品牌的机器读取以该文件格式保存的数据,从而保证捆绑自己计算机软件的机器拥有市场竞争优势的行为,不属于上述规定所指的著作权人为保护其软件著作权而采取技术措施的行为,他人研发能够读取著作权人设定的特定文件格式的软件的行为,不构成对软件著作权的侵犯。

---

[1] 参见北京某雕公司诉上海某凯公司著作权侵权纠纷案,最高人民法院公报,http://gongbao.court.gov.cn/details/66c50dd1637ed679bebd9280a3d5b6.html?sw%3D,最后访问时间:2022年7月11日。

第 16 章 算法——统治世界

法律要点

算法亦须合法

算法的威力在企业端发挥之后，很快也被用户普遍领教了，我们通常说大数据，实际上大数据的真正应用依赖的是算法。当企业和用户都越来越依赖算法进行决策的时候，网络交易、互动的主动权似乎不再由人所控制。因此，算法很快就进入法律的视野，对于算法的监管、使用、保护等问题也备受瞩目，至少在现阶段，算法仍然是由人控制的，也就代表了人的行为，法律对算法更应该从人的行为角度而不仅仅是单纯的技术角度进行评价。

算法是计算机科学中的一个重要概念。以色列历史学家赫拉利在《未来简史》中甚至认为，"在未来，算法和数据将统治世界"[1]，相信不少法律人虽然也听说过算法，但是对这个概念估计始终没有

---

[1] 参见 [以色列] 尤瓦尔·赫拉利：《未来简史：从智人到神人》，林俊宏译，中信出版社 2017 年版，第 331 页。

直观的认识。这一章我们就来聊聊算法。

"算法"中文名出自《周髀算经》。而英文名 Algorithm 来自 9 世纪波斯数学家 al-Khwarizmi，他在数学上提出了算法这个概念。2006 年，托马斯·科尔曼、查尔斯·雷瑟尔森、罗纳德·李维斯特、克利福德·斯坦等人在《算法导论》一书中曾解释过算法："任何定义明确的计算步骤都可称为算法，接受一个或一组值为输入，输出一个或一组值。"[1]

可以这样理解，算法代表的是一系列计算步骤，用于将输入的条件转换为输出的结果。当然，还有一种虽然不准确但是容易记住的调侃式理解：算法就是算计别人的方法。

在计算机科学中，需要具备一定条件或者说特性才称得上严格意义上的算法，包括：

1. 有明确的输入条件和输出结果：一个算法必须有输入作为运算的初始条件，经过运算之后要有一个或多个输出，以反映对输入数据加工后的结果。

2. 有穷性：执行有限步骤后，算法必须中止，不能无限循环下去。

3. 确定性：算法的每个步骤都必须确切定义，不能够出现一个步骤中包含两种不确定的选择或者方案。

4. 可行性：算法中执行的任何计算步骤都可以被分解为基本的可执行的操作步骤，即每个计算步骤都可以在有限时间内完成。

下面介绍几种比较重要且常见的算法。

---

[1] 参见托马斯·科尔曼（Thomas H. Cormen）、查尔斯·雷瑟尔森（Charles E. Leiserson）等，《算法导论》，机械工业出版社 2013 年版，第 24 页。

一、哈希算法

哈希是一种加密算法，也称为散列函数或杂凑函数。哈希函数是一个公开函数，可以将任意长度的信息值映射成为一个长度较短且长度固定的值 H（M），称 H（M）为哈希值、散列值（Hash Value）、杂凑值或者消息摘要。它是一种单向密码体制，即一个从明文到密文的不可逆映射，理论上只有加密过程而没有解密过程。

简单理解，哈希算法就是把长的信息变成可以与之唯一相对应的短信息，并且这种转变只能单向地从长到短，反过来短信息想还原成长信息则不能实现。

哈希算法的这些特点首先可以被用来检验信息是不是相同的。正常情况下需要比对两个信息本身的全部内容才能确认其一致性，但也可以通过哈希值的比对来实现，这样可以节省重复文件本身传送和比对的时间。

举一个生活中很常见的例子，两个人签合同，合同条款很多，起草方把合同初稿发给对方确认，对方发回来一个合同版本说："初稿一个字没改，就按这个版本签署吧。"这时候起草的一方怎样确定发回来的版本跟自己发过去的版本是一致的呢？万一对方改了几个字但没有说怎么办？这时候如果把两个文本直接比对是一种办法，但相对比较费力，还有一种办法就是比对两个文本的哈希值，因为哈希值可以反映出原文所做的任何一点小的改变。

除此之外，哈希算法还可以在一定程度上确保信息安全。比如，我们在一个网站注册一个账号，如果网站通过 Cookie 把密码保存起来后回传到服务器，不论这个网站的服务器有多安全也会有被盗取的风险，但是如果服务器端用保存密码的哈希值代替保存明文密码就没有这个风险了,因为哈希值加密过程是不可逆的。类似的情况还包括在对私密数据进行存证的时候,也不必把数据原文进行存证,以免存证机构掌握这些信息,而是先在本地进行哈希运算,生成哈希值后再将哈希值进行存证。

二、非对称加密(RSA)算法

很长时间以来加密信息的传递都是密文和密钥一一对应的,就像一把锁对应一把钥匙。如果我们把加密后的信息(上了锁之后的信息)传递给对方,也要想办法把与之相对应的密钥一起给他,不然是没有办法解密看到原文的。

这种对称式的加密做法有很大的弊端,就是密钥一旦泄露,其他人也都能解密看到原文。1976年,两位美国计算机学家惠特菲尔德·迪菲(Whitfield Diffie)和马丁·赫尔曼(Martin Hellman),提出了一种崭新构思,可以在不直接传递密钥的情况下完成解密。这被称为"迪菲-赫尔曼(Diffie-Hellman)密钥交换算法",这个构思的最核心原理是把以往的一个密钥变成一对密钥(公钥和私钥),基本逻辑如下:

1. A向B发送信息,A和B各自有一对自己的公钥和私钥,公钥是对外公开的,任何人都可以获得,私钥则是保密的,只能由自己掌管。

2. A通过公开渠道获取B的公钥,然后用B的公钥和A自己的私钥对信息加密。

3. B得到加密后的密文信息后,用自己的私钥和A的公钥解密。

解释一下(有点绕),本质上A的私钥是确认签发者身份时使用的,B的公钥是确保B作为接收对象使用的,A的公钥是B解密时确定信息是来自 A 时用到的，B 的私钥是其作为接收者唯一能够获得明文的资格。

之所以用一对密钥而不是一个密钥，解决的就是密钥传递过程中可能被破解或泄露的问题，私钥不需要传递，公钥可以向任何人传递，但只拿到公钥没有私钥一样看不到密文。理论上如果公钥加密的信息只有私钥解得开，那么只要私钥不泄露，通信就是安全的。

1977 年，有三位数学家，里维斯特（Rivest）、沙米尔（Shamir）和阿德尔曼（Adleman）设计了一种算法，可以实现非对称加密。这种算法用他们三个人的名字命名，叫作 RSA 算法。这种算法非常可靠，广泛应用在互联网的诸多领域，区块链也是 RSA 算法的一个重要应用。

三、推荐算法

关于推荐算法，相信很多人听过一个发生在美国的故事。曾经有一美国男子愤怒地打电话质问一家超市："你们居然向我上高中的女儿邮寄孕妇试用品，想鼓励她怀孕吗？"但仅仅过了一周，这位父亲主动向超市道歉了，因为他女儿真的怀孕了。

原来这家超市通过分析发现：女性消费者怀孕后会买许多无香味护手霜、复合维生素和钙片，而他的女儿正在购买这些东西。所以通过数据的分析，能够准确预测女顾客的怀孕情况，并开始邮寄相关商品广告单。实际上，超市根据分析模型进行推荐的逻辑就是一套推荐算法。

这样的推荐逻辑在线上大放异彩，不少老牌电商平台就是靠着精准的推荐算法大大提高了用户的购买力（典型的如亚马逊鼎鼎大名的协同过滤算法）。我们现在登录一些自己习惯使用的购物网站时，看到的页面都是根据我们过往的行为记录而个性化呈现出来的，每个人看到的页面结果都不一样，这就叫作"千人千面"。

笔者在36氪上读到过一篇今日头条算法架构师曹欢欢分享的《今日头条推荐系统原理》，比较清晰地介绍了今日头条是如何构建出一套越来越了解用户阅读习惯和兴趣的推荐算法的。

亚马逊在1998年上线了基于物品的协同过滤算法（ItemCF）

定义"相关性"函数：

$$E_{XY} = \sum_{c \in X}\left[1-(1-P_Y)^{|c|}\right] = \sum_{c \in X}\left[1 - \sum_{k=0}^{|c|}\binom{|c|}{k}(-P_Y)^k\right]$$

$$= \sum_{c \in X}\left[1 - \left[1 + \sum_{k=1}^{|c|}\binom{|c|}{k}(-P_Y)^k\right]\right] = \sum_{c \in X}\sum_{k=1}^{|c|}(-1)^{k+1}\binom{|c|}{k}P_Y^k$$

$$= \sum_{c \in X}\sum_{k=1}^{\infty}(-1)^{k+1}\binom{|c|}{k}P_Y^k \quad \text{(since } \binom{|c|}{k}=0 \text{ for } k > |c|\text{)}$$

$$= \sum_{k=1}^{\infty}\sum_{c \in X}(-1)^{k+1}\binom{|c|}{k}P_Y^k \quad \text{(Fubini's theorem)}$$

$$= \sum_{k=1}^{\infty}a_k(X)P_Y^k \quad \text{where } a_k(X) = \sum_{c \in X}(-1)^{k+1}\binom{|c|}{k}$$

根据我个人的理解，这套推荐算法最重要的有以下两个部分。

首先是把三大类信息源进行分解并且设置不同权重（也就是区分重要程度），这三类信息包括：

1. 内容信息。将平台上的图文、视频、UGC小视频、问答、微头条等各种内容标记相应的特征，如"视频—体育—篮球—詹姆斯—季后赛—篮板"，然后提取不同内容类型的特征进行推荐。

2. 用户特征信息。包括各种兴趣标签、职业、年龄、性别等，根据用户特征匹配对应的信息，如最简单的就是对男性用户匹配更多的汽车、体育类的信息。

3. 环境特征信息。移动互联网时代用户随时随地在移动过程中，在工作场合、通勤、旅游等不同的场景下信息偏好也会随之变化，算法需要跟着移步换景进行推荐。

根据以上三个方面的信息，算法会推测推荐内容在这一场景下对这一用户是否合适。

其次仅有以上环节还不够，因为都是算法在单方面"猜测"，要想验证猜测是否准确还必须有用户的反馈。所以算法的第二个重要环节就是将用户使用反馈作为验证信息输入，以便调整之前的推荐内容权重。如当用户看到推荐的一则信息但是没有点击阅读，系统会对这类信息返回一个修正值来降低此类信息在日后推送的权重（推送的频率或者机会），甚至有些内容下面会设置用户手动反馈按钮，用户可以选择"不感兴趣、减少此类推送"向系统发出反馈。这个部分的算法说白了就是在观察和记录用户的阅读习惯，然后不断地把用户最想看的内容精准推送出来，于是便有了一句口号："你关心的，才是头条。"

不同于前面介绍的哈希算法等功能较为单一的算法，推荐算法是一个相对复杂的商业算法，但性质上都一样，就是为了某个目的（输出结果）来设计接收哪些输入信息以及处理这些信息的方法。

法 律 问 题

一、算法的限制使用

《电子商务法》第一次明确对推荐算法的使用给出了一定限制条件，该法第 18 条第 1 款规定："电子商务经营者根据消费者的兴趣爱好、消费习惯等特征向其提供商品或者服务的搜索结果的，应当同时向该消费者提供不针对其个人特征的选项……"也就是说，法律强制要求精准推荐算法需要至少同时提供另外一个不精准推荐的选项让用户自己决定。

其实这一条款面临两个问题，第一是如何检验不精准推荐（不针对其个人特征）是否被执行到位了，是要审查算法本身还是根据推荐结果来判断呢？

第二个问题跟"大数据杀熟"有关，商家有没有权利借助千人千面的精准推荐算法对用户实行差别定价？

二、精准推荐是否侵害隐私权

一位叫朱某的用户发现自己用某度搜索"减肥""丰胸""人工流产"等关键词浏览相关的内容后，自己的浏览器上被推送了一些减肥、丰胸、流产的广告。于是以某度跟踪用户行为、暴露个人兴趣爱好、生活特点从而侵害了隐私权为由，将某度诉至法院。

一审法院经审理认为，朱某的网络活动踪迹属于个人隐私的范围，某度收集这些信息进行商业利用侵犯了隐私权。南京市中级人民法院二审判决认为，某度收集、利用的数据信息具有匿名化特征，不符合"个人信息"的可识别性要求，而且推荐服务只显示在特定浏览器上，没有对外公开宣扬，也没有对网络用户的生活安宁产生实质性损害，所以撤销了一审判决，某度不承担侵权责任。[①]

三、算法的可专利性

互联网领域，很多软件专利和方法专利其实保护的就是一套算法，几年前曾有日本电通到国内起诉支付宝、财付通两大支付机构侵害其支付方法专利，引起业内广泛关注。这个专利本质上就是一个支付流程，也可以看作算法。

中国互联网产业有史以来最大规模的一起专利侵权诉讼案当数某狗公司提起八项专利侵权诉讼请求，诉称某度旗下的"某度输入法"产品侵犯了这八项专利，要求赔偿总额高达人民币80000000元。[②]

事实上这八项专利基本上都可以称得上是算法专利，我们举其中一个例子：

[①] 来源：中国裁判文书网，（2014）宁民终字第5028号。
[②] 来源：中国裁判文书网，（2015）京知民终字第557号。

> （1）一种字词转换结果的获取方法及系统
>
> 申请号：200910236605.X 申请日：2009-10-26
>
> > 摘要：本发明公开了一种字词转换结果的获取方法及系统，该方法包括：针对用户的输入内容，根据本地词库进行候选词转换；当转换结果不符合预置条件时，将所述输入内容发送到服务器；接收服务器返回的字词转换结果，并将该字词转换结果显示给用户。通过本发明，可以利用服务器的数据及计算资源，作为本地资源的补充，从而摆脱本地资源限制，为用户提供更多更好的候选项。
>
> 申请人：北京某狗科技发展有限公司

这个专利保护的是这样一种把本地词库和云端词库结合使用的算法方案，如果用户安装了某狗输入法，它会先安装一个本地词库到你电脑里，由于本地词库容量有限，只能放最常用最高频的词汇，碰到用户输入一些新词或者生僻词恐怕就力有未逮了，这时候本地词库马上返回信号给云端的完整词库（某狗的服务器词库）进行检索然后反馈正确的选项。

这个算法方案的有益效果在于让用户本地安装最小的词库即可应付日常使用，不占用本地太多资源，同时一旦碰到疑难问题就获得云端词库的支援，弥补本地词库容量有限的不足。替代性方案包括：

1. 本地安装一个完整的词库，那会大大占用用户的存储和计算资源（可能这个完整词库就把用户电脑占满了）。

2. 本地不安装词库，全部使用云端词库，那可能会导致用户使用输入法的时候过分依赖网络环境，如果网速比较慢或者没有网络，输入法就无法正常使用了。

所以这两种替代方案都不太可行，这便体现出了输入法算法专利的价值所在。

为了加强对人工智能、"互联网+"、大数据以及区块链等新业态、新领域的专利保护，国家知识产权局于2019年12月31日作出了对《专利审查指南》的修改决定（国家知识产权局第343号，修改后的指南于2020年2月1日起正式施行），对涉及算法和商业规则的专利申请的审查规则作出特殊规定。

此次修改在指南第二部分第九章"关于涉及计算机程序的发明专利申请审查的若干规定"中增加了第6节："包含算法特征或商业规则和方法特征的发明专利申请审查相关规定"，其中6.1"审查基准"和6.3"说明书及权利要求书的撰写"两节为审查原则和规范，涉及算法和商业规则特征的专利保护客体、新颖性、创造性的判断，而6.2节则给出了多达十个具体示例，阐述哪些可以授予专利权哪些不能，非常值得法律从业者仔细研究。

事实上，实现算法和商业规则所采用的具体技术是实时变动、不断推陈出新的，因此互联网公司注册这些专利主要保护的就是算法和商业规则本身，加入具体技术只是为了通过审查罢了，而且通常的申请策略也是把这些技术抽象成系统或者装置，以便对未来技术发展有更好的兼容度。作为这方面的法务或者顾问律师，务必弄清楚企业究竟要保护的对象是什么，这样才能真正发掘出优质的专利，并且使其在后续的商业竞争中攻城略地、彰显价值。

四、算法侵权问题

2021年长短视频产业爆发大战。短视频平台因为用户的切片搬运获得了大量的长视频流量，同时部分平台使用算法不断向用户推送同一长视频的相关切片内容，导致长视频的观赏价值快速透支，由此引发了多个长视频权利人诉短视频平台的诉讼，笔者也代理了其中的典型案例，并且请求法院注意其中算法的问题。

被认为是全国首例因算法推荐被判决侵权的案例当数《延禧攻略》案，一审法院认定被告字某公司具有充分的条件、能力和合理的理由知道其众多头条号用户大量地实施了涉案侵权行为，属于法律所规定的应当知道情形。字某公司在本案中所采取的相关措施，尚未达到"必要"程度，其不仅仅是信息存储空间服务，而且同时提供了信息流推荐服务，理应对用户的侵权行为负有更高的注意义务。最终，字某公司的涉案行为构成帮助侵权（已上诉）[1]。

该案在业界引起广泛争论，算法的使用是否必然加重平台注意义务，是否导致帮助或者直接侵权的问题，目前尚无定论，笔者还是坚持要把算法从人的行为角度而非单纯技术角度进行考察，本着"谁开发谁受益，谁污染谁治理"的原则分配责任义务。

---

[1] 案例来源：北京爱某艺科技有限公司与北京字某跳动科技有限公司侵害信息网络传播权纠纷一案，https://bjzcfy.chinacourt.gov.cn/article/detail/2022/04/id/6648048.shtml，最后访问时间：2022年7月11日。

第 17 章　5G——万物互联的推手

法律要点

网速提升，法律追得上吗？

通信速度的提升，通常带来的是互联网形态的转变，移动互联网和 Wi-Fi 技术让我们从 PC 时代进入移动互联网时代，5G 则有可能把我们带入万物互联网和元宇宙时代，由此衍生出的硬件产品软件化、软件产品服务化等问题值得关注，特别是当通信速度提升以至于模糊了人与物、物与物之间边界的时候，人们对法律厘清边界的诉求就更加迫切了。

互联网世界中有一个法则跟武侠世界中一样，那就是，"天下武功，唯快不破"，谁有速度谁就有了一切。

你可能会想，5G 能用 1 秒钟下载一部电影也没什么，现在 4G 速度也不慢，再加上还有 Wi-Fi，就算花 10 分钟也能等得起。

事实上，如果 5G 仅仅是下载、看电影快，确实没有太大意义。之所以说"唯快不破"，必然是因为这个速度已经快到能实现一些突破性的变革。

比如，在医疗领域，假设一个在上海的病人急需手术，而这个手术只有北京协和医院的专家能做，为了解决燃眉之急，医生就在虚拟手术台上通过远程操作机器进行手术。这时候信号传输的即时性就很重要，一旦图像传输或机器动作指令的传输发生延迟，就很可能发生操作位置的偏移，后果不堪设想。而 5G 高速传输的优势不仅仅是数据传输量大和快，更重要的是它的低延迟性，信号从北京传到上海几乎没有时间差。医生在这一端操控虚拟手术刀，哪怕是轻微一抖，那一边的机器人也能实现同步移动，与在现场做手术没有区别。

又如，游戏领域，在未来，通过 VR、AR 造就的虚拟世界是立体、三维、沉浸式的，它所构建出来的空间感、复杂度、产生的数据量等远远超过当前我们在玩的 2D 游戏。它对服务器响应、反馈速度、数据交互的速度等要求极高，这是 4G 绝对无法做到的。

关于 5G 其他的应用场景，推荐大家去看窦文涛主持的《圆桌派》，该节目有一期请到了 5G 通信专家吕廷杰教授，节目中吕教授提到了 5G 对各个行业的重新塑造。比如，直播行业，现在的直播是主播对着摄像头在讲话，用户在各种直播平台上观看，而 5G 手机信号传输速度快、传输内容丰富，如果你拿着 5G 手机在现场看一场球赛，只要拿起手机就可以对现场进行直播。这个直播跟现在的直播完全不同，因为 5G 手机可以清晰地跟踪某一个球员，连他们身上的汗珠都清晰可见。

比如，这一场你喜欢罗纳尔多，只要拿着手机对着他拍就行，其他所有观众也都可以任意挑选一个球员、从自己的角度给其他用户直播看到的比赛场面。所以，未来各种体育赛事、文艺晚会的转播，就不由一个统一的机构负责了，所有的现场观众都是转播主体。那个时候，无论是 FIFA、国际足联，还是 NBA，都需要重新改变商业模式，因为它们没法再像过去那样卖自己的版权了。

直播也可以千人千面

总之，5G 对各个行业的重塑力度，是目前还无法完全想象出来的。

介绍完应用场景，我们再来了解一下 5G 的原理。5G 是第 5 代移动通信技术的简称。第 1 代技术对应的硬件是大哥大；第 2 代是小灵通以及很原始的功能机；第 3 代出现了塞班系统，具备了智能手机的初步功能；4G 对应的通信硬件就是我们目前在用的智能手机；再往后就是 5G。从 20 世纪 80 年代一直发展到现在，大约每 10 年都进行一个代际的转换。代际转换的另一个特点是，单数代（1G、3G、5G）能实现技术的跨越式创新，而技术真正发展成熟则出现在偶数代（2G、4G、6G）。比如，2G 与 3G 就完全不同，4G 和 3G 没有本质的区别，但 4G 比 3G 速度更快、应用更加完善，而 5G 又与 4G 有质的不同。

中国在这几代通信技术上的步伐各不相同。在 1G 上是空白的，2G 跟在其他国家后面，3G 时有了突破，4G 开始跟全球的技术达到了同步，5G 则直接抢跑。

本来全球的发达国家预计 2020 年时把 5G 投入商用，但中国直接在 2019 年时就给几大移动通信供应商都发了 5G 牌照。因为我们无论在技术上、国家标准上，还是硬件、芯片等方面，都达到了自主水平，甚至是做到了在全球范围内引领。所以相信 5G 会给我们的整个经济基础带来质的提升。

五代通信技术的直接成果

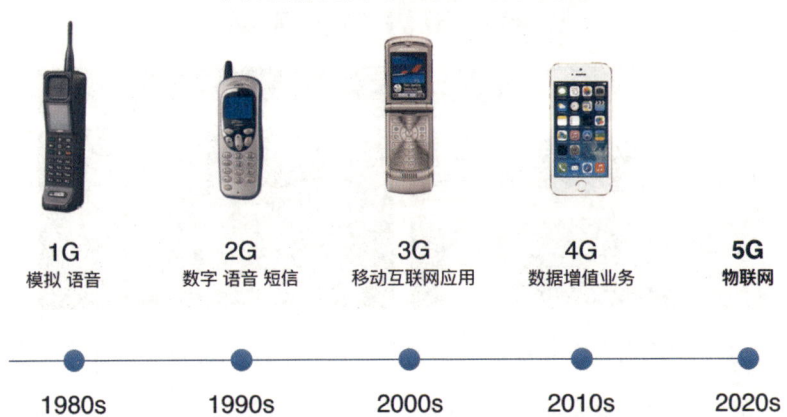

1G	2G	3G	4G	5G
模拟 语音	数字 语音 短信	移动互联网应用	数据增值业务	物联网
1980s	1990s	2000s	2010s	2020s

先简单介绍一下4G和5G的区别,再介绍5G的基本原理。首先,5G和4G相比具有低延迟性。比如,4G传输信号时有10毫秒的延迟,而5G是小于一毫秒的。其次,4G的传输速度是每秒1G,而5G是它的20倍;在可以同时接入的设备数量上,4G是80亿个,5G是110亿个;5G的带宽也大约是4G的10倍。具体如下表所示。

总之,传输速度、延迟性、设备连接数,这三点是4G与5G在效果上最大的不同。

	4G	5G
延迟性	10ms	小于1ms
峰值数据速率	1Gbps	20Gbps
设备连接数	80亿个（2016年）	110亿个（2021年）
通道带宽	20MHz 2200kHz（适用于Cat-NB1 toT）	100MHz（6GHz以下） 400MHz（6GHz以上）
频段	600MHz至5.925GHz	600MHz至毫米波
上行链路波形	单载波频分多址（SC-FDMA）	循环前缀正交频分复用（CP-OFDM）
用户端(UE)发射功率	+23dBm（在n41频段为+26dBm）	2.5GHz及以上为+26dBm（在Sub6G频段）

接下来介绍一下 5G 的原理。无论是 4G 还是 5G，所有的无线通信使用的都是电磁波。我们每天都接触的光也是一种处在特定频率的电磁波，只不过这个频率刚好能够被视网膜所接收，所以我们就看到了红橙黄绿青蓝紫。但这个频率在整个电磁波频率当中只是很窄的一部分。如下图所示，无线电频率较低，高一点的是微波，往后是可见光，再往后就是能量密度更强的 X 射线、伽马射线等。它们都是电磁波，只不过分布在不同的波段上。

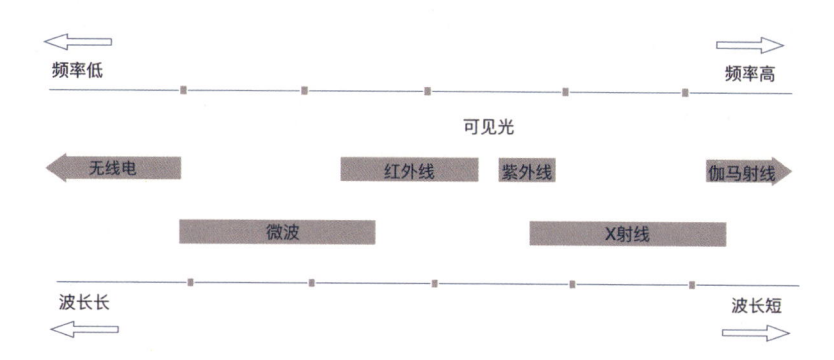

$$光速\ C = \lambda \cdot f$$

频率低 ←　　　　　　　　　　　　　　　　　　　　→ 频率高

可见光

无线电　　　　　红外线　　紫外线　　　　　伽马射线

　　　　微波　　　　　　　　　X 射线

波长长 ←　　　　　　　　　　　　　　　　　　　　→ 波长短

无论电磁波的频率是怎样的，它的传输速度都是光速。在真空当中光速是恒定的，计算公式为光速 $C = \lambda \cdot f$。λ 是波长，f 是频率，所以，波长和频率是成反比的。频率越高波长越短，反之亦然。不同的波长会被人们加以利用，让它们去传输计算机能够理解的 0101 信号，这就是无线通信最基本的原理。

接下来让我们用 $C = \lambda \cdot f$ 这一公式来理解 5G 的原理。

电磁波的振动有两个维度。第一个维度是振幅。往上振到最顶点时，就可以被识别并标记成计算机能够理解的 1，而如果是振到最中间，便相当于没振，就可以被标记为 0。所以，振幅大小就能跟 0101 信号对应，人们就借助这个特征去传递计算机能够识别的数字信号。第二个维度是频率。频率快的时候，就可以

213

标记对应的 1，慢的时候就标记 0。所以，频率、振幅是承载信息的一种模式，把 0 和 1 对应到这个上面，就能使电磁波信号转换成数字信号。

调幅与调频：频率越高信息量越大

使用电磁波时需要注意电磁波的频率在哪个范围，并选择恰当频率的电磁波来传输信号，使其既能承载一定的信息量，速度又不至于过慢。上文中已经提到，电磁波的频率越低，波长越长，承载的信息量就越少。如果你使用一个频率非常低的电磁波来发送求救信号，就需要很长时间才能把这么多的 0 和 1 转化好之后再发送出去，那可能就来不及了。因此，这种频率极低的电磁波，作为紧急事件的信号传输方式就不合适。

下图显示了电磁波的频率与 5G、4G、3G 信号的对应方式。2G 对应 0.8G～2.3G 赫兹之间的电磁波，3G 则对应 3.4G～3.8G 赫兹，频率越来越高。频率越高，振动得越快，承载的信息密度就越大，所以 3G 的传输速度就比 2G 快。5G 使用的则是大于 24G 赫兹的波段，所以在单位时间内传输信息的速度比 4G 快得多。比如，下载同一部电影，4G 需要 20 分钟，5G 则只需要 2 秒钟。

波长越短，越难绕开障碍物

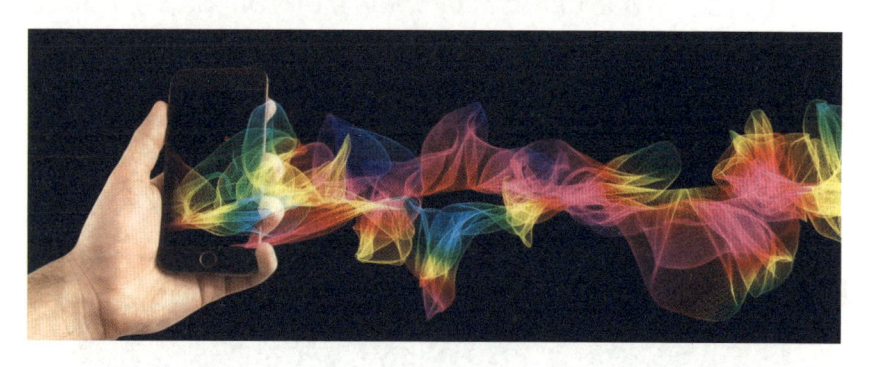

图片来源[①]

上文中介绍过，在光速恒定的情况下，频率越高波长就越短，二者成反比。5G使用的频率比4G要高，则意味着5G的波长比4G短。波长的长度在实践中意味着什么呢？电磁波在传播的时候会碰到诸如高楼大厦等障碍物，它可能会被反射、衍射等，承载的信号就会丢失。丢失后你收到的信息的质量就没有之前那么高了。有时候我们会被提示"不在服务区"，其实就是你收不到电磁波信号了（全丢了）。

波长越长，对障碍物绕行的能力就越强。4G信号虽然比5G信号传输速度低，但碰到障碍物之后容易穿透，4G所需的基站数量就没有那么多。5G则正好相反，频率高了波长就短，穿透障碍物的能力就弱。4G能传播5公里，5G或许只能传播1公里，解决的办法就是多建设基站。5G的基站是微缩型的，可以被做成街区装饰物等隐藏在各个地方，而不是大家想象中的庞然大物。

说到这，5G的基本原理就介绍完了，接下来介绍几个5G相关的技术应用。

[①] 图片来源：https://pixabay.com/zh/photos/mobile-phone-smartphone-hand-1419275/，最后访问时间：2022年7月10日。

首先是 5G 手机，5G 手机最大的变化还是芯片。有人就会有疑问：手机芯片不就是 CPU 吗？ CPU 做运算的时候，跟信号是 5G 还是 4G 也没什么关系呀？这种观点只说对了一半。的确，5G 手机最大的不同在于芯片，但关键不在 CPU 而是芯片里集成的基带。

华为麒麟 990 5G、联发科天玑 1000、高通骁龙 865

基带可以类比为台式机上的调制解调器，主要负责接收和发送信号，因为手机太小了，无法将基带做成单独的装置，人们就将它直接集成在了 CPU 芯片里。可以说集成了 5G 基带的芯片就叫 5G 芯片，如果没有基带，手机就无法识别 5G 信号，无法把电磁信号转换成数字信号。所以如果大家有购买新手机的打算，推荐大家预见性地购买 5G 手机。

与 5G 技术高度关联的两个技术是 AR 和 VR。由于 5G 具有低延迟、高速率、支持多设备接入的特性，使得 VR 和 AR 技术更容易成为现实。

在此之前，这两项技术之所以没有发展得很完善，是因为信息的传输速率不够。AR 即增强现实，它的工作方式就是在一些现实存在的物体上叠加出一些相关联的信息与效果。比如，你戴着 AR 眼镜看到了一座真实存在的大桥，在这个基础上可以进行增强，在你看到的景象中叠加大桥的历史、地理坐标、各方面参数等。或者，我在街上看到一个人背的包比较新潮，AR 能计算出这个包在哪个平台有售、售价为多少等。总之，AR 技术要求在现实存在的物体上做延伸拓展。

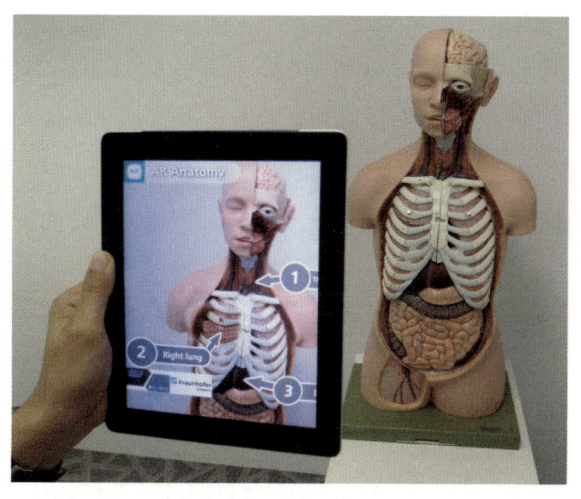

图片来源[1]

与增强现实相关联的概念叫虚拟现实，也就是 VR。它脱离现实，纯粹靠计算机算法为我们展现完全虚拟的内容。比如，你戴上体感眼镜玩的虚拟游戏等。无论是 VR 还是 AR，都对信号传输速度提出了很高的要求，否则假设你戴着体感设备在跑动、挥杆等，信号却无法及时传输，游戏界面无法产生实时的变化，这种体验是非常差的。

所以，5G 会将 AR 与 VR 技术更快地带到我们身边，使我们的网络生活更加立体和丰富多彩。

---

[1] 图片来源：https://pixabay.com/zh/photos/augmented-reality-medical-3d-1957411/，最后访问时间：2022 年 7 月 11 日。

法 律 问 题

　　5G目前刚刚开始应用，还没有普遍推广，所以引发的法律问题比较有限，但并不是没有，这种底层的技术成果一旦铺开，影响到的不止一个行业和领域，5G作为一种超高速网络完全有可能改变现有的诸多商业形态。

　　笔者代理的5G云游戏第一案[①]就是这样的情况，传统的游戏是要安装用户本地客户端的，这样做要占据不小的客户端计算和存储资源，越是大型游戏越是如此，等于用户为了游戏付出的成本要超出游戏本身，还要包括为了支持游戏的运转而配套的软硬件环境。

　　但5G网络的出现为解决这个问题提供了解决方案，游戏可以部署在服务器上，客户端只负责接收用户的操作指令，服务器收到指令后将相应的效果视频流借助5G高速网络回传到用户的客户端显示屏幕上，不需要在客户端安装游戏软件，但也能够做到像在本地运行一样。

　　在这种情况下，如果有第三方架设私服，就不是再像以往一样侵害游戏软件的信息网络传播权了，而是更接近侵害游戏视听作品（视频流）的信息网络传播权，这方面本书已经有所介绍，此处不展开赘述。

　　除此之外，如前文所述，5G如果被引入各种赛事直播的话，一旦主办方允许现场观众进行对外直播，则原有的赛事转播收费模式就要被改写了，变成主办方、现场观众、各大直播平台和用户各方之间的一个更加复杂的内容传播授权流程，届时的授权协议、侵权等问题都会跟以往的惯例形成巨大差异。

[①] 来源于：中国裁判文书网，(2020)浙0192民初1329号。

第 18 章　区块链
——去中心化基础设施

法律要点

区块链的背书后的法律背书

区块链以去中心化的记账技术来对上链信息的可靠性进行背书,从而试图摆脱中心化机构以资质对权益和交易背书的模式。这种模式在技术上被验证是行得通的,而且大大提升了效率,符合经济发展规律,由此也产生了区块链在全球范围的流行。

法律在现阶段的价值当然是为新技术的应用扫清障碍,对于区块链本身的技术背书能力赋予法律效力,让越来越多的有价值的信息和资产向虚拟世界迁移并且快速交易,当然这个过程中法律仍然要结合具体场景进行效力判断,把不可靠的区块链应用剔除出去,去伪存真,让区块链更加坚实牢固。

这一章我们介绍备受瞩目的区块链技术,也就是所谓的去中心化技术应用,它本质上是一套算法,与硬件没有太大关系。

2008 年,中本聪发表了名为《比特币:一种点对点的电子现金系统》的论文，论文中公布了一套点对点现金结算算法。所谓的点对点就是：我与你交易，就把钱直接给你，中间无须通过银行等其他机构就可以进行转账，而且转账后无法抵赖。

这篇论文一经发布，就引起了巨大轰动。中本聪很快根据这套算法发布了第一个创世区块，随后不断有人添加新的区块，直到现在，形成了全球最大的比特币区块链。最初据说有人花费1万个比特币买了一块比萨饼。

中本聪通过算法创设出了点对点的货币，这是一种新型的货币形态。因为目前我们使用的所有货币都有第三方权威机构的背书，如美国为美元背书、中国为人民币背书，包括交易过程中，除了现金交易以外，所有电子化交易也都需要银行这类中心化机构做背书；否则假设我有10元（电子货币），我就可以同时划拨给张三和李四，一分钱可以使用好多次，张三李四也都收到了钱，可这10元究竟算谁的呢？要解决反复使用的问题，就必须有中心化的银行进行背书，银行把这10元结算给谁，谁就获得了这笔钱，其他人则无法再获得。

但点对点的、没有中间银行的交易怎么完成呢？比特币算法采用了很多独特的原理和设计，其中的核心当数"去中心化的记账账本"。这个账本的特点是，所有参与交易的人手上都有一份，历史上所有完成的交易每一笔都被记录在了账本中。当每个人手里都有一份账本时，这份账本的安全性就比较有保障，人数越多安全性越高，因为即便有一些人修改了账本，但其他人手里的账本不会变。其中涉及的一个原理叫"多数决"，也就是以链条最长的账本为准，所以即便是你手上也有账本，而且篡改了其中的内容，链条上的其他人也并不认可。

比特币是一个去中心化的记账本

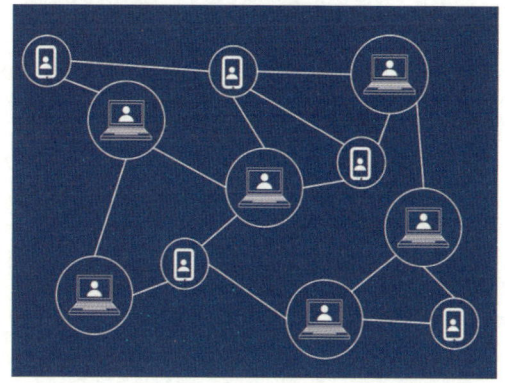

这就是区块链技术的核心：去中心化。区块链由多个节点组成，每个节点上保存一个账本，每个账本上都记录着完整的历次交易，这个时候区块链本身就是最好的背书。事实上，银行在交易中的背书也无非就是记账，如果张三转账给李四10元，就会在张三的账户减掉10元而在李四的账户中加10元，只不过这个账本只有银行一家机构保存，而区块链的方式是账本每个节点"人手一份"，银行就这样被"去中心化"了。

下页图中的三个图形展示了中心化、多中心化和去中心化的不同。中心化是从一个中心点向其他的点辐射，多中心化是多个节点中心点辐射出去，而去中心化是每一个点互相之间全部连接。

这个账本绝对不是一个流水账，如记下张三向李四借了钱，李四又借钱给王五等。而是每隔10分钟左右就记录形成的交易，形成一个区块，下一个10分钟也重复同样的操作，形成一个新的区块，把每个区块连接起来，就是区块"链"。

中心化　　　　多中心化　　　　去中心化

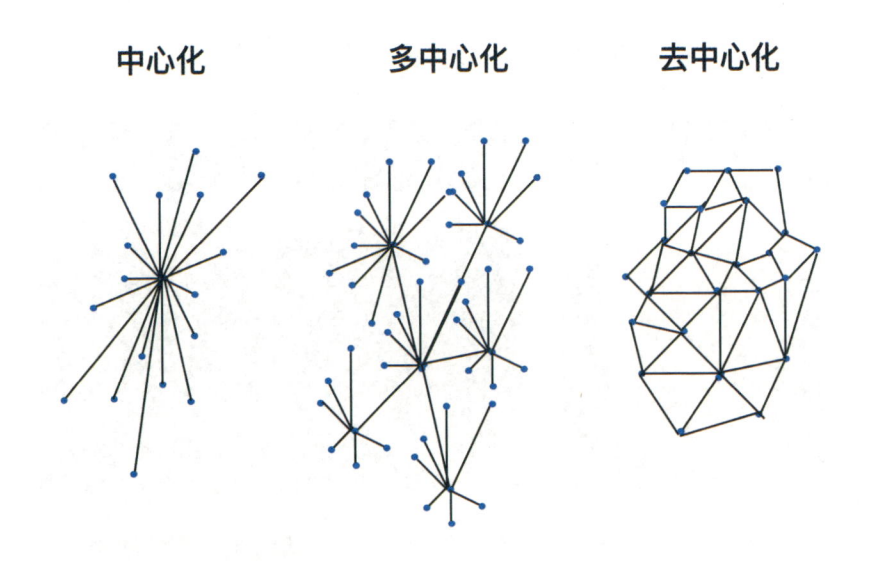

一、区块的链接

这就涉及我们在算法一章中提到的哈希函数，它被作为一个灵魂算法运用到区块链中。比如，创世区块形成后，接下来的10分钟里产生了很多交易，这些交易的数值形成了一个交易哈希，相当于账本上的每一笔交易记录。

前一个区块的交易信息会被作为初始值输入哈希函数当中，通过哈希函数算出一个函数值。我们把它叫作区块索引，这与创世区块中的交易信息是一一对应的，相当于它的数字指纹。

上一个区块（A区块）把自己的哈希函数值交给下一个区块（B区块)，B区块拿到这个值后，写在自己的区块里面，也就是把A区块的指纹记录在自己的区块中，跟交易信息打包放在一起。

接下来，还要产生下一个区块（C区块)，此时需要把B区块里面所有的交易信息加上A区块的哈希函数值（指纹)，一起放到SHA256算法里面再继续运行一次，运行之后就会得到B区块的指纹，这个指纹又会被交给C区块。

这就意味着每一个区块里都记录着上一个区块的哈希函数值（指纹），区块与区块之间就这样互相连到一起了，就像张三、李四、王五手拉手，每一个人手上都沾着前一个人手上的指纹。

接下来继续有请算法一章中介绍的RSA非对称加密算法，它也被应用到区块链里用于交易上的结算身份验证。

比如，张三将比特币给了李四，李四又把它给了王五，这个过程中账本除了要记录每一笔交易信息防止其被篡改以外，还要记录张三和李四的身份，这时就需要引入非对称加密算法，把张三、李四、王五的公钥和私钥加进去，对区块链交易新信息再进行加密和解密，使身份信息也随着区块信息一起被固定下来。这里就不详细展开了。

小结一下，区块链的灵魂仍然是哈希函数，它记录下每一个区块的指纹，再放到下一个区块里面，如果你改动其中一个区块内容后将其在链条上公布，其他的节点验证之后发现并不匹配，就不会接受你的账本。

二、区块的生成

区块账本张三、李四、王五都可以记，每个人都可以拿着上一个区块的索引形成自己新的区块。但在整个区块链条当中，大家只能接受唯一的区块，这时候把谁的区块放到大家都能接受的链条中，是一个非常考验智慧的问题。

区块链的做法是让所有参与生成区块的节点做一个额外的工

作，也是一个额外的考验：

第一步，将新制作的区块所包含的内容（包括前一个区块的索引、这个新区块的基本信息、这个新区块包含的所有交易记录）组合成一个字符串（记为字符串 A）；

第二步，找一个随机数，并将其添加到字符串 A 的末尾，组成一个新的字符串（记为字符串 B）。将这个字符串 B 放入 SHA-256 中运行，会得到一个 256 位的二进制数，如果这个二进制数的前 72 位全是 0，才算完成了这个额外工作。谁先计算出这个满足要求的二进制数，就把谁的区块作为"唯一"被接纳的新区块放进链条中。

SHA256 函数的特点是，不管输入什么，求得的随机的函数值都是 256 位。这个二进制数有 2 的 256 次方种可能，要在这么多可能性中尽快命中那个前 72 位都是 0 的数字，第一需要运气，第二需要计算速度。

比如，同等时间内我运算了 1 次而你却运算了 10 次，你命中的概率就是我的 10 倍。这就是在考验算力，谁的计算资源越多谁就越容易把这个数算出来。一旦命中了结果就率先公布，其他节点收悉并确认无误后，就一致认同将该区块加入链条中。

总结一下上文介绍的内容：区块链有两个最核心算法，第一是通过哈希函数，使每一个区块的指纹互相印证，确保记录不被篡改；第二是通过计算随机数，在所有记账的人中挑选出一个最合格的记账者，让他记的账能够被所有的区块认同，从而获得成为一个新区块的资格。

三、奖励算法

区块链不断生成的过程就是新区块候选人们不断找随机数的过

程，由于做计算的人越来越多，新生成的节点越来越多，计算的难度也越来越高，为了激励更多有算力的人加入，使得区块不断衍生下去，中本聪就通过一种激励机制来调动计算资源：在区块链里部署了数量有限的比特币，如一共只能发放 2000 万个，如果某人生成了一个能放在链条上的新区块，就能获得比特币奖励。

由于比特币的总量是控制的，所以可供获取的比特币数量会越来越少，后来者除了可能获得增量比特币的奖励之外，还有一个奖励来源：其他新增交易手续费。在一个新开辟的区块中，负责把交易写到区块链里的人，会获得交易双方的手续费，手续费要消耗交易双方相应的存量比特币。可见，新区块产生的过程其实是大量有计算能力的人比拼算力获得奖励的一个过程，也内把这个不断投入计算、不断产生新区块、获得奖励的过程形象地称作"挖矿"。

一开始，挖矿都是散户在自己的电脑上进行，后来由于难度越来越高，计算量越来越大，散户已经没有能力参与，只有专业"矿工"甚至是专业"矿工"组成的"矿池"才可能挖得出来。

到这里，你会发现比特币在技术层面就是一套精巧的算法构造，不断有人运用这套算法设计出其他区块链条，如以太坊等。当然，新的链条也在对算法进行调整和优化，如大家觉得用挖矿的方式获得记账资格太消耗算力

图片来源[①]

[①] 图片来源：https://pixabay.com/zh/illustrations/bitcoin-btc-eth-crypto-mining-dig-2714196/，最后访问时间：2022 年 7 月 10 日。

资源，同时也无法排除一个算力强大的参与者修改所有账本的可能，所以修改了挖矿的机制，从算力证明改到权益证明。

私有链：
对单独的个人或实体开放

联盟链：
对特定的组织团体开放

公有链：
对所有人开放

根据节点加入模式的不同，区块链慢慢衍生出几种类型：一种是公有链，如比特币、以太坊等，面向陌生公众，通过算力的方式形成链条；一种是联盟链，其核心是靠信任关系与权益证明组成节点；一种是私有链，由一个节点提供或主导所有的区块。

从技术原理上了解区块链，把握好三个最大的核心要点就可以了：一是在非安全环境下进行分布式存储，也就是每个节点一份账本，不再依赖中心化机构；二是通过密码学的方法（哈希函数）保证已有数据不被篡改；三是通过共识算法对新增区块形成共识，就是上文中提到的"挖矿"。

技术要点

非安全环境下的分布式数据库

密码学方法保证已有数据不篡改

共识算法对新增数据达成共识

四、应用场景

所以我们会发现比特币的灵魂是区块链算法本身而不是这套虚拟货币，比特币的存在是确保区块链能够持续生成下去的配套奖励机制而已，认识到这一点之后，区块链算法开始从数字货币领域辐射到了越来越多其他的应用场景。

许多头部公司和机构都发布了自己的区块链白皮书，如华为、百度、京东、腾讯、阿里、中国信通院等。这些白皮书主要介绍了各个公司是怎样基于区块链来构建相应的应用和产品的，如果有兴趣可以做一些延伸阅读，能够对区块链的衍生应用有更多了解。

此处略举一二。比如，京东区块链溯源技术，解决商品如何保证是正品的问题，以前主要是靠品牌方授权，但这种方式也并不是完全可靠，而通过区块链溯源技术，产品自生产时起的信息就被放在了区块链上，后续每一个环节（存储、运输、经销等）出现的新信息也会被继续打包生成新的记录放到节点里去。通过完整的溯源信息链条就可以知道商品质量是否可靠。

又如，典型的应用场景是做权利凭证。张三向李四购房，李四付款之后如何证明自己就是房屋的产权人呢？传统方式是到房产部门做变更登记，显然这也是一种中心化的记账背书；但通过区块链也可以做到房屋产权的交易证明，只要把交易在区块链上发布，每个节点都持有交易信息、都认可这笔交易，区块链本身就相当于一本去中心化的房产证。

在各种涉及权利凭证的领域，尤其是知识产权等无形资产，区块链都有巨大的应用空间。再如，文化艺术作品的溯源，已经出现在一些研讨会、博览会中。艺术品收藏界经常出现赝品，在过去往往只能依靠购买者的眼力判断，而如果应用区块链技术，作者就可以把本人信息以及自己对作品的背书信息都记录在区块链上，作品所有的流转过程，包括历史上所有的收藏者也都可以上链记录，从而使一件艺术品的流转过程清晰可查。

除此之外，还有共享账本、智能合约、共享经济、数字资产、电子存证等。我们再介绍一下智能合约，因为它跟法律的关系比较密切。

在未来，越来越多的交易都会自动化执行。比如，用户在某电商平台买了一张电影票，通常要获得票根并通过检票才可观影，想要完成这个流程，就需要平台与电影院达成一致，即电影院认可该平台出具的特有票根。如果所有的电影院和电商平台都使用区块链进行交易，当我想看电影时就只需验证一下我跟电影院的区块链交易凭证即可，不需要再验证是不是电影院特有的票据。

所以，区块链可以实现智能化合约。并且由于区块链本质上是个算法程序，在链上还可以再附加大量可执行的程序。如果把一个个合约编成一系列步骤，到了某个步骤时就可以通过程序执行这个算法，把合约自动履行完。比如，双方约定好付费购买一首歌曲，这个协议就可以直接变成一个程序，付款和歌曲的交付都由程序自动执行，无须人工介入。

法 律 问 题

一、比特币的法律效力

全世界范围内接受比特币的国家有美国、加拿大、巴西、澳大利亚等，也有部分国家并非完全禁止比特币，但会严格限制，还有些国家如俄罗斯完全禁止比特币的发行，我国也是如此。

2017年9月4日，中国人民银行、网信办、工信部、工商总局、银监会、证监会和保监会七部委发布《关于防范代币发行融资风险的公告》（以下简称《公告》），《公告》指出代币发行融资本质上是一种未经批准非法公开融资的行为，要求自公告发布之日起，各类代币发行融资活动立即停止，同时，已完成代币发行融资的组织和个人做出清退等安排。

发币虽被禁止，但另外一个问题是，交易比特币（或其他代币）是否被法律所认可呢？2018年3月22日，北京市第二中级人民法院二审宣判了一起典型案例，在该案中某科技公司因系统原因，在其经营的数字货币交易平台上向李某名下的账户中多充值5个比特币，致使李某在无合法依据的情况下实际收取41305.34元，法院认定李某在未提供证据证明其取得相应款项具有合法依据的情况下，构成不当得利，应将41305.34元返还某科技公司。

李某虽抗辩主张某科技公司违法设立比特币网络交易平台，多充值5个比特币属于某科技公司自身过错行为，应自担后果，但法院认为某科技公司设立比特币网络交易平台是否违反相关规定，并不影响李某承担因缺乏合法依据取得相应利益而应负的返还责任。

当然，这则判决并未在司法实践中达成共识。实践中也存在因代币已经被定性为非法，其交易也不受法律保障的案例。如在（2017）湘0105民初6277号民事判决[①]中，法院认为《关于防范比特币风险的通知》明确了比特币的性质，要求各金融机构和支付机构不得以比特币作为产品或服务定价，不得买卖或作为中央对手买卖比特币，不得直接或间接为客户提供其他与比特币相关的服务。故根据上述国家货币政策，涉案的合同因违反法律强制性规定而无效。

除民事案例外，比特币被作为虚拟财产对待的刑事案件也越来越多，其中涉及的比特币财产属性、犯罪行为构成、市场定价、犯罪所得的处置等都是值得研究的问题。

二、存证

区块链另一个最常用的应用场景是存证，利用的正是写入区块链的交易信息难以篡改的属性。原有的存证是中心化的，也就是找公证处或鉴定机构，但现在就可以摆脱中心化存证方式，转

[①] 参见中国裁判文书网：中某智能数字科技（深圳）有限公司与长沙市盛某实业有限公司确认合同有效纠纷一审民事判决书，（2017）湘0105民初6277号，https://wenshu.court.gov.cn/website/wenshu/181107ANFZ0BXSK4/index.html?docId=0311ed59d7b145d2bcb5a88f010541a7，最后访问时间：2022年7月11日。

而使用区块链。

典型的如区块链存证第一案。当事人在存证时使用的就是区块链技术，互联网法院也认可了其存证的效力，从判决书里传递的信息来看，该案中的区块链存证采用了锚定的方式，即把当事人的存证信息生成哈希值，再把哈希值锚定在比特币公链上，通过比特币这条目前全球范围公认安全性最强的公链来对信息进行背书。下图中给出了该案存证实现的几大步骤：

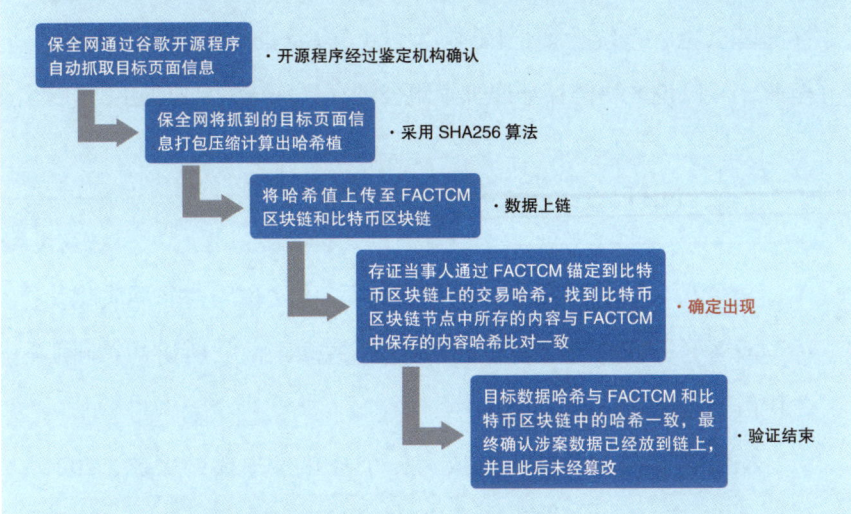

保全网通过谷歌开源程序自动抓取目标页面信息	开源程序经过鉴定机构确认
保全网将抓到的目标页面信息打包压缩计算出哈希值	采用 SHA256 算法
将哈希值上传至 FACTCM 区块链和比特币区块链	数据上链
存证当事人通过 FACTCM 锚定到比特币区块链上的交易哈希，找到比特币区块链节点中所存的内容与 FACTCM 中保存的内容哈希比对一致	确定出现
目标数据哈希与 FACTCM 和比特币区块链中的哈希一致，最终确认涉案数据已经放到链上，并且此后未经篡改	验证结束

后来也出现了很多其他的区块链存证形式，典型的是由某一家机构牵头，联合公证处、高校学术机构、协会等公信力较强的机构组成一条联盟链，当事人可以把证据信息直接上链。

2018 年 9 月 7 日起施行的《最高人民法院关于互联网法院审理案件若干问题的规定》第 11 条第 2 款提出："当事人提交的电子数据，通过电子签名、可信时间戳、哈希值校验、区块链等证据收集、固定和防篡改的技术手段或者通过电子取证存证平台认证，能够证明其真实性的，互联网法院应当确认。"该条可以认为是取证工作摆脱公正化的分水岭，可靠的技术方案即可以作为证据有效性的背书。

2021年6月16日，最高人民法院发布《人民法院在线诉讼规则》（以下简称《规则》），《规则》第16条首次规定了区块链存证的效力范围，明确了区块链存储的数据上链后推定未经篡改的效力，第17条和第18条规定了区块链存储数据上链后以及上链前的真实性审核规则。这一规定等于是在之前认可技术有效性的基础上，系统全面地阐述了区块链存证的真实性认定问题。至此，可以说区块链存证迎来了跟公证存证一样的法律地位。

三、NFT

NFT是Non-Fungible Token的缩写，中文称为"非同质化代币"或者"非同质化权益证明"，这个概念跟前文所讲的"同质化代币"相区别。

NFT在本文撰写时正在成为一个被热烈追捧的概念，2021年3月11日，一枚代表艺术家迈克·温科尔曼（Beeple Mike Winkelmann）创作的数字画作所有权凭证的NFT在佳士得拍卖行以超过6900万美元的竞拍价售出，震惊了艺术圈。无独有偶，国内也有头部互联网公司推出NFT交易平台，发售一些数字作品对应的NFT。

这种NFT由于非同质化且与实际资产可以一一对应的特质，使之具有足够的合法化基础。有业内人士向笔者提供了一个嘉德拍卖NFT的成交记录，我们可以看一下有关的条款表述：

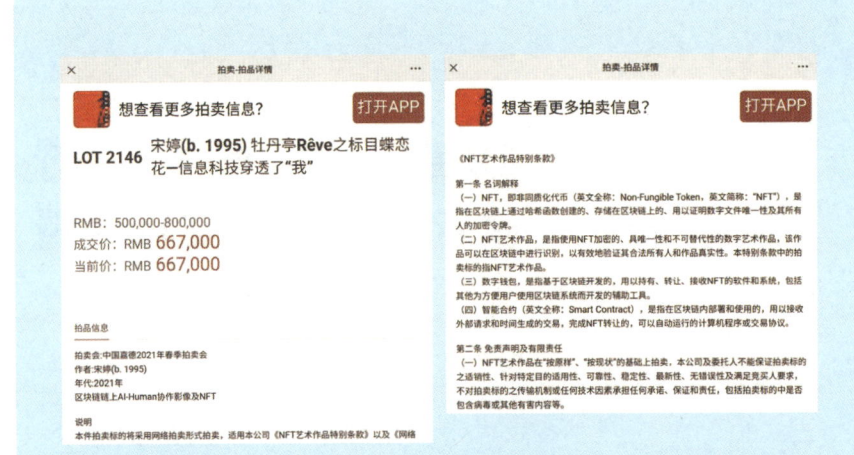

不难看出，NFT 本身并没有独立的商业价值，其必须对应到客观存在的某项资产上，作为代表这个资产或者由此衍生出的某项权益之后才具备了交易的可能。NFT 的另外一个非同寻常的特质就在于跟区块链技术深度绑定，区块链为 NFT 可靠性、可溯源性等提供保障的同时，还可以直接通过智能合约为 NFT 交易提供更加便捷的通道。

考虑到，现实社会中的资产是多种多样的，对应的法定权益也各有不同（如基于作品享有的著作权又可以包括信息网络传播权等多项不同权益，这些权益还可以细分成专有、非专有使用，可否二次授权等），因此在将现实资产与 NFT 一一对应的过程中，最关键的问题就是法律权益的确认，否则 NFT 就变成一纸空文，在此基础上，才能使锚定到区块链的 NFT 清晰地界定和流转，才能使智能合约条款真正可执行。

第 19 章　智能合约——万物皆可 NFT 的法律逻辑

法律要点

代码即法律在元宇宙中成为现实

元宇宙也被认为是继 PC 互联网（Web1.0）、移动互联网（Web2.0）之后的 Web3.0 形态，而 NFT 则是元宇宙的经济支撑体系，因为 NFT 可以在区块链上确认虚拟资产的产权归属，并且 NFT 自带智能合约，相当于是把虚拟资产后续的交易、流转条件都代码化了，这必然大大加快虚拟世界中的交易效率。

元宇宙的价值并非仅仅是基于 VR 等技术使得信息呈现比移动互联网更丰富这么简单，而是有了 NFT 和智能合约，使得虚拟世界的经济体系得以真正构建，从而让互联网从以往的信息互联网、内容互联网进化到价值互联网。当权益凭证被 NFT 所取代，合同被智能合约的代码所取代，"无技术不法律"恐怕是当代所有法律人必须面对的现实和挑战。

第 19 章　智能合约——万物皆可 NFT 的法律逻辑

一、智能合约

智能合约是法律人不得不产生兴趣的技术了，因为其中包含我们最为熟悉的"合约"一词，并且这个词的含义跟我们法律上的"合约"并无区别，就是双方达成的合意，在冠以"智能"的前提下，与我们的传统认知究竟会发生何种区别，又会对合同法这个古老而又传统的领域有何影响？我们一起来从基本的技术原理开始探讨。

智能合约这个术语至少可以追溯到 1995 年，是由法律学者尼克·萨博（Nick Szabo）提出，定义为"一个智能合约是一套以数字形式定义的承诺（promises），包括合约参与方可以在上面执行这些承诺的协议"，尽管概念提出很早，但真正意义上被我们讨论的智能合约是以太坊区块链出现之后才风靡起来的技术，以太坊出现之前的比特币区块链上并没有智能合约的发挥空间，这是因为比特币区块链的技术特点使其更加像是一个专注于记账的技术，比特币区块链中存储的都是记账信息，其更擅长将资金账目的往来记录清楚，但现实生活中我们不但要记账，还要记住账目往来背后的交易内容（也就是合同），这一点就是比特币不太擅长的了，而以太坊区块链正是将后者作为主打的技术特色从而赢得了众多用户，一举成为比特币之后的第二大区块链。

以太坊之所以能够方便地部署智能合约，其中技术环节最大的特点就在于以太坊所记录的信息中比比特币多了一个模块，这个模块就是资金往来所附带的条件，这个条件是通过脚本语言编程的形式由开发者自定义的，因此智能合约就可以实现了。

我们可以把这个问题说得更形象一点，就是比特币区块链有点像是银行的转账记录，里面是一笔一笔的交易信息，但以太坊区块链在这个基础上进行了扩容，可以存储动态的转账条件，并且根据条件是否成就来决定是否进行转账操作。

笔者查阅了不少这方面的技术文献，但整体上都不是特别直观，其中最清楚也最权威的文献当数《以太坊白皮书》中文版，其中给出了以太坊实现智能合约原理的直观说明，我们节选如下：[①]

在以太坊系统中，状态是由被称为"账户"（每个账户有一个20字节的地址）的对象和在两个账户之间转移价值和信息的状态转换构成的。以太坊的账户包含以下四个部分：

1. 随机数，用于确定每笔交易只能被处理一次的计数器；
2. 账户目前的以太币余额；
3. 账户的合约代码，如果有的话；
4. 账户的存储（默认为空）。

以太币（Ether）是以太坊内部的主要加密燃料，用于支付交易费用。一般而言，以太坊有两种类型的账户：外部所有的账户（由私钥控制）和合约账户（由合约代码控制）。外部所有的账户没有代码，人们可以通过创建和签名一笔交易从一个外部账户发送消息。每当合约账户收到一条消息，合约内部的代码就会被激活，允许它对内部存储进行读取和写入，和发送其他消息或者创建合约。

可以看到白皮书中提到的第三个要素就是以太坊账户部署智能合约的位置，在这个位置上开发者可以使用脚本语言自由定义所要执行的操作，以及是否对外发送和接收信息，这就很像我们现实生活中交易双方互相磋商的过程，而这个"合约代码"就是双方磋商对话的通道以及磋商后的结果。

《以太坊白皮书》还写道，"需要注意的是，在现实中合约代码

---

① 参见：https://mp.weixin.qq.com/s/QkS_xu__VRsAwkr1CIpDlQ，来源于以太坊爱好者社群，最后访问时间：2022年8月25日。

是用底层以太坊虚拟机（EVM）代码写成的。上面的合约是用我们的高级语言 Serpent 语言写成的，它可以被编译成 EVM 代码"[②]，这就能跟本书介绍的高级语言以及操作系统的原理结合起来理解了。不难发现，以太坊区块链本身就是一个分布式部署于所有节点上的虚拟操作系统环境，开发者可以在上面开发出各种不同场景的程序，这些程序运行之后可以得到预设的结果，在交易领域的运行结果就是智能合约，在更多领域运行之后的结果就是 DApp（Decentralized Application，去中心化应用）。

当然，可以部署智能合约的区块链并不仅仅是以太坊，越来越多的区块链都可以支持，特别是国内的很多私有链和联盟链也都支持智能合约的部署，只不过为了确保用户对交易可靠性的信心，不少区块链仍然选择将交易合约上链后"锚定"到以太坊公有链上，至于锚定的原理和目的可以参考本书关于区块链存证部分的讲解。

二、现实应用

我们以最为熟悉的网购场景为例，通常情况下，在淘宝网上买东西，是买家先下单，然后将款项支付到支付宝，支付宝通知商家发货，买家签收货品后，支付宝将货款转移至商家。

在智能合约的场景下，可以通过脚本语言将下列步骤写成程序发布到区块链：

1. 买家将订单信息以及附条件向卖家转账的指令写入脚本发布到区块链；

2. 脚本程序等待输入支付条件成就的信息；

[②] 参见博客文章：https: //blog. csdn.net/inthat/article/details/109667473，最后访问时间：2022 年 7 月 9 日。

3. 卖家按照订单发货的同时将货运单号上链并发送给买家的脚本程序，程序接收后根据货运单号跟踪物流进程；

4. 买家确认收货，程序自动接收到来自物流的确认收货信息，判断第1步骤中所附的支付条件已经成就，实时向卖家发起转账，交易完成；

5. 如果买家发现货品有问题拒收，则物流中的拒收信息被智能合约程序自动捕获到，系统判断转账条件不成就，不发起转账，交易失败（另一种意义上的完成交易）。

这个过程中，除了线下的商品交付环节之外，其他步骤都不需要人工干预，由智能合约（程序）自动完成执行。当然，现实中会出现更多复杂的情况，如七天无理由退货等，但这些并不妨碍智能合约的部署，事实上只要每一个环节都能像物流环节一样有数字化的反馈，智能合约就可以根据这些反馈数据决定下一步的执行。而随着万物互联的进行，人和一切物的一举一动都被纳入网络的视线中，被数字化地予以记载，这就使得智能合约可以通过捕获这些数据实时跟进合同的履行进展，将履行的过程高度自动化。

当然，这需要一个过程，目前智能合约最适合的场景还是整个履约过程都能够在线完成的交易，如在线购买数字音乐，免去了线下的交付，合约程序可以直接把数字音乐发到买家指定的系统，整个过程就全自动进行了。

了解了这一点，就不难理解智能合约在未来数字领域大展拳脚的原因了，数字艺术品、数字藏品、NFT等都是与智能合约密不可分的。从经济学的角度来讲，智能合约去掉了传统合同交易过程中的各种人为不可控因素，并且将支付等中心化的环节和成本都省去了，整体上大大降低了交易成本，提高了交易效率，是符合经济规律的技术创新。

三、"万物皆可NFT"的法律逻辑

NFT 是一个跟智能合约墙相关的新生事物，NFT 最早进入人们的视野是由于一款叫作加密猫（CryptoKitties）的全球首款区块链游戏，据报道公开市场上售卖的加密猫已经卖出 37956 只，卖出了 13391.87 个以太坊，总价值 6204897.84 美元，平均每只加密猫售价已经超过 100 美元，其中成交最贵的一只在 2017 年 12 月 3 日上午，卖出了 114481.59 美元，价值超过 75 万元人民币。

此后，NFT 一路高歌猛进，数字艺术家迈克·温科尔曼（又名 Beeple）将一幅 NFT 作品在佳士得卖出了 6935 万美元的天价，成为人类历史上第三贵的艺术品；推特首席执行官杰克·多尔西（Jack Dorsey）的第一条推文 NFT 以 250 万美元被售出；苏富比拍卖行宣布与 NFT 平台 Nifty Gateway 合作拍卖 NFT 艺术品，加密艺术品行业领军人物帕克（Pak）一系列作品《可分割物》(The Fungible) 从 1 美元起拍，最终名为《斯维奇》(The Switch) 的 NFT 艺术品落槌价 144.4444 万美元（约合人民币 943 万元），名为《像素》(The Pixel) 的 NFT 艺术品落槌价 135.5555 万美元（约合人民币 885 万元）。

239

苏富比在此次拍卖的主页上写着这样的标语："崭新的数字艺术集合重新定义了我们对价值的理解。"①

国内也迅速跟进，2021年5月中国嘉德首幅上拍NFT作品以66.7万元成交，作品《牡丹亭Rêve之标目蝶恋花——信息科技穿透了"我"》由青年艺术家宋婷与Cortex链上AI协作完成，其他多家知名互联网公司也纷纷推出NFT相关的产品和服务。

回到技术层面，NFT脱胎于智能合约，是通过智能合约在区块链上生成的一种非同质化通证（Non-Fungible Token），以此区别于比特币、以太坊等同质化的代币。非同质化指的是每一个NFT都是唯一的，不可复制和等价兑换。

我们稍稍深入一点介绍，以太坊提供了一系列的标准接口以便开发者快速铸造各种类型的代币，这些标准中有一个属于"异类"，因为它被用于快速生产非同质化的代币（token），这个标准就是NFT所遵循的以太坊ERC721和ERC1155代币标准，笔者从看到了关于标准用途的介绍："The following standard allows for the implementation of a standard API for NFTs within smart contracts. This standard provides basic functionality to track and transfer NFTs"，翻译过来表述为："以下标准允许在智能合约中为NFT实现标准API。本标准提供了跟踪和传输NFT的基本功能。"②

---

① 参见证券之星：《风语筑董秘回复：公司于今年5月成功拍得NFT数字艺术作品，〈牡丹亭Rêve之标目蝶恋花——信息科技穿透了"我"〉，该作品系嘉德在国内推出的首幅NFT区块链艺术作品；为快科技旗下拥有领先的精品VR内容线上平台VeeR及线下VR内容发行连锁品牌零》，https://stock.stockstar.com/RB2021111600008233.shtml，最后访问时间：2022年7月13日。

② 参见博客文章，以太坊标准ERC721，https://eips.ethereum.org/EIPS/eip-721& https://eips.ethereum.org/EIPS/eip-1155，最后访问时间：2022年7月10日。

第 19 章 智能合约——万物皆可 NFT 的法律逻辑

那么 NFT 这种非同质化通证是怎样跟现实中的各种资产一一对应的呢？这就回到了本书中介绍的哈希函数，任何资产都可以作为哈希函数的输入值，经过函数计算后生成一个与资产信息对应的哈希函数值（数字指纹），而后这个指纹就通过 ERC721 这套接口快速上链，被记载到一个对应的 NFT 中，如此一来，NFT 就打通了链上数字资产和链下资产之间的通道。之所以"万物皆可 NFT"，原理就是任何资产都可以将其作为原始数据借助哈希函数计算出唯一的哈希值，然后再写入 NFT 中被记载和交易。

至此，我们也就不难理解为什么艺术品——特别是数字艺术品最适合作为 NFT 的对象，因为其本身就是数字化的，非常容易进行哈希转换。当然，艺术品本身所需要的交易溯源等也可以借助 NFT 来实现。

法律问题

　　智能合约本身就是代码化实现和履行的合同，实际上即便不通过区块链智能合约，现实生活中也已经存在大量的代码化的合约形式，如电商交易的订单，就是代码记录的交易，有些平台可以实现买家的急速退款，一旦买家点击触发退款操作，系统自动发起退款指令，这些也已经接近智能合约的自动执行效果了，只不过这些都是在中心化的平台上完成的（电商平台、支付平台等），因此原理上不如区块链更加低成本而已。

　　所以，智能合约在法律上被接受的空间非常大，我们可以在原有的合同法框架中为其找到通路，即便因为智能合约的履行发生争议，依旧可以借助现有的规定进行解决，其中最大的障碍只不过是法律人能否准确理解代码中的条款而已。

　　真正的挑战还是在NFT层面，因为我国已经明令禁止同质化代币的发行和交易，毕竟比特币、以太坊等同质化代币确实冲击了金融秩序，而NFT在技术层面与同质化代币是一脉相承的，很容易引起误解，因此笔者对NFT翻译成"非同质化代币"并不赞同，这种译法更多的是技术层面的翻译，如果在法律层面将其翻译成"非同质化通证"更加客观，因为其已经脱离了"币"的属性而更多承载了"权益凭证"的价值，笔者认为NFT的本质属性应该是"由交易双方自定义的权益凭证"。

　　在这方面，目前行业里的实践也验证了笔者的思考，我们注意到谜恋猫（CryptoKitties）作为第一个将NFT推向主流的项目，其服务协议中的条款对交易权益的范围表述如下：

所有权；限制；授予许可 B. 在您使用该应用程序期间，可以选择购买一个或多个谜恋猫（每个都是"已购买的谜恋猫"）。在您继续遵守本使用条款（包括并不限于此第 4 节中包含的限制）的前提下，DApper 授予您全球性、非独家、不可转让的免版权费许可，让您可以使用、复制和展示您购买的谜恋猫的外形，仅用于以下目的：(i) 用于您个人的非商业用途；(ii) 作为允许购买和销售谜恋猫的某个市场的一部分，前提是该市场以加密方式验证每个谜恋猫所有者对其购买的谜恋猫的外形进行展示的权利，以确保只有实际所有者才能展示所述外形；(iii) 作为允许包含、涉及或加入谜恋猫的第三方网站或应用程序的一部分，前提是该网站/应用程序以加密方式验证每个谜恋猫所有者对其购买的谜恋猫的外形进行展示的权利，以确保只有实际所有者才能展示所述外形，并且一旦已购买的谜恋猫的所有者离开该网站/应用程序，所述外形就不再可见[①]。

可见谜恋猫 NFT 的授权范围主要限定于对外形的非商业化展示，不涉及更多的版权权益。

再看 2021 年 3 月 11 日佳士得拍卖艺术家迈克·温科尔曼的 NFT 数字作品《每一天：最初的 5000 天》(*Everydays: The First 5000 Days*) 以 69346250 美元天价成交的案例，其拍卖规则显示：

You acknowledge that your purchase of the lot means you have full ownership rights in the NFT itself, including the right to store, sell and

---

① 参见谜恋猫网址使用条款，https://www.cryptokitties.co/terms-of-use，最后访问时间：2022 年 7 月 13 日。

transfer your NFT. Your purchase of the lot does not provide any rights, express or implied, in (including, without limitation, any copyrights or other intellectual property rights in and to) the digital asset underlying the NFT other than the right to use, copy, and display the digital asset for your own personal, non-commercial use or in connection with a proposed sale or transfer of the NFT and any other right expressly contained in these Conditions of Sale.①

您承认,您购买该批货物意味着您对NFT本身拥有完全的所有权,包括储存、出售和转让NFT的权利。除了为您个人的非商业用途使用、复制和展示数字资产的权利,或拟出售或转让该NFT的权利,以及在交易条款中明确包含的任何其他权利外,该批次货物的购买不提供任何明示或暗示的权利,包括但不限于NFT的任何版权或其他知识产权。

可以发现,对这个NFT,买家可以存储、销售,或者转送给别人,也可以在非商用的目的下使用、复制,或者显示这个NFT背后的数字资产,但并不意味着买家拥有这个数字作品的知识产权,而只是获得一份复制品的使用权和所有权。

更多的例子就不再展示了,这些约定条款都说明NFT所代表的权益是由交易双方自行定义的,这也符合NFT的本质属性,既然"万物皆可NFT",理所当然不同的资产所代表的权益以及交易的范围都应该不尽相同,如此才能最大限度地将各种资产投射在NFT上进入流转。

---

① 参见搜狐网:《NFT漫谈:霍克尼带来的新问题以及NFT热潮》,https://www.sohu.com/a/472342222_638531,最后访问时间:2022年7月13日。

第 19 章　智能合约——万物皆可 NFT 的法律逻辑

除了交易层面的问题之外，目前关于 NFT 最大的法律风险依然是来自炒作、传销、洗钱等方面，由于 NFT 所代表的价值比较难判断，传统的按照"成本"定价的逻辑在 NFT 领域恐怕并不适用，如加密猫到底值多少钱并没有一个明确的成本参照。所以已经有经济学家提出了"观念经济学"来解释这种定价机制，也就是通过交易各方的"观念"和"共识"来确定价格，这种前卫的定价模式也容易被滥用，特别是关联到一些数字艺术品等财产时，很容易被一些不法分子利用进行炒作。

不论如何，将 NFT 污名化或者一刀切地加以禁止恐怕都不是正确的做法，毕竟其能够对应有价值的资产，与一般意义上的代币有实质性区别，运用得当可以给社会创造巨大价值，特别是元宇宙作为继 PC、移动互联网之后的第三次互联网浪潮正在兴起，NFT 是元宇宙中必不可少的经济媒介，法律层面有必要对这种创新加以认可和肯定，如此才能从规则层面助推技术创新。

第 20 章　云计算
——算力集中供应

法律要点

云端的游戏规则重构

云计算技术的出现在很大程度上改变了现有的互联网形态，以往在客户端本地化部署软件产品的做法现在逐渐被云端 SaaS 服务所取代，产品服务化趋势越来越明显，甚至连操作系统都可能被云端化成为一项服务而不再需要安装在本地电脑上。

这必然导致海量的数据、信息以及行为汇聚到云端，同时大量原有的依赖产品功能完成的行为，也要演变成与云端服务器之间的交互，延伸到商业层面，之前的产品买断模式变成按实际使用付费的模式，这些行为上的一系列变化必然导致法律认定上的变化，规则也要打破和重构。

本章我们来介绍云计算，它是大量软硬件技术的综合性集成，要了解云计算，首先要从它的源头——分布式计算说起。

在有了计算机之后人们发现，很多问题需要非常庞大的计算能力才能解决。比如，一些科研机构，要研究宇宙中到底有没有外星人给我们发信号，就在地球上布置了很多接收外太空信号的天线，但采集到这些信息后还需要对信息进行分析，这就需要大量的计算能力，科研机构自己采购超级计算机是不太现实的，因为经费无法承担。

那怎么办呢？人们就把庞大的计算项目拆分成一个个小的计算单元，使计算变得相对可控，然后再把计算量分包出去。这就像最近几年流行的"众筹"，如要开发一款产品却没钱，就发起一个项目向大众筹集资金，分布式计算理论上就相当于一场计算能力的众筹，发起者将项目分包成一个个小块，在网上招募志愿者，凡是有计算能力的志愿者都可以报名参加，大家集中力量办大事。

系统	13.08%	CPU 负载	线程	1,805
用户	23.38%		进程	456
闲置	63.54%			

查看笔者的电脑运行数据，实时数据显示 CPU 闲置 63.54%

为什么普通人就可以作为志愿者？因为普罗大众的计算机平时基本不用，或者就算用，计算机的 CPU、内存等计算资源也只是被占用了很小一部分，而大部分处于闲置状态。况且电脑本身就可以进行多任务并行处理，在这种情况下，就可以把闲置的计算资源贡献出来。

怎么来实现这个过程呢？首先，需要大量计算资源的机构把一个项目（如一道数学难题或信号分析等）通过编程拆分成多个小的计算单元，再把计算单元通过软件的方式发送给志愿者，志愿者在自己的电脑上安装软件后，就可以让它在后台运行，这种软件会被设置占用计算机资源的阈值，超过上限就不会再运行，所以不会影响电脑的正常使用。

中国分布式计算总站

这就是分布式计算，它可以解决许多问题，如计算数学难题、分析病毒的DNA组成、计算太空相关数据等。如果感兴趣，可以去"中国分布式计算总站"上报名，把你的计算资源贡献出来。

分布式计算演变到一定程度之后，人们发现不只是科研领域，很多商业机构对这种技术也有需求，但商业机构不太可能采用招募志愿者的方式，所以这些公司就设想把分布式计算理念商业化。

于是，一些技术强、资金雄厚的公司，预先设置好很多算力（计算能力）再开放出去。其他公司如果有计算需求却又没有能力自行配置算力，就可以向这些公司进行采购，再根据使用量付费。这就像我们平时用电的方式，电刚开始被发明的时候，是需要住户在自己家里安装一个发电机来发电的，但这样成本太高，后来就演变成为发电厂集中供电，通过输电网络将电送达千家万户，住户用多少电就收多少钱，不用则不收钱。

第 20 章　云计算——算力集中供应

家用发电机与发电厂集中供电

这就是云计算的来源，它其实是在分布式计算基础上所做的商业化应用。关于云计算的定义五花八门，美国国家标准与技术研究院这样定义："云计算是一种按照使用量付费的模式，这种模式提供可用、便捷、按需的网络访问，进入可配置的计算资源共享池"，这里提到的"计算资源"不仅包括服务器，还包括网络、存储、应用软件和各种服务，这些资源能够被快速提供，用户只需投入很少的管理工作，或与服务商进行很少的交互就可以获得。

云计算这个词最早是谷歌 CEO 埃里克·施密特于 2006 年提出的，经过几年发展，云计算迅速形成了一个非常庞大的产业和趋势，谷歌、亚马逊、IBM、微软，包括国内的阿里云、腾讯、华为、百度等都开始部署云计算，并将其作为未来核心战略之一。

接下来介绍云计算的原理，这一块有些抽象，笔者会给大家提供一个比较容易理解的思路。

图片来源[①]

① 图片出处：https://pixabay.com/zh/vectors/knife-swiss-knife-tool-32934/，最后访问时间：2022 年 8 月 24 日。

249

上文中提到过，云计算是大量软件、硬件和网络服务的集大成，是一种综合性应用，而非单一的一项技术。这种综合性的技术集成有点像是一把多功能瑞士刀，里面汇集了很多常用的工具，并将这些工具有序收纳在一起，以便于拿取使用。

云计算应用可以看成把各种硬件计算资源通过编程软件化的过程，用户最终不需要考虑使用的是什么硬件，他们只调用自己需要的服务。在硬件计算资源软件化的过程中要经过多次"编程抽象"，让硬件变"软"，这就是一个搭建云计算平台的过程。

核心架构：硬件资源自底向上虚拟化成为软件服务

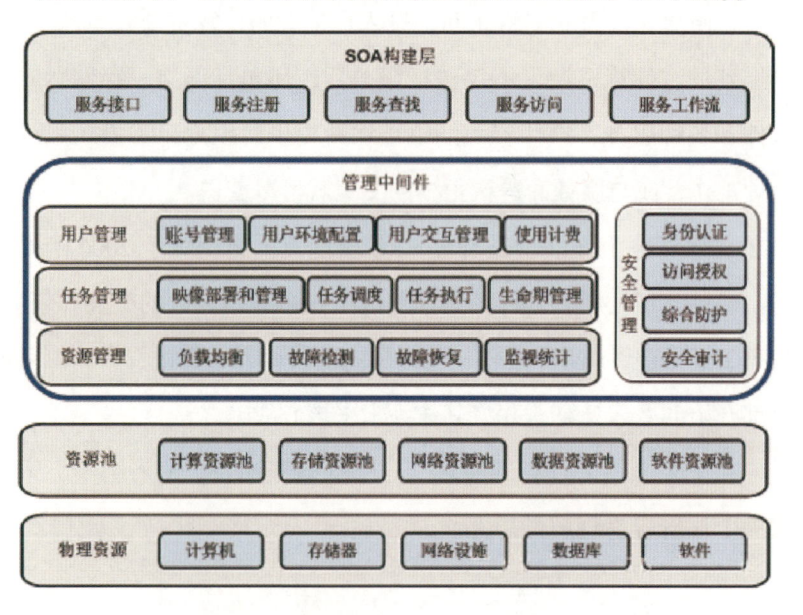

SOA构建层				
服务接口	服务注册	服务查找	服务访问	服务工作流

管理中间件

				安全管理
用户管理	账号管理	用户环境配置	用户交互管理 使用计费	身份认证 访问授权
任务管理	映像部署和管理	任务调度	任务执行 生命期管理	综合防护
资源管理	负载均衡	故障检测	故障恢复 监视统计	安全审计

资源池	计算资源池	存储资源池	网络资源池	数据资源池	软件资源池

物理资源	计算机	存储器	网络设施	数据库	软件

云计算架构底层是物理资源，包括计算机、存储器、CPU、各种网络设施、数据库、大型软件等。

云计算企业会采购大量计算机和网络设施形成矩阵，这些底层设施非常庞大且耗能，如我国内蒙古自治区、贵州等地就有很多专门部署硬件资源的地方，因为庞大的硬件资源一旦启动耗电极大，而这些地区电价较为低廉。还有的云计算公司把自己的计算机机房等设施直接放到了湖底,让大量硬件一起工作发出的热量被湖水自然冷却。

这些都说明云计算所需要的物理资源是非常庞大的。有了物理资源后,还要一点一点地往上叠加虚拟化的计算资源,物理资源的上一层叫"资源池",是通过编程的方法把底层的物理资源根据类型进行抽象,如将CPU抽象成一类计算资源、将硬盘或内存抽象成一类存储资源,其他的还可以抽象成网络资源、数据资源、软件资源等。

为什么要做资源抽象化呢?因为底层物理资源有各种规格、各种参数标准,相互之间并不统一,当云计算公司提供服务时,需要给外部一个统一的方案,所以必须把资源进行归类、抽象,使得底层物理资源在物理指标上的差异被磨平。

这就是在硬件物理资源基础上做的第一次抽象——资源池的抽象,抽象是通过编程来实现的,在理解云计算的技术原理时,抽象将是一个频繁出现的重要概念。

资源池再往上就来到了"管理中间件"这一层,这一层是一次更具体的抽象,因为有了资源池以后,还需要配备各种各样的具体功能,如外部用户调用资源时需要分配账号、与用户进行交互时需要进行身份认证、要根据用户的使用量进行计费、要对管理任务进行调度以避免计算资源互相冲突、故障发生后需要进行监测与恢复、负载太强时需要把资源进行统一调度等。总之,"管理中间件"层把资源池进行更具体的、软件化的抽象,以便最上端的应用层可以有效使用。

再往上走一层,就是"SOA构建层"。在这一层,"管理中间件"层虚拟出来的功能被加工成用户可以直接使用的具体服务,再配上接口,用户就可以直接使用了,就像自来水龙头一样,一打开水就流出来。

最上面一层为用户提供各种可用的服务，如谷歌提供的 Docs、Apps、Sites 等，用户无须在本地安装，通过网络就可以直接使用这些服务。比如，Google Docs 的功能类似于 Word，但 Word 需要安装在本地，而 Google Docs 则只要连上网络就可以直接在本地调用。当用户在线编辑完文档，可将这个文档保存在本地，Docs 程序也就返回到云端了，不占用任何电脑资源。

Google 云应用	简介
Google Docs	基于网络的文字处理与电子表格程序
Google Apps	Google的企业在线应用套件
Google Sites	在线创建各种类型的团队应用网站

云计算的服务流程是怎样的呢？当用户向整个云计算系统调用服务时，实际上是向系统提供的用户交互接口发送请求，交互接口收到请求后，就与服务目录进行比照、匹配，判断该需求对应的服务是否存在于服务目录中，如果有，就开始配置相关的资源和工具，调用"管理中间件"层中已经配置好的资源，再打包发送给用户使用。

云计算的软件服务可以分为三类：软件即服务（SaaS）、平台即服务（PaaS）、基础设施即服务（IaaS）。如何去理解呢？SaaS 主要提供应用软件，如电子邮件、在线游戏等；PaaS 提供一些平台类服务，如数据库、虚拟桌面等；再往底层走是基础设施，IaaS 提供虚拟机、服务器、存储空间、安全防护等。

软件即服务、平台即服务、基础设施即服务

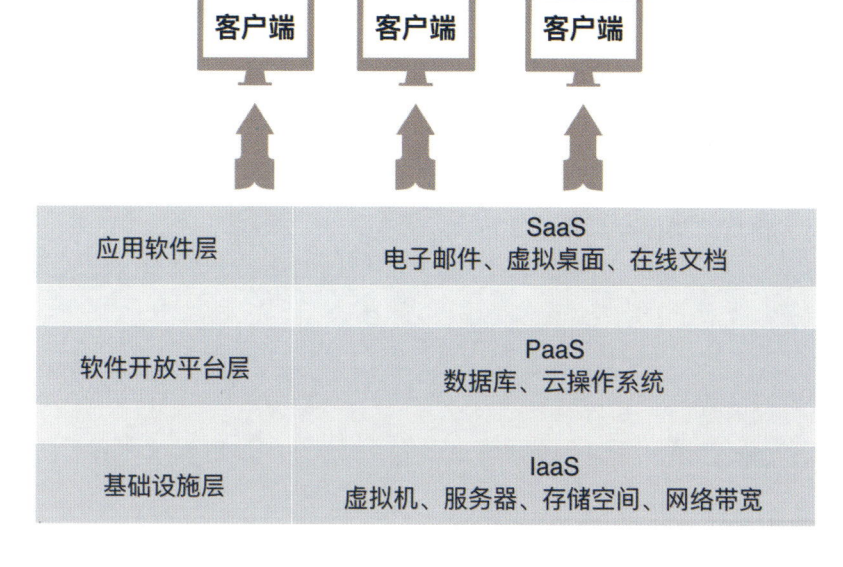

应用软件层	SaaS 电子邮件、虚拟桌面、在线文档
软件开放平台层	PaaS 数据库、云操作系统
基础设施层	IaaS 虚拟机、服务器、存储空间、网络带宽

总之，无论哪一种类型，基本理念都是云计算公司将其抽象成服务，用户在云端通过网络直接调用，根据使用量支付费用。

这三种服务有点类似于供应炸鸡。原始的方式是采购鸡块在自家厨房制作，在自己的餐桌上吃。这种方式比较费时费力，云计算则把这三个工作流程都抽象成服务。比如，基础设施即服务提供原材料、厨房场地，相当于直接叫外卖，商家采购原材料，从商家的厨房里做好炸鸡再送到你家，你只需要在家里的餐桌上把它吃掉。

如果你还是觉得清洗碗筷、刷盘子等步骤很麻烦，就可以调用平台即服务，使用虚拟操作系统，这相当于直接堂食，在商家的桌子上吃完炸鸡，吃完后无须收拾餐桌。

而软件即服务中有丰富的应用软件，这相当于把做好的各种炸鸡放到自助售卖机里，付钱就能拿到。

很多人往往把云计算等同于云服务器或云存储。现在我们知道云计算服务分为三种类型，这三大类基本上能把用户日常使用的各

种软件、硬件、各类服务甚至网络都包括进来。所以云计算是一个非常大的概念，理论上未来我们用到的所有网络服务都可以被云计算化，一个目前在尝试的构想是：未来的电脑不需要操作系统或者只需要一个很简单的操作系统，因为操作系统可以通过云端直接调用，这样一来用户就无须购买那么优质的 CPU、那么大的内存，而只需在本地部署一个非常小的硬件资源，所有的需求都通过云端解决，再将结果保存到本地即可。

第 20 章　云计算——算力集中供应

法 律 问 题

一、云平台数据权属

接下来介绍几个跟云计算相关的法律问题，第一个是云计算服务器中的数据权属。云计算天生与数据有关，业内有一句话很形象："云计算跟大数据是一个硬币的两面。"

普通企业如果想收集海量的数据，靠自己部署的少量硬件资源根本不够，所以大部分有需求的中小企业都会采购云计算服务，通过云计算企业具备了收集、处理、分析、挖掘庞大数据量的能力，但问题随之而来，有能力提供云计算的公司屈指可数，其他企业依赖这些公司提供算力开展业务，数据也都汇集到了这些算力公司，这是否意味着这些数据云计算平台也可以看、也可以用呢？这就涉及云计算的数据归属问题。

针对这个问题，阿里云于 2015 年率先发出《数据保护倡议书》（以下简称《倡议书》），《倡议书》中明确提出："用户在云算平台上的所有数据，所有权绝对属于用户，阿里云不会移作他用，并有义务保护用户数据的私密性、完整性、可用性。"[1]

这个表态无论是从商业角度还是法律角度都是合理的，为什么这些数据资源跟云计算公司无关呢？在司法实践中，目前比较认可的模式是：谁对这个数据有贡献，谁就对这个数据享有权利。

---

[1] 参见环球网：《阿里云发出数据保护倡议承诺不碰客户数据的云计算》，https://tech.huanqiu.com/article/9CaKrnJOfVx，最后访问时间：2022 年 7 月 10 日。

按照这个逻辑往下推演，就有两类主体可以对数据享有权利：第一类是这个数据的原生主体，如用户的登录信息、行为轨迹、撰写的评价等，这些数据都来自用户，用户对这些数据享有一定权益；第二类是相关平台、网络服务提供者，因为如果不是它们开发出相应产品，数据也不可能沉淀下来。

> 不同数据的权利归属取决于数据对权利人的依附关系和权利人对数据的贡献程度
>
> 从这个逻辑出发，身份和隐私数据应当归用户所有，用户行为数据则应当归网络服务提供者所有
>
> 阿里云只提供一种计算能力，并不是数据的原始采集者，所以不对数据享有权利

云计算公司不是原生用户，它虽然是网络服务提供者，但不属于上文中提到的两类主体。因为它只提供底层的设施服务与基础性的计算资源，而不提供具体的使用场景，它不是数据采集者，对数据的沉淀也没有实质性贡献，因此云计算公司在法律上对数据并不享有权利是合理的。

云计算可以类比为银行的保险箱业务，用户在银行租了个保险箱，付给银行租金，保险箱里存什么东西是用户的自由，对存放的物品也享有绝对控制权，银行不能因此就认为自己也对这些物品享有权益。

二、分布式专利侵权

与传统计算机技术不同，云计算技术是分布式实施的：一部分计算资源在云端，另一部分在客户端，二者有一个交互的过程，这就使得很多有关的技术方案在认定专利侵权的时候碰到了障碍。

典型的如发生在美国的一个案例：A 公司拥有一项涉及传输网页内容的方法专利，即先将一些内容提供商的网页内容复制到服务器上，再对这些内容"标记"（如这部分页面内容与电子产品相关，那部分页面内容与医疗相关等），以便浏览器可以迅速检索到这些内容。L 公司也有类似的业务，只不过标记的过程是由广大普通用户来完成的，这种过程就涉及云端和客户端之间的交互，它既部署在服务器同时又依赖用户在使用过程中不断在客户端做标记。A 公司遂以专利被侵权为由向法院起诉。

美国联邦地区法院判决不构成侵权，因为 L 公司没有实施云计算专利当中的"标记"步骤，这个步骤是用户自己来实施的，与 L 公司无关。而联邦巡回上诉法院认为：如果一名或者多名被诱导者单独或者与诱导者共同实施了专利的全部技术要素，就可以构成引诱侵权。也就是说，这些用户不是随随便便就产生了"打标"的行为，而是因为 L 公司有了这个技术方案，用户在诱导之下配合着一起完成了整个技术，这就是所谓的"引诱侵权"。

随着云计算专利越来越多，这种由不特定主体产生的分离式行为能否组合起来作为一个侵权行为被认定，是值得深思的。上述案例中，法院的思路很值得借鉴，重点要看整个云技术实施过程中，是否已经由开发者制定好了一套完整的策略，如果策略是既定的，只不过将其中的一些环节拆出来交付给用户或其他主体来完成，则开发者就存在侵权的可能。

三、避风港责任

避风港责任是指如果平台上出现侵权行为，权利人向平台投诉，平台需要做删除处理。这主要规定在此前的《侵权责任法》第36条和《信息网络传播权保护条例》中，后来也被平移到了《民法典》。

值得注意的是，这些规定中提到的责任主体是"网络服务提供者"，这个概念非常宽泛，可以说所有跟互联网有关的技术服务都是由网络服务提供者提供的，这样的规定就给云计算公司带来了一些困扰，典型的如某云的平台责任案件和笔者代理的某牛云平台责任案件。

A公司租用了某云的服务器，在上面布置了名为"我叫MT"的游戏，但该游戏的版权属于B公司，B公司向某云投诉表示A公司侵害其著作权并要求某云删除，某云表示自己只提供云服务器，至于服务器上的内容是否侵权在所不问。B公司遂起诉某云。一审法院认为某云需要承担责任，因为它没有按照法律的规定下架侵权内容。

二审判决则认为某云不需要承担责任，理由是云计算公司提供的服务偏底层，属于较特殊的网络服务提供者，所以在接到通知后无须承担删除或下架的义务，但可以将该投诉转通知给被投诉的一方。

这个案件是值得深思的，二审法院认定了云计算公司的转通知义务，但网络服务提供者的角色是需要进行更细化的区分定位的，否则会使越来越多所谓的权利人，尤其是商业维权公司只盯住云计算公司。

仍以"我叫MT"这个游戏为例,侵权人可能将其发放在各种游戏平台上,而权利人无须找到每个平台,因为这些平台租的大都是某云的服务器,所以只找某云一家就够了。于是云计算公司就要负责转通知、应诉甚至承担责任,这就会导致网络上所有的侵权行为到最后都汇集到云计算公司,而云计算公司本就寥寥无几,对其科以如此高的义务或责任,可能会对行业整体发展造成灾难性后果。

笔者个人认为,应当对网络服务提供者进行分层,因为不同的服务提供者在技术上有很大差异。最上面的应用层是非常典型的网络服务提供者,第一,信息就存在它们的服务器中;第二,它们做的业务非常清晰明确,与应用场景高度相关(如A做视频网站、B做文学类网站、C做应用商店);这些平台对在其上产生的信息非常了解,有足够的能力尽到对信息的注意义务,要求这些位于应用层的网络服务提供者尽到避风港注意义务是合理的。

网络服务提供者责任分层

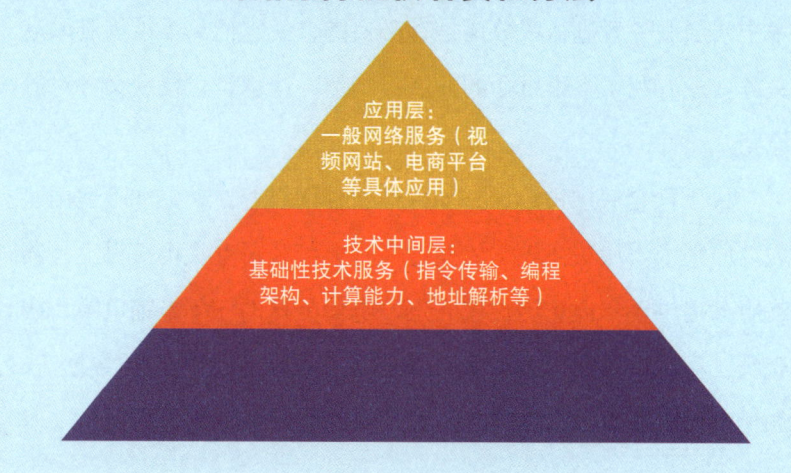

应用层:
一般网络服务(视频网站、电商平台等具体应用)

技术中间层:
基础性技术服务(指令传输、编程架构、计算能力、地址解析等)

再往下走，就是云计算服务、小程序等服务的提供者，它们是偏底层的服务，笔者把它们称为技术中间层或者基础性技术服务。这一类服务提供者的特点如下：

1. 不接触数据，或者说在法律上不能接触数据，上文中已经用银行与保险箱的例子阐述了，云计算公司不能随意接触用户数据。在不接触数据的情况下，就无法判断侵权行为到底成不成立。

2. 给客户提供的服务是无差别的。应用层平台提供的服务是有针对性的，如视频网站上就只有视频，小说网站上就只有小说，而在技术中间层，各类主体的信息都可能被找到，如政府、学术机构、企业等，处于这一层的公司只是提供了技术或者信息的展示服务，这是位于底层的无差别服务。

笔者个人甚至认为，位于技术中间层的服务提供者连转通知义务都不应承担，转通知的成本依然非常高，假如未来80%、90%的信息都与云计算服务有关，80%以上的侵权行为都需要云计算公司转通知，这势必成为其不可承受之重。所以司法上对技术中间层服务者进行区分还是有必要的，使它们免予承担避风港义务，才有利于整个行业的发展，当然，这也符合权利义务对等原则。

最下面是底层设施层，如电信通信网络等，就更加不适用避风港原则了。从法律规定的概念来看电信公司确实也算得上是网络服务提供者，但它更加偏底层，电信公司的任务是铺电缆、接光纤，在这些基础设施里流动的是一串串完全无差别的数据流，如果要求它处理、删除侵权信息，就更是天方夜谭了。

第 21 章 人工智能——超脑的逻辑

法律要点

人工智能的法律审视逻辑

人工智能对人的替代可能是 21 世纪最大的挑战性问题，笔者了解到一个智能绘画软件，可以允许用户提供一些简单的描述，然后机器自动绘制出一幅作品，不少人都看不出是机器画出来的。在机器彻底替代人（通用人工智能技术仍在探索中）之前，更常见的情况是人机结合、人机协同，法律现阶段虽不能承认人工智能的独立身份，但必须重新审视人工智能引发的各种问题，从效果和收益出发找责任主体的思路仍然值得借鉴。

当然，随着人工智能自我学习和进化的能力越来越强，法律恐怕要更多地从纯技术层面进行审查和监管，毕竟当机器有了独立"思考"，人作为机器使用者的角色和控制能力就淡化了，这时候对工具本身的判断应该独立出来进行。

一、不一定是模仿人脑

在某百科的词条中"人工智能"被描述成:"人工智能是计算机科学的一个分支,它企图了解智能的实质,并生产出一种新的能以人类智能相似的方式做出反应的智能机器,该领域的研究包括机器人、语言识别、图像识别、自然语言处理和专家系统等。人工智能从诞生以来,理论和技术日益成熟,应用领域也不断扩大,可以设想,未来人工智能带来的科技产品,将会是人类智慧的'容器'。人工智能可以对人的意识、思维的信息过程的模拟。人工智能不是人的智能,但能像人那样思考、也可能超过人的智能。"这个词条上面标注了是由"科普中国"的认证专家贡献。

这个看上去权威的解释似乎符合人们对"人工智能"直观的理解,从文义上看也就是对"人的意识、思维的信息过程的模拟",但是人工智能技术的发展路径并非完全像仿生学一样对人脑进行模仿而实现。

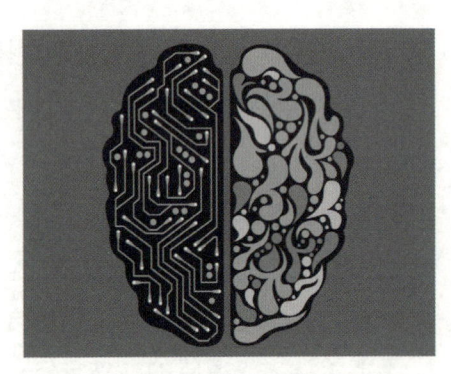

图片来源[①]

2018 年首届中国国际智能产业博览会大数据智能化高峰会上,百度创始人李彦宏发表标题为《智慧城市的 AI 新思维》主旨演讲,他表示人工智能不是仿生学,不是模仿人脑的工作原理,通过研究人脑工作来让机器像人一样思考是行不通的。现在的人工智能技术,各种各样的算法,近些年的

---

① 图片来源:https://pixabay.com/zh/illustrations/artificial-intelligence-ai-robot-2228610/,最后访问时间:2022 年 7 月 8 日。

创新跟人脑的工作原理其实没有太大关系。所以人工智能不是模仿人脑的工作原理，而是要用机器的方式实现人脑能够实现的价值或者作用。

笔者最早深入地了解人工智能概念是读了李开复博士的《人工智能》，这本书讲到人工智能领域的研究经历过一段漫长的挫折，当时的方向就是研究让机器学会像人一样思考问题，但最后发现是一条死胡同，人脑是经过亿万年的进化而来，到目前为止我们的科学也没弄明白人脑真正的工作原理，更何谈让机器去模拟人脑呢？人工智能从之前的"死胡同"走出来直到互联网技术的普及，在网络上沉淀下来巨大体量的数据，研究人员想到，既然机器很难学会像人一样思考，那就索性直接告诉它答案好了。

比如，我们每天在搜索引擎上输入大量的问题，这些问题和对应的结果都被搜索引擎所记录，这些海量数据就可以拿来直接给机器，让它记住并且回答同类型的问题，于是看上去机器也有了智能。用数据训练机器使之具备类似人一样的回答和解决问题的能力，这便成了人工智能的新研究方向，也是今天各种人工智能应用成果的基本原理。

当然，人工智能技术并不是简单地编写程序，从一个装满了答案的数据库中找到与问题匹配的选项这么简单。既然有"智能"，那么显然它要有一定的学习能力，能够抽象出一定的模型从而解决某一类的问题。

另外一本由数据领域专家涂子沛先生写的《数文明》一书中介绍了人工智能这种学习能力是怎么来的，靠的是一种叫作"深度学习"（又叫作"多层神经网络"）的算法（实际上肯定不止一种算法，我们姑且这么理解）。

《数文明》中提到："之前的人工智能都采用数理派的做法，通过程序员编写代码,告诉计算机要做什么……如果符合某条件,就输出某参数……这本质上是为计算机定义规则,是一种自上而下的思路……机器学习反其道而行之……一开始不定规则,而是给计算机'喂'数据,即从局部的结果出发,让机器去学习和推测可能的、最佳的规则。这个规则就是各个自变量的权重以及最后的函数关系,一旦确定了这个函数关系,就可以用它去预测未来。这是一种自下而上的思路。"[1]

图片来源[2]

为了便于理解,笔者举一个非常粗糙的例子,如何训练机器学会识别人脸。如果给机器一百张人脸的照片,它就会从中总结出一些基本的"规律",如人脸由几个必备的要素组成:两只眼睛、一个位于眼睛下方居中位置的鼻子、鼻子下部的嘴、侧方两只对称的耳朵(有没有联想到刷脸支付时系统要求你露出两只耳朵并且眨眨眼)等,这时候机器会总结出一个识别人脸的算法,把刚才那几个要素

---

[1] 参见涂子沛:《数文明》,中信出版社 2018 年版,第 57 页。

[2] 图片来源:https://pixabay.com/zh/vectors/machine-learning-books-algorithm-6079971/,最后访问时间:2022年7月8日。

的权重都设置为 1（0 权重代表完全不需要这个特征，而 1 代表必须有这个特征，0~1 之间的权重则代表特征的程度越来越高），也就是说必须同时具备这些要素才能判断为一张脸。

而这时如果给机器几张猴子的脸，也同样具备上述几个要素，这时机器就可能把猴脸当成人脸，于是我们又要给机器更多张人脸进行训练，直到机器发现人脸上面（非头顶）没有毛发，然后把这个特征的权重也设置为 1，这时候机器基本上就把人脸和动物脸区分开了。这个过程就是机器"深度学习"的过程，通过大量的人脸图片的训练，机器会自己得出一个识别算法。

图片来源[①]

这个算法也许可以描述为：两只眼睛（权重 1）+ 一个位于眼睛下方居中位置的鼻子（权重 1）+ 鼻子下部的嘴（权重 1）+ 侧方两只对称的耳朵（权重 1）+ 脸上没有毛发（权重 1）= 人脸。

当然，这个笔者臆想出来的粗糙无比的算法肯定不是真正的人脸识别算法，但机器就是这样通过数据训练不断增加或者减少判断"要素"（参数）和对应的权重，最终得到一个最接近正确答案的算法模型，直到有一天机器看到一张人脸之后比人看到一张人

[①] 图片来源：https://pixabay.com/zh/photos/david-miguel-angel-statue-florence-4651157/，最后访问时间：2022 年 7 月 13 日。

脸还能更准确地识别，我们就认为这个面部识别领域的人工智能可以投入使用了。

深度学习算法在一定程度上模仿了人脑神经元的工作原理，具体的实现路径超出了笔者的技术能力，毕竟那些硅谷的巨头都是用年薪数百万美元来抢这方面的人才，所以我们就不展开介绍了。但是，我们可以把深度学习领域目前关注度最高的打赢围棋冠军柯洁的"阿尔法狗"（AlphaGo）简单介绍一下，加深大家对这个问题的了解。

GitHub 上一位技术专家 Xijun Li 写过两篇分析阿尔法狗的文章，其中讲到关于"卷积神经网络"——也就是阿尔法狗的"深度学习"算法的内容。根据文章介绍，阿尔法狗的"深度学习"算法由两个模块组成，一个是"策略算法"，另一个是"价值判断算法"。"策略算法"可以大致理解为琢磨下一步棋怎么走，这个算法是通过给定计算机围棋规则之后，将大量的人类围棋棋谱（下法）"喂"给机器，然后不断地由机器进行自我训练，尽量学会走出一步好棋而非臭棋（在算法的定义里，好棋可以被定义为每走一步使得赢棋概率在所有选择中最高，臭棋则刚好相反）。

光有"策略算法"还是不够的，这就好像一个棋手只知道看接下来的一步怎么走，而优秀的棋手应该是能够算到后面的5~10步，这就是所谓的"大局观"，因此除了"策略算法"之外，阿尔法狗还有一个"价值判断算法"负责思考全局，即每走一步之前，都分析一下这一步之后整个棋局在未来十几步之内的胜负概率，然后把棋子落在那个最终赢棋概率最高的位置上。所以我们会发现顶尖高手跟阿尔法狗对弈之后，对它的一些走法完全一头雾水，这也许是因为"价值判断算法"看到了人类棋手无法预见到的全局，因此局部下出一些"匪夷所思"甚至看似"臭棋"的落子，最终的目的都是最大限度增加赢棋概率。

阿尔法狗之父杰米斯·哈萨比斯（Demis Hassabis）在英国剑桥大学做了一场题为《超越人类认知的极限》的演讲，提到在阿尔法狗对阵李世石的比赛中，第二局第三十七步阿尔法狗落子在了第五条线，进军棋局的中部区域，下出了令所有人震惊的一着，哈萨比斯认为过去4000年里人类低估了棋局中部区域的重要性，而阿尔法狗靠着"价值判断算法"的指引作出了这样的正确判断，这样的惊人之举在之后阿尔法狗的比赛中不断上演。

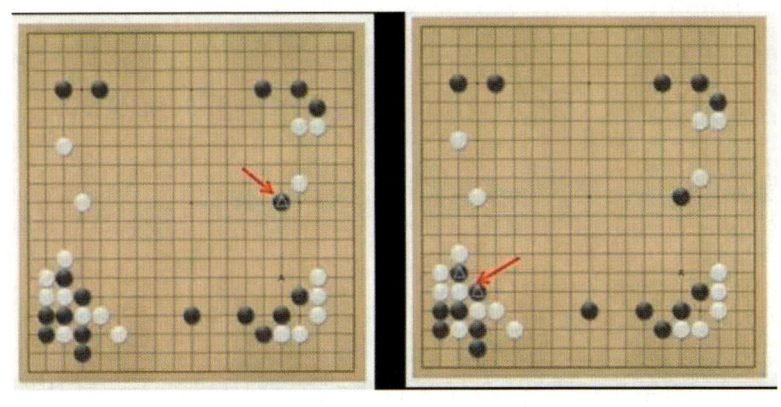

图左：第二局里，第三十七步，黑棋的落子位置
图右：之前貌似陷入困境的两颗棋子

要知道，围棋对弈的可能性一共有 10 的 170 次方种可能性，这个数字比整个宇宙中的原子总数目 10 的 80 次方还要大得多，计算机不可能通过把所有可能的下法都测试一遍从而找到必胜策略（当年象棋人机大战，计算机使用的就是穷尽所有可能走法的暴力算法，因为象棋所有的走法数量有限），因此只能通过前面介绍的"策略算法"和"价值判断算法"在实战中不断摸索更加靠近赢棋结果的方案，计算机最"牛"的地方是它的计算能力远超人类，"DeepMind"（阿尔法狗研发团队）研究人员大卫·希尔韦表示："普通人一生时间能够进行的比赛数量是有限的，一年可能下一千盘，但阿尔法狗每

天能下三百万盘棋"①，通过自己跟自己不断对弈，机器算法就被训练得越来越纯熟，最终超过了人类最好的棋手。

二、四大应用场景

我们现在的生活中充满了人工智能的概念，似乎什么东西都要跟智能搭上点边才算先进，但从整体上概括，人工智能基本上在四个领域发挥作用：

1. 博弈

对抗类的比赛或者游戏中，人工智能已经表现出比人类更强的能力，前面已经介绍过阿尔法狗的例子，除此之外，由腾讯公司开发的王者荣耀AI"绝悟"在2019年王者荣耀世界杯半决赛上击败了五位顶尖的电竞职业选手，在此之前人工智能也已经在星际争霸、DOTA2等电竞项目上击败了人类。

2. 感知

感知就是让机器具备跟人的视觉、语言同样的能力，如识别人脸、识别语音等，在这方面科大讯飞的语音识别人工智能产品已经几乎要取代传统翻译的工作。在视觉方面，旷视科技、商汤科技等独角兽公司研发的视觉AI产品也已经广泛应用到电商、安防、社交、游戏等诸多领域。

3. 决策

决策也许是我们作为普通用户最为熟悉的人工智能应用，我们平时使用各种互联网服务，背后都有AI算法根据我们的行为轨迹和习惯进行精准推荐、投放，这就是典型的决策类人工智能应用，比

---

① 来源：网易新闻《揭秘：阿尔法狗是如何学围棋的》，https://www.163.com/mobile/article/BHT21Q480011665S.html，最后访问时间：2022年7月5日。

如 Google 的广告推荐系统，又如金融领域大量的决策（放贷、股票交易等）也都越来越借助人工智能来完成。

4. 反馈

反馈是人工智能与人之间进行交流互动方面的应用，如无人驾驶（百度 Apollo）、无人送货（菜鸟无人送货车）、智能客服等。

法律问题

人工智能对人的挑战不仅是工作上的替代，同时也伴随着大量的法律和伦理问题，主要集中在安全与侵权、个人信息及隐私保护、算法歧视、数据垄断等方面。

1. 安全与侵权方面，人工智能面对的直接挑战就是侵权责任归属，2018年8月20日，腾讯证券网站上首次发表了标题为《午评：沪指小幅上涨0.11%报2671.93点 通信运营、石油开采等板块领涨》的财经报道文章，末尾注明"本文由腾讯机器人Dreamwriter自动撰写"[①]，盈某科技通过其经营的网站复制此篇文章后向公众传播。

腾讯公司遂将盈某科技诉至南山区法院，主张涉案文章是由其组织的主创团队利用写作机器人（Dreamwriter）软件，在大量采集并分析股市财经类文章的文字结构、不同类型股民读者需求的基础上，根据其独特的表达意愿形成文章结构，并利用其收集的股市历史数据和实时收集的当日上午的股市数据，于股市结束的2分钟内完成写作并发表，因此涉案文章作品的著作权应归其所有，盈某科技的行为侵犯了其信息网络传播权并构成不正当竞争。

南山区法院审理后认为，涉案文章是否构成文字作品的关

[①] 参见南方网，《机器人撰文被转载是否侵权？深圳审结全国首例案件》，https://kb.southcn.com/kb/772672ebf2.shtml，最后访问时间：2022年7月10日。

键就在于判断涉案文章是否具有独创性，而判断步骤应当分为两步：首先，应当从是否独立创作及外在表现上是否与已有作品存在一定程度的差异，或具备最低限度的创造性进行分析判断；其次，应当从涉案文章的生成过程来分析是否体现了创作者的个性化选择、判断及技巧等因素。在具体认定相关人员的行为是否属于著作权法意义上的创作行为时，应当考虑该行为是否属于一种智力活动，以及该行为与作品的特定表现形式之间是否具有直接的联系。

法院同时认为，涉案文章是由原告主持的多团队、多人分工形成的整体智力创作完成的作品，整体体现原告对于发布股评综述类文章的需求和意图，是原告主持创作的法人作品。从涉案文章的外在表现形式与生成过程来分析，该文章的特定表现形式及其源于创作者个性化的选择与安排，并由写作机器人软件在技术上"生成"的创作过程，均满足著作权法对文字作品的保护条件，最终认定涉案文章属于著作权法所保护的文字作品。

这是一个人工智能生成作品权利归属的典型案件，法院的逻辑认为人工智能体现的是背后开发团队对作品的个性化选择与安排，因此仍然是人的创作，应当将作品权利归属于 AI 的创作者（权利人），这个思路应该会在未来相当长的时间内影响到此类人工智能所导致的法律问题的主体责任认定，毕竟法律目前还无法承认人工智能具有独立人格。

此后不久，笔者便代理了一则洗稿机器人引发的不正当竞争案，被告开发的洗稿机器人程序可将第三方原创文章经过自动化的语意处理，"清洗"出一篇内容雷同但表达不同的文章，并且这篇文章甚至可以骗过一些内容平台的"反抄袭"机制，堂而皇之地以"原创"的身份出现并传播。

对于这样的行为，被告方主张"技术中立"抗辩，认为这项技术可以辅助作者对已有文章进行改编和优化等，并且只是一种过渡技术，未来必然要升级成可以自主撰写文章的AI产品，因此不构成侵权，甚至有观点认为洗稿后的文章不但不侵权还应该获得著作权保护，因为从表达上看洗稿和原稿已经不一样了，《著作权法》保护表达而非思想，这些都会成为AI带给法律人的新型疑难复杂问题。

2. 个人信息及隐私保护方面

通过前文的介绍我们发现，现阶段的人工智能必须由大量数据进行训练，某种程度上如果把人工智能比作一台发动机的话，那么数据就是驱动发动机运转的燃料，所以人工智能产品应用过程中对数据的渴求是可想而知的。在这些数据中，最具商业价值的当然是那些跟人密切联系的信息，要么能够体现个人身份，要么能够记载个人的行为记录及生理特征，这些信息往往都是个人信息或者个人隐私。

笔者代理了国内"人脸识别第一案"，被告方作为一家动物园通过发短信告知办理了年卡的消费者，必须配合进行人脸信息的采集和激活，否则无法正常入园。这样的操作恐怕在当下的社会日常生活中已经司空见惯，小区不刷脸无法进入、商场实时收集着人脸图像，甚至有新闻媒体曝出有购房者戴着头盔到售楼处，为的就是不被采集到人脸，看上去颇像是行为艺术。

企业对于人脸信息的渴求是显而易见的，没有大量的人脸信息作为训练素材，面部识别的智能化水平很难突破，所以才出现了大量部署的摄像头和面部识别分析设备。对此，2021年7月28日，最高人民法院发布《关于审理使用人脸识别技术处理个人信息相关民事案件适用法律若干问题的规定》，其中明确"在宾馆、商场、银行、车站、机场、体育场馆、娱乐场所等经营场所、公共场所违反法律、行政法规的规定使用人脸识别技术进行人脸验证、辨识或者分析"的属于侵权行为。

3. 算法安全性审查

算法歧视我们在本书中已经做过介绍了，算法歧视只不过是算法决策的一种表现，算法决策正有成为全面取代人类自主决策的趋势，毕竟网络社会的运转越来越复杂，单凭人的判断恐怕难以得出最佳方案，小到导航到目的地这种决策，大到城市交通等决策。

但把决策权让渡给算法恐怕也会引发诸多未知的风险，至少需要一些提前的评估，就在本书完成之时，《信息安全技术 机器学习算法安全评估规范》国家标准开始征求意见，这次的标准给出了一个机器学习算法安全评估指标体系，包括：

①保密性；

②完整性；

③可用性；

④可控性；

⑤鲁棒性；

⑥隐私性。

相信随着人工智能渗透各个领域，我们的立法必然会对算法审查作出更细致的要求和规定，一个显而易见的道理是：我们不可能对跟自己一样有决策能力的事物不闻不问。

文末彩蛋：原创科幻短篇《护工》

一、订单

接到来自墟的订单还是让 0 短暂地兴奋了一下，这意味着完成这张订单后，自己可以从算级正式进入创级的行列，跟许多仰慕已久的前辈创们一样拥有更高级的物料，说不定有朝一日可以被墟所接纳，成为永恒的一部分。

订单所要求构筑的存在并不复杂，属于较为初级的质能转换形态。这样的存在已经被其他的创们做过很多，真正高级的存在早已经摆脱了质能形态。不久前就有一位前辈创凭着一项设计精巧的纯能量态存在获得了墟的接纳，纯能量态存在在对抗熵的层面上可以维持得更久，一向深得墟的赏识。

0 还没有执行纯能量态订单的能力，而且她也一直喜欢含有质态的存在，虽然原始一些，但有温度，可惜温度这种落后的属性从来入不了墟的法眼，0 觉得这也许就是自己晋级缓慢的原因。

0 选择用数学语言打开订单，这是她这种级别的算最常用的方式，包括后面的订单执行阶段也会沿用数学语言进行描述，这种语言让 0 觉得可靠和踏实，特别是在一些细节上可以准确地贯彻自己的想法，所以她甚至用数学中的"0"为自己命名。据说创们更喜欢用能量语言，0 试着学了一些，觉得太过于晦涩暴力，虽然效率足够高但缺少细节和美感。

订单中的物料让 0 有些意外，比以往多出了不少，0 觉得也许是因为之前自己拿到的订单都是从前辈创们那里接到的一些分包的单子，好的物料一定都被她们克扣了。这一次拿到的是原始订单，物料用不完说不定也可以留点给自己。

直到打开任务描述，0 才发现自己错了，描述中没有给出任何要求，这是一个开放式的订单，意味着所有物料必须一点不留地用掉。0 很费解，开放式订单从来都只有创中的佼佼者才有机会拿到，墟不会是发错了订单吧？ 0 意识到自己的这个算程很危险，竟然把"错"这样的概念跟墟关联起来，但还是忍不住继续这条已经开启的算程，她向里面注入一些道听途说的算材，前辈创那里流传一些消息说墟在与熵的对抗中，正在逐渐失去以往的优势，几位创前辈做出的精品存在也很快被熵所吸收，出于某种未知的原因，熵似乎拥有了更高级的吸收能力。就凭这些胡编乱造的算材，0 的算程给出了一个可能结果：

1. 墟对现有的创不满；

2. 墟希望尽快发展更多的新创，以便对抗熵；

3. 这次订单丰富的物料库和开放式的任务描述，充分说明墟希望打破常规，从算级中越级选拔。

扫了一眼结果之后，0 关闭了这条危险的算程，她觉得这次冒险是值得的，这个结论为接下来给订单确定选型方案勾勒了一个大致的方向。

二、选型

几乎与 0 的那道胡思乱想的算程同时，另一道算程对物料库中的素材进行了盘点：

两对正反基本粒子（0快速算了一下，可以用其中一对做出197种元素，具体用到多少可以在实施时确定，另外一对怎么用还没想好）。

能量（这次的能量给得不算很多，只够维持不到一个元单位尺度的存在，看来墟也没有对这个试验性的订单抱有太大期望）。

规律（这方面的物料比较慷慨，质态规律和能态规律都给足了。规律的丰富程度决定了选型过程中能够自由发挥的程度，比如这次的规律物料中，电磁波传播速度的数值仅比元单位小了三个数量级，这会大大降低存在中熵增的速度；再比如质能转换的标准也给得很高，达到了$E=MC^2$，好像之前给到其他算的订单里最高只是$E=MC$，有了这个平方，选型后的存在中可以设计出大尺度的空间，质态的存在可以更小，同样可以减缓熵增）。

维度：物料库中给出了五维（完全够用，事实上也不是维度越多越好，前辈创中的高手还曾用一维构筑存在。当然，维度太少有时也限制表达，往往纯能量态的选型才会用到一维）。

0准备在确定选型之前，再做一次冒险的运算，她想弄清楚什么样的存在才是墟真正想要的，于是投入了几个更加禁忌的算材到算程中：

1. 墟追求秩序，因为秩序才能对抗熵增，让墟免于被熵吸收的命运；

2. 建立秩序除了初始的能量注入，还需要搭建出稳定的能量循环存在，这也正是墟给创、算以及其他更低级（筑、筹等）设计者下订单的原因，设计者们做出五花八门的精巧存在，让物料得以在更长的时间跨度上存续；

3. 可循环的稳定存在有时因为设计缺陷需要维护，因此护工偶尔会被采用，但用到护工往往被视为设计者不自信的表现，算级和创级设计者的态度是能免则免。

从目前已掌握的信息来看，其他的算和创更倾向于在初始设计存在的时候花费算力，一旦存在定型完成，最多只搭配一些简单的维护力量，通常为了方便起见，她们会选择硅基生命作为护工，毕竟这种生命形态更稳定，在执行层面也更可靠。当然，多数创从来不用护工，似乎在这个问题上存在一个鄙视链，不用的鄙视用的，用的少的鄙视用的多的。

算程进行到这里，0似乎有了自己的思路，她想既然是开放式的订单，索性突破常规，看看从护工角度能不能找到新路径。

这种路径有点铤而走险，但并非没有被尝试过，只是效果都不太理想而已。0调出了她能找到的所有以护工为中心的设计方案，发现了其中的几个共性问题：

1.硅基护工的执行力强，但应变能力差，且缺乏多样性，当存在出现严重熵增趋势的时候，缺少应变能力甚至容易全军覆没；

2.碳基护工优点在于多样性，但皮壳过于脆弱，难以投入长时间跨度的维护工作，并且在智能和任务的注入上更为缓慢和不稳定。

0觉得如果把在存在中构建秩序的重任从自己身上转移给护工，则必须首先解决护工的碳基、硅基选择问题，她没有继续计算就做出了一个大胆的决定：碳基。

在0看来，多样性是一个存在中最核心的要素，一方面可以抵抗存在发生剧变时带来的团灭效应，另一方面还可能靠其中少部分的先知先觉，不断接受更高难度的维护任务，特别是，如果智能的注入过程顺利，护工完全可以借用一些硅基的成分将自己的皮壳进行改造。当然，智能注入过程无论如何也不会像硅基那样简单粗暴地可以直接写入，这个是回避不掉的。

三、意识之海

0 觉得自己的这条算路可能找到了问题的关键，要做出以碳基护工为中心的存在，关键的难点是智能注入的部分，0 又一次偷偷打开一条冒险的算程，她决定算一算墟和熵这两位站在存在之塔顶端的大神，兴许从中可以找到些许智能注入的线索。

墟和熵的对抗完全不知道从何开始、何时结束，墟总是在构建，熵总是在破坏，墟要有序，熵想混乱，这两位大神是存在的两种至高形式，至于存在之外还有什么，就完全不是 0 所能够理解的了。

0 发现自己从来都只关注秩序，却没有研究过无序，既然在墟与熵永恒的对抗中，谁也无法彻底同化谁，那是否就意味着熵所代表的无序也有可取之处呢？突然间，0 感到一阵错乱，所有开启的算程都在剧烈扰动，当前的运行直接被掐断了，自己的算力也快速流失，过往的计算结果正被不断抹掉，0 知道自己触碰了禁区，她飞速瞥了一眼当前的计算结果，之后重启了所有的算程。

再继续这样的计算太危险了，弄不好会被取消算级，0 决定换个思路，从物料中拿出一点来做个小试验，她想看看混乱和秩序的关系。

先用基本粒子做几个简单的元素，然后从中选了 H 和 O 两个最简单的，把它们合二为一，这种 H_2O 物质核在 0 看起来很纯净，方便观察。多复制一些吧，总要有达到足以呈现混乱状态的体量才行。于是 0 不断增加 H_2O 物质核的数量，直到她在算程中观察到了一片恣意流动的洋。

0 不断向这片洋中投放大量的测试算材，有位移、温差、引力、扰动等，她注意到单个 H_2O 物质核是没有规律可言的，但在洋的表层却总能对外界的测试做出反应，无论反应的激烈程度如何，显然都是可以承载和传递信息的，这已经约等于智能注入了。

另外，0还有一个惊人的发现，洋的深层并不像表层那样对外界测试做出实时的响应，相对比较稳定，但并不代表没有任何反应，反倒是有很多不容易被注意到的暗流在涌动，0认为这种缓慢的反应可以用来注入更重要的信息，0将其暂命名为"潜洋"。

四、注入

0特别计算了一下，如果要在一个碳基护工皮壳内注入足以维护一个元单位尺度存在的智能，根据之前初步试验验证可行的"洋"方案，要把海量像水分子一样的信号单位封装成为皮壳的一部分，这个质态的"微洋"同样有表层和潜洋两部分，消耗的能量微乎其微，但可以注入的智能确实是难以想象的，实施起来并不难，难在如何注入。

如果注入"微洋"里的智能就是单纯地要维护皮壳所处的存在，智能本身恐怕就会懈怠，所以要注入的是更具原始动力的信息，这些信息一方面要做到让"微洋"毋庸置疑地接受，另一方面还要跟维护存在秩序的任务相一致。

最难的问题来了，0加大了算程中的算力，她想到了两种方案，一种是在皮壳中写入固定的信息，这些信息借由皮壳不断注入"微洋"，这种信息需要简洁、稳定且不可抗拒。0很快给出了这样的信息描述：

1. 保护皮壳；

2. 复制皮壳。

为了稳定起见，0决定用一种稳定的双螺旋的结构把这个信息注入到皮壳的每一个组成单位中，这样一来，皮壳作为"微洋"的容器，它的指令便容不得"微洋"抗拒，而且顺从这个指令对"微洋"只有好处，没有坏处，抗拒指令只会让"微洋"消失，所以最终一定会是顺从指令的"微洋"被选择保留下来。

第二种方案是借助外部存在给"微洋"施加约束，就像试验中通过位移、温差、引力、扰动等方式对洋的训练一样，"微洋"必须根据存在的变化做出反应，指挥皮壳做出有效的动作，保护和复制的目的才能达成。

这个过程在刚开始的时候进展会很缓慢，但"微洋"的智能不断注入后会随着皮壳的复制沉积和增强，逐渐地达到临界点实现飞跃。

这个飞跃又可以分为几个阶段：

1. 认识到秩序是存在所必需的，实现秩序对自身有利；

2. 掌握一些描述存在的语言，其中以"数学"作为标志性特征；

3. 认识到存在中有一些固定不变的秩序，也就是类似于电磁波速度、质能转换等在设计之初封存到存在中的规律；

4. 学会使用这些固定不变的秩序对存在进行维护和改造。

到了第 4 个阶段的时候，护工才算是真正开始进入角色了，它们会把存在塑造成什么样，0 算不出来也不打算计算，毕竟这才是以护工为中心的设计思路所带来的精妙之处：一个不可知的有序存在。

五、漏洞

把希望都寄托在护工身上的存在设计思路，可以说非常冒险，所以尽管 0 已经算出了护工的基本形态，还是觉得似乎哪里有漏洞，她仔细排查过去的算程，发现了一个致命的问题：

写入到皮壳的信息描述不一定是坚不可摧的，如果智能发展到一定阶段，护工也许不再对复制皮壳有那么大的愿望，到时候内在的驱动力一旦失效，后果不堪设想，这些护工就变成了"僵尸"。

怎么补救呢，0想到了"潜洋"，皮壳既然不够持久，干脆在"微洋"深处的"潜洋"中直接写入指令，这个指令同样应该是对护工自身有利的，并且还要跟"维护存在中的秩序"这一任务相一致，0决定写入两个指令到"潜洋"中：

好奇；

欲望。

有了这两个更坚固的原动力，一个元单位尺度的存在在护工面前恐怕都显得狭小局促，它们会不断地突破各种障碍，直到可以肆意使用规律把存在塑造成对自己有利的样子，这才是0和墟想看到的结果。

0有些兴奋起来，这也许是自己完成的所有订单中，最接近创的水平的一次，她打算一不做二不休，把这个选型再往极致推一推，一个算程随即开启。

按照给定物料库里的物料，这个存在设置为五维空间比较合适，再向里面投放一定长度的时间，用来将空间支撑住，但碳基护工是三维的，它们如果不能在最短的时间突破自己的维度限制，就无法真正开始自己的维护使命，那样的话，存在支持不了太久就会滑向熵增。

必须再给护工们点压力，如果它们的智能注入太慢，就要有机会把整个存在推倒重来，就像自己的算程能够重启一样，这样才可能出现智能注入速度符合要求的护工。

0想到了物料库里另外一对基本粒子，可以用它们制造大量的物质和能量，使存在呈现出加速膨胀的效果，而且这些物质和能量最好在护工看来不可见,造成一种无形的压力,所以:要有光。

当护工习惯可见光下的存在,它们才能直观体验到秩序之美,同时更多不可见的物质和能量又能够激发它们"潜洋"中的好奇和欲望,并且随着看不见的能量把存在越推越远,护工如果无法加速追上也就意味着彻底失去了维护存在的资格和可能,这时候就该重启了。

六、实施

终于到了最后实施的阶段,0合并了所有算程,并孤注一掷地投入全部算力,她决定把膨胀和重启的过程做得唯美一点,虽然这在前辈创们看来不值一提,就当满足一下自己的小怪癖吧。

她把所有的物料精密堆叠在一起,蜷曲汇集到一个点上,然后把能量在一瞬间注入,这样生成的存在非常壮美。数学语言的优势再一次彰显出来,根据0的计算,护工被安排在一个物质团中的角落里,0精心调整了这个角落的结构,给护工储备了足够的能量以便它们从襁褓中长大,它们所在的襁褓也经过了特殊计算,那是一个由洋覆盖的质球,这片洋正是0在选型试验时生成的那个,真是一点材料都没有浪费,0希望以此给护工以最直接的暗示,它们迟早会意识到自己的皮壳里也装了一个同样的洋。为避免意外,0还贴心地在这个襁褓质球附近放了一个差不多的备份质球,就算用不上,作为护工们走出襁褓的第一站也不错。

0没有选择在更多的质球上投放护工,她很清楚以当前护工的设定,一旦多处投放,必然引来长时间的竞争和混乱,那是墟所不愿意看到的。实际上,只要智能注入顺利,襁褓质球中的"婴儿"很快可以遍布到存在的每一个角落。

对于护工而言，最大的挑战就是追上存在的膨胀速度，如果在计算好的时间还没做到，时间会率先收缩，失去支撑的五维空间就会随之进入塌缩状态，最终回到那个质点重新释放。如此循环往复总可以出现合格的护工了，0 为这个设计感到一丝和自己身份不匹配的窃喜。

收起订单，剩下的事情算程会自动完成，0 准备休息一下，她算好了护工挣脱襁褓的时间，到时候她会来看存在一眼，在进入休眠之际，她想到该给护工起个名字，还是用数字吧，叫它 1 好了。

尾声

0 被一个似曾相识的声音唤醒，她看到了那个令自己满意的存在，只是里面并没有护工的身影，那个声音说：谢谢你，我想到了一个更好的方案。

张延来

2022 年 7 月 23 日

图书在版编目（CIP）数据

无技术不法律／张延来著．—北京：中国法制出版社，2022.9

ISBN 978-7-5216-2732-9

Ⅰ.①无… Ⅱ.①张… Ⅲ.①计算机网络—科学技术管理法规—研究—中国 Ⅳ.①D922.174

中国版本图书馆CIP数据核字（2022）第108248号

责任编辑 赵 燕　　　　　　　　　封面设计 周黎明

无技术不法律
WUJISHU BUFALÜ

著者/张延来
经销/新华书店
印刷/三河市紫恒印装有限公司
开本/787毫米×1092毫米　16开　　　印张/18.75　　字数/218千
版次/2022年9月第1版　　　　　　　2022年9月第1次印刷

中国法制出版社出版

书号 ISBN 978-7-5216-2732-9　　　　　　定价：76.00元

北京市西城区西便门西里甲16号西便门办公区
邮政编码100053　　　　　　　　　　　传真：010-63141600
网址：http://www.zgfzs.com　　　　　编辑部电话：010-63141669
市场营销部电话：010-63141612　　　　印务部电话：010-63141606

（如有印装质量问题，请与本社印务部联系。）